セルジュ・ポーガム
ブリュノ・クザン
カミーラ・ジオルジェッチ
ジュール・ノデ
◉著

川野英二／中條健志
◉訳

貧困への まなざし

富裕層は貧困層をどのように見ているのか

Serge Paugam, Bruno Cousin, Camila Giorgetti, Jules Naudet
Ce que les riches pensent des pauvres

新泉社

Serge Paugam, Bruno Cousin,
Camila Giorgetti, Jules Naudet
"Ce que les riches pensent des pauvres"

This book is published in Japan by arrangement with Éditions du Seuil,
through le Bureau des Copyrights Français, Tokyo.

貧困へのまなざし❖目次

序章　富裕層は貧困層をどのように見ているのか　009
道徳的秩序の生産／貧困層の望ましからざる性質／貧困層の劣等性の正当化

第一章　パリ、サンパウロ、デリーの高級住宅街を調査する　027
1　大都市の選択　028
パリ大都市圏と高級住宅街／サンパウロ──きわめて不平等な大都市デリー──インドの都市の発展を反映して
2　地区の選択　042
パリ都市圏で／サンパウロ都市圏で／デリー都市圏で
3　分析段階の規則　061

第二章　道徳的秩序を生み出す　065
1　都市における相互行為の撤退と規制　067
2　社会・空間的適合の感覚　074

デリー——自明の社会・空間的秩序／サンパウロ——脅威に感じられる社会・空間的秩序
パリ——婉曲的に語られる社会・空間的秩序

3 階級の閉鎖と社会的再生産の戦略 106

4 地域の道徳的秩序における、特定の庶民層の統合あるいは拒絶 122

第三章 貧困層から身を守る 131

1 自堕落、汚れ、汚染 133
パリにおける抑制された嫌悪／ブラジルのエリートによる回避という衛生思想
インドの上流階級の分離主義的衛生思想

2 治安の強迫観念から差別へ 161
何を、誰を恐れているのか／そうした脅威からどのように身を守るのか

第四章 貧困を正当化する 193

1 レイシズムと貧困の自然化 196
業とカーストの教義によって貧困を正当化する／「急進的民主主義」の神話とレイシズムの婉曲化
社会学の影響を受けた説明と重なり合う生物学的説明

2 能力のイデオロギーと、特権を正当化する新自由主義的レパートリー 219
クオータ制と能力のレトリック／能力主義的レトリックから、ボルサ・ファミーリアの告発へ
援助行為の告発と「良い貧民」たちの労働の評価

第五章 差別の三つの側面 257
1 道徳的境界の構築 259
2 嫌悪のプロセス 264
3 不平等の正当化と共感の無効化 273

第六章 連帯の抑圧か距離をおいた連帯か 287
1 連帯の規定要因 289
差別のレジスターの連関／連帯のために縮小された空間／近隣効果かナショナルな効果か
2 アタッチメント・レジームの刻印 302

終章 貧困へのまなざし 313

方法論上の補遺——調査の展開　322
パリ調査／サンパウロ調査／デリー調査
謝　辞　334
註　337
訳者あとがき　362

装幀——藤田美咲

凡例

一、本書は、Serge Paugam, Bruno Cousin, Camila Giorgetti, Jules Naudet, *Ce que les riches pensent des pauvres*, Paris, Éditions du Seuil, 2017 の全訳である。

二、本文中に登場するインタヴュー対象者には番号が振られているが、原書巻末に収載の「インタヴュー対象者一覧」は省略した。対象者の番号は、パリが一〜八〇番、サンパウロが八一〜一六二番、デリーが一六三〜二四二番である。

三、原文の《 》は「 」で、書名や外国語で示す場合以外のイタリックは傍点で示した。とくに必要な場合は訳文の上にカタカナでルビを振った。

四、文中の〔 〕は訳者による補足である。

五、引用部分の訳出は、おもに既訳のあるものを採用しているが、文脈上、訳者が改変をおこなった箇所もある。

序章　富裕層は貧困層をどのように見ているのか

階級間の断絶を克服するためには、ある階級が別の階級の目にどのように映るかを理解することからはじめなければならない。

――ジョージ・オーウェル『ウィガン波止場への道』〔土屋宏之・上野勇訳、ちくま学芸文庫、一九九六年、一七六頁〕

George Orwell, *La Quai de Wigan*, 1937.（＊1）

二〇一六年の初頭、パリ市と国は、ホームレスや難民を収容するために、プレハブで二〇〇床の避難所を建設する意向を発表した。ブーローニュの森のはずれで、一六区の住民はプロジェクトに反対して大規模な抗議行動をおこなった。副市長に率いられて、かれらは数週間で四万人以上の署名を集める申し立てをはじめ、メディアや公開の集会に暴力的なかたちであらわれ、対象区域での整備作業の開始を防ぐために法廷闘争に参加した。最終的に、避難所は同じ年の一一月に完成した。そしてその後、問題の建物は何者かによって放火されてしまった。最も貧しい人びとにたいして最も豊かな人びとがとったこのような反応を、どう理解したらいいのだろうか。他の場所から来た貧しい人びとを拒絶するというこのような現象は、富が集中するパリの特定地区の特徴と結びついた、この地区だけのことなのだろうか。反対に、それはフランス社会全体に浸透する根本的な傾向のあらわれなのだろうか。他の〔フランスの〕都市では、海外で起きている事態との類似性が見られるのだろうか。そしてさらに、最も貧しい人びととの連帯の原則にたいする富裕層の敵意としてあらわれうるものを、社会学的にどのようにして、少なくとも部分的に理解することができるだろうか。これが、本書が答えようとしている最初の問いである。本書は、三つの主要都市、つまりパリ〔フランス〕、サンパウロ〔ブラジル〕、デリー〔インド〕の高級住宅街における貧困と不平等についての知覚《ペルセプシオン》にかんする近年の大規模調査の結果である〔おもに二〇一三年から二〇一四年にかけて実施した調査の結果を二〇一七年に発表〕。本書の目的は、インタヴューからおもな結果をとりあげることによって(*2)、最も分断された《セグレゲ》ブルジョワ地区の住民が貧しい人びとや貧困をどのように表象〔イメージ〕しているのか、そしてその表象が、都市構造の特定の空間のなかで、かれらによるオート・セグリゲーション〔自主的分断〕の実践と、低い社会階層を回避する戦略を動機づけ、正当化するのにどのように貢献しているのかを分析することである。

比較することが本書の方法論的手法の中心である。パリの出来事があったとき、サンパウロでは、最も豊かな地区に住む保守的な上位層と中上位層の一部が、ジルマ・ルセフ大統領の退任を求めるために、そしてもっと広くは、労働者党の政策に抗議するために路上を行進した。この国のすべての政治的な潮流に影響を与える汚職に加えて、これらの抗議者たちはとくに、ブラジル社会の階級関係とその境界を不当にひっくり返したことについて政権側を非難した。「家族手当」プログラムによる所得再分配政策は、貧困層にたいする恩顧主義の一種であり、かれらを逆方向に支援するものにしかならないとみなされた。同様に、不平等の削減がかれらに不利をもたらしたとして、一部の抗議者は社会扶助と最低賃金の施策を非難した。これらの施策がいまやホームスタッフ《ペルソネル・ド・メゾン》に高い賃金とより良い労働条件を要求させるようになった一方で、構造的な社会移動が、以前は特権的少数派のために確保されていた財や実践、空間へのアクセスをめぐる競争を著しく増加させることになったというのである。

二〇一六年の最初の数か月は、デリーでも上流階級の保守層が大規模に動員されたことが話題になった。ジャワハルラール・ネルー大学の教員と学生の大多数にたいするＡＢＶＰ（ヒンドゥー教ナショナリズムに発する主要な学生団体の一つ）による攻撃がつづくなかで、かれらは、この進歩的な大学を扇動と反国家主義の場所であると非難した。このことは、左派知識人が本能的に拒否されていることを示している。同年、ハリヤーナ〔州〕やグジャラート〔州〕では、インド連邦政府の積極的差別是正策を標的としたデモがいくつかおこなわれたが、これもまた、階級〔そしてカースト〕の社会秩序を構成する社会的・象徴的な境界を守り、さらには回復させることを意図したものであった。動員された集団〔ジャート〔インド北部の低いカースト〕とパテール〔グジャラート州などでよく見られる姓・氏族〕〕は、農民・政治・経済支配を学校資本に転換することに失敗した「支配カースト」で、「他の後進諸階級（Other Backward Classes）」（ＯＢＣｓ「その他後進階級」）に編入して、高等教育と行政のクオータ制の恩恵を受けることを望んでいた(＊3)。こうした動員は、当時、ＯＢＣｓに積極的差別是正策を拡大しようとしたマンダル・レポートの勧告に反対して一九九〇年代初頭にあらわれた運動を継承している。高級カーストたち〔ほとんどが学生〕は、自分たちの社会経済的市場が縮小することを憂慮して、街頭で怒りを爆発させ、六三人を焼身自殺に追い込んだ。この運動の際に盛んに主張されていた考えは、デリーの高級住宅街住民の言説を育みつづけている(＊4)。

このように、われわれが調査を実施した三つの大都市では、貧困層〔向けの政策〕にたいする抗議運動への動員が、メディアによって広く報道された集合的な感情と議論を刺激した。このような動員の多くは、社会的な境界線に類似した境界をめぐる都市コンフリクトや領土闘争の一部である。ドイツの社会学者ゲオルグ・ジンメルは、「境界は、社会学的帰結をともなった空間的事実ではなく、空間的形態をとった社会学的事実である」(＊5)と述べた。大都市の都市構造では、貧困の境界線は、豊かさの境界線とほぼ対称的である。実際に、上流社会階層は、都市周縁のスティグマ化された地区の最貧層にくらべて、より強く集中している(＊6)。社会空間的スケールの反対側では、恵まれない層がこうむっているセグリゲーションは、まったく対照的に、最も豊かな人びとのオート・セグリゲーションと対を成しており、しばしば黄金〔金持ち〕のゲットーと呼ばれるようなところに集中している(＊7)。

伝統的なブルジョワジーと新しい上流階級は、そのアイデンティティと社会的地位を維持するために、大都市の特権的空間を占有し、擁護するのである。

過去三〇年間に実施された研究によって、都市部における貧困層のメカニズムと、居住地内の〔社会的〕閉鎖《アントル・ソワ》という形態から発する富裕層のオート・セグリゲーションという並行したメカニズムの両方をよりよく分析することが可能になった。しかしやや奇妙なことに、これらの研究が重なり合うことはなかった。一般に都市の不平等に焦点を当てた研究(＊8)や、ジェントリフィケーション〔都市の高級化〕の問題の詳細な研究は別として、エリートと貧困にかんする研究は、それぞれのアプローチを利用して互いに実りのある研究をおこなうこともなく、しばしばあまりにも細分化されていた。一方、一九七〇年代半ば以降、欧州における貧困の表象には多大な関心が払われてきたが、主要な研究はユーロバロメーター調査〔EU加盟国の世論調査〕の統計および比較としての利用であり、そこでは特定の都市ユニットあるいは特定の社会階層といった詳細にわたって十分な解釈をおこなうレベルに達する余地は残されていない(＊9)。

たとえば、上流社会階層の貧困との関係それ自体が研究されたことは非常に稀であることは注目に値する。歴史家のルイ・シュヴァリエが、一九世紀前半の研究から、ブルジョワのエリートの表象のなかで労働者階級が危険な階級と同一視されていたことを明らかにしていただけに、そのことはいっそう驚くべきことに思われるかもしれない(＊10)。「野蛮な」あるいは「野卑な」という言葉で貧困地区の労働者を名指しして、労働条件を生物学的特徴と身体的ふるまいに還元することによって、当時のブルジョワ・エリートと時代の観察者たちは、少なくとも部分的には、社会的分離主義《セパラティスム・ソシアル》が不衛生と犯罪に直面した非常事態として正当化されるという考えを、かれらの時代意識のなかで抱えていたのである。

重要なのは、過去二〇年間にわたって、上流社会階層の都市内部における閉鎖化は、経済的、社会的、文化的、象徴的といったさまざまなタイプの資本蓄積の利害関心だけに動機づけられた、類似した者たちの集合《アグレガシオン》であるという観点からのみ、ほとんどの研究がなされてきたことである。しかし、より豊かな層のこうした居住選択もまた、都市貧困の特異な表象や、その結果として他者化された貧困層を遠ざけておきたいという願望、今日それ自体研究される必要のある不安定化した庶民層への関係によっても動機づけられるという仮説をたてることは可能である。こうして、われわれは二つの相互に強化されることのある過程を研究することを提案する。つまり、富裕層のあいだで似た者同士が集まることには、実際には、貧困層にたいする差別的なセグリゲーションと呼ぶことのできるものが加わることになるという点である(＊11)。

今日、エリートが貧困層にたいして距離をおくことは、〔かれらが〕一九世紀と同じように貧困層を表象しているということなのだろうか。言い換えれば、貧困層は現在でも危険な階級と思われているのだろうか。都市暴力や治安《アンセキュリテ》の悪さについての一般的な議論は、郊外の非行青年たちのイメージに合致した貧困観を刺激したと考えられる。青年たちには、激増しているといわれ、それにたいして〔富裕層が〕身を守らねばならない犯罪の責任があるとみなされている。この研究は、一方では社会的に最も分断された空間に住む上流階級の社会学と、他方で、貧困表象と社会的不平等にかんする判断の社会学とのあいだに、より体系的な結びつきを確立しようとするものである。

オート・セグリゲーションの実践とそれにともなう言説は、しばしば社会科学によって研究されてきた。それらはとくに伝統的なブルジョワ地区のほか、パリ大都市圏(＊12)とサンパウロ(＊13)、デリー

（＊14）で、住民の一部が居住セグリゲーションを解消することに抵抗するケースを検証した。本書でわれわれがおこなおうとしていることは、より限定的であり、かつ広範囲なものである。より限定的であるという理由は、われわれがおもに関心をもっているのは住民が貧困層と貧困にたいして抱いている表象であり、二次的にはかれらの過去の経験と制度がこうした表象を形成するのにどのように寄与したのかということだからである。したがって、本書では、われわれは貧困層にたいしてアクションをおこなう社会学に貢献すると主張するのではない。反対にわれわれは、できるだけ網羅的で精緻に、対象とする三つの大都市それぞれで繰り返されている、貧困層にたいする表象のさまざまな様式とレパートリー〔利用可能な資源〕の分析と、そのレジスター〔状況や場面によって話し方などを変えること〕が高級住宅街の住民の語りのなかで互いにどのように構造化され、連関しているのかについての包括的な分析を発展させようと試みているのである。

　本書においては、都市不平等にかんして、個人や地域の資源の違い、その資源へのアクセス、セグリゲーションの測定可能な効果が重要であるが、それは、同時代人が社会的・都市的不平等にかんして抱いている意識を、かれらがそこから自らの実践を説明し正当化するために引き出す結論に関係づけることによって、分析されなければならない。多かれ少なかれオート・セグリゲーションされた地域に住むことを選んだ、上流社会階層のあいだの貧困表象を研究することは、閉鎖の具体的な実践と貧困層の世界にたいする表象との関係を分析することである。あとで立ち戻るが、これらの表象は、不安定＝治安《アンセキュリテ》の悪さという観念と、貧困層を人や財にたいする危険因子（窃盗や身体や口頭での暴力など）と考えることに依拠しうるが、公共空間で文化的に望ましくないあるいは許容できないと判断された生活様式によってもいわば汚染されるのではないかという恐れにも依拠しうる。子どもたちは、このような文化的汚染の最初の潜在的被害者とみなされることが多く、それにたいしては、そこに立ち寄ることを厳密に管理することによって警戒しなければならない。このように、居住者の高い社会的レベルと不動産市場の価格によって「保護された」地区に住むことは、威信の追求と社会的再生産の戦略だけでなく、貧困層との距離をおき、開かれて社会的な混住が進んだ空間で上流階級がかかわるいっさいの煩わしさや交際コストから解放された地域秩序を求めようとする意思にもつながる。

われわれは、地理的に離れた都市の三つのフィールドを選んだ。それらは、三つの異なる大陸に位置し、経済的・社会的観点からも、歴史的・文化的伝統においても、非常に対照的であるが、同時に、グローバルシティのネットワークにつながっており、調査時には左翼または中道左派によって民主的に統治された国のなかにあった。国際比較は、実際には、分析された言説のナショナルな特殊性、とくにそれが語られた社会の歴史性と結びついた特性を特定する唯一の方法である。支配の形態、階級関係、エリートの構造、社会的妥協の歴史は、実際に、上流社会階層が支配的地位をどのように正当化しようとするのかに強い影響を与える。上流社会階層は、自分たちが社会化された国や大都市の特殊性に強く影響された説明（評価のレパートリー、階層システム、エリートに到達する方法、権力構造など）を動員するという仮説を立てることができる。

最も分断された地区に住む富裕層が貧困層をどのように考えているかを分析するために、三つの大きな仮説を立てることができる。第一は、道徳的秩序を形成し、それを社会全体に押しつけることはせず、それを近隣レベルで正当な秩序として確立しようとする意思である。この意味でわれわれは道徳的境界について論じることができるだろう。第二のタイプの仮説は、貧困層の望ましくない性質と、そこから自分たちを守る必要性である。しかしここで関係しているのは道徳的秩序だけではなく、近隣に貧困層が存在すること自体が引き起こす治安の悪さの感覚や衛生面での汚染への恐れである。最後に、第三のタイプの仮説は、貧困の正当化と貧困層にたいする共感の無効化《ヌートラリザシオン》にかんするものである。以下ではそれをくわしく検討しよう。

◉――道徳的秩序の生産

上流社会階層による貧困表象は、かれらの居住地区内の社会的凝集《コエジオン・ソシアル》という考えにかなった道徳的秩序の基盤について合意する意思によって、部分的には規定される。かれらは道徳教育という意味で、規律の精神に執着しているが、それは保護され、また部分的には都市の他の区域とは切り離された領域のなかでのみ存在するものとしてしか想像することができない。

道徳的秩序は、善良で尊敬すべきふるまいについての合意にもとづいている。エミール・デュルケムによれば、それは社会集団や全体としての社会への個人の愛着《アタシュマン》の産物としてあらわれる(＊15)。そのため、ある道徳的秩序にかんするこのコンセンサスが、同じ地区の住民が同意する共通項である。この道徳的秩序という考え方は、望ましい、許容できるふるまいについて、そして逆に、地区の境界の外に距離をおいて封じ込めることが集団的に必要なふるまいについて、同じ考え方を共有する住民間の関係を強固なものにする。地区は多くの場合、この道徳的秩序が効果的な状況に個人がかなりアプローチしやすい程度の規模ではあるが、それでもやはり、この道徳的秩序の擁護者は、市民として、自分たちの地区だけでなく社会全体と結びつい《アタシェ》ており、その言説のなかでは、かれらに普遍的使命を与えているのである。言い換えれば、かれらは自分たちの表象が普遍的に共有されれば、社会はその悪弊の多くから解放されるだろうと信じている。したがって、道徳的秩序という観念は、社会的秩序が定量化可能で測定可能な社会的事実の現実を参照するときに、理想的な社会とは何かという表象にもとづく。しかし、外部の観察者は、排除にもとづいた表象全体の普遍主義的な目論見の内的矛盾を強調することしかできない。したがって、普遍的な義務を負っているにもかかわらず、道徳的秩序は、それ自身の矛盾によって、局所的かつ限定的な方法で実現することが求められるのである。

この分析によると、上流社会階層は、とくにかれらの側に住んでいるとき、庶民層が少なくとも潜在的に脅威の存在だとみられることにたいする二つの解決策に直面すると仮説をたてることができるだろう。第一に、完全に変えることはできないが、都市の〔作法の〕基本ルールを最低限教え込んだり、地域の施設、とくに子どもたちにとって最も重要と思われる施設を管理することである。これは、「ジェントリファイヤー」と呼ばれる人びとが、〔地区の〕ブルジョワ化の過程で社会的に混住した地区に住んでいるときに、最優先でおこなおうとしていることである(*16)。第二の解決策はよりラディカルである。上流社会階層は、自分たちの道徳的秩序を庶民層に押しつけることはできないが、社会的平和の最後の砦と考えられている、自分たちの地区の近隣に広がるであろうあらゆる破壊的勢力からそれを守ろうとするだろう。こうして、都市の混沌と貧困地区の規範崩壊は、高級住宅街の秩序と規則性という方針に対立することになる。そのとき空間的境界は、社会的地位だけでなく、道徳的秩序をも保持する機能をもつことになる。

過去二世紀の高級住宅街は、その建設以来、道徳的秩序でもある地域秩序を保障するための装置として考えられることが多いが、それは必然的に、保守的で、貧しい人びとにスティグマを押す「善き隣人」という考え方を生み出すであろう。(社会的に暗示された)特定の実践や(特定のハビトゥスを備えた)特定の人びとがそこに「自らの場を持たない」とすれば、それは意図的なものである。

道徳的秩序の擁護とは、広義に理解される階級の卓越化戦略、つまり富裕層の優越性と、社会の他の階層とは異なる道徳教育を創造し永続させるかれらの先有傾向《プレディスポジシオン》という考えにもとづく戦略を指すことがある。言い換えれば、ピエール・ブルデューの研究が文化的実践に書き込まれているものを示したような(*17)、上位の階層の卓越化戦略は、かれらの道徳的優越性を正当化するさまざまな形態にも同様にもとづいている(*18)。このことは、一種の社会的障壁の定義によって言説のなかにあらわれているのである(*19)。

◉――貧困層の望ましからざる性質

貧困層から距離をとることは、高級住宅街を守るための道徳的障壁を築くことによっておこなわれるだけではない。このプロセスはまた、貧困層の望ましくない性質〔とみなすこと〕を正当化することからも糧を得る。その際には不安感《アンセキュリテ》から嫌悪感までが問題とされる。

かつてなかったほど最も安全な社会で生活している欧州において、不安定《アンセキュリテ》の問題を提起することは、逆説的にみえるかもしれない(*20)。このことは、世界中のあらゆる国に当てはまるわけではない。なかには、極端なかたちの暴力や、それを規制するための公的機関の大きな困難にいまだに直面している国もある。たとえば、一〇万人あたりの殺人発生率は、ブラジルでは二五・二人であるのにたいし、インドでは三・五人、フランスはたった一人である(*21)。ほとんどの国(とくに民主主義国家として選ばれた三つのケース)では、保護《プロテクシオン》は法治国家の枠組みのなかで財産と個人の基本的自由と安全を多かれ少なかれ保障するという意味で、市民的である。保護はまた、とくに病気、事故、高齢、失業など、個人のおかれた状況を悪化させる主要なリスクをカバーするという意味で、(国によってかなりの違いがあるが）社会的でもある。現実には、とくにフランスでは、社会の衰退と暴力の最も大きな形態がおおむね抑制されているにもかかわらず、安全にたいする懸念が強い意味で一般的な関心事になっていることが、とくに逆説的である。ロベール・カステルによれば、「現代の不安定《プレカリテ》は、保護の欠如ではなく、むしろ保護の裏面であり、際限のない保護、あるいは度を越した安全を追求して組織された社会的領域のなかの影であろう」（＊22）。保護の探究は無限であり、必然的に絶え間ないフラストレーションを引き起こす。現代社会が不安定な土壌の上に築かれているとすれば、それは、そこに住まう個人が、自分自身にも周囲にも、自分たちの保護を保障する能力を見つけられないからである。このようにして、都市の周縁に新たに出現したこの危険な階級というメディアのイメージが刺激する――とくにフランスではやや過度の――不安のために、上流階層が閉鎖を求めていることが理解できるだろう。だがこの仮説は検証される必要がある。実際に、（社会的）不安定の感情は、（世代内または世代間の）下降社会移動への恐怖であり、それに対応するものとして、均質な上流の地区を、地位（象徴資本）の標識や、個人間の同等レベルの資源によって交換および対抗贈与が促進される、動員可能な仲間（社会関係資本）の共同体として認知することができるのである。

しかし、貧困層は、暴力が街に蔓延しているというだけで潜在的に危険だとはみなされない。かれらは、汚く、衛生規則を無視し、汚染の危険さえ抱えていると疑われることもある。歴史家たちは、フランスでも他の国々でも、ブルジョワのエリートたちがしばしば、都市の特権的な空間を確保することによって、貧困層の存在から自由になろうとしてきたことを明らかにした。貧困層が集中している地域は、汚染され、においがあり、劣悪な環境で、感染症や病気をうつすかもしれないといわれる。この点で、一九世紀末から二〇世紀初頭にかけてサンパウロに建設された最富裕層が住む高級住宅街の一つで、とくに元ブラジル共和国大統領フェルナンド・エンリケ・カルドーゾの住む地区が、まさに「イジエノーポリス〔衛生都市〕」と呼ばれていることは注目に値する。貧困層の悪臭と汚染の危険から身を守ることは、先進工業国で問題が生じた一九世紀にくらべると、今日ではそれほど頻繁にあるわけではないと思われるかもしれない。それにもかかわらず、大都市の公共空間は依然として、住居《サン・ドミシール》をもたない貧困者や遠く離れた土地から来た移民が行き交っている。ホームレスにたいする社会的表象の分析は、サンパウロの高い衛生水準を示している(*23)。衛生を重んじる態度は、〔かれらを〕公共の場から追放することから、地元の報道機関が報告するホームレス殺人といった極端な事例にまでおよぶ。また、イル＝ド＝フランス〔パリ大都市〕地域圏の避難所や緊急宿泊施設の近くに住む人びとについての民族誌的・統計的調査によって、ホームレスの人びとにたいする「日常的な」社会的表象と態度にかんする調査がおこなわれた(*24)。〔近隣住民は〕魅惑、嫌悪、恐怖、同情や哀れみの感情を同時にもっているが、ホームレスが地区住民の平穏な生活にたいする脅威となったとき、かれらはしばしば住民の敵意に直面する。そしてかれらはスティグマ化され、差別の標的となる。それは、これらの個人を「望ましくない」と定義づける、共通した社会的表象にもとづいている。こうした人びとにたいするまなざしにおいては、拒絶と受けとられうるふるまいや社会的卓越化の戦略が、「選択的共感」というかたちで正統性を見いだす。つまりそこでは、ホームレスの人びとすべてが支援を受けるに「値する」わけではなく、「良い」ホームレスを「悪い」ホームレスと区別するために、スティグマを受けた人たちの階層が設けられるのである。社会的拒絶と最貧層にたいする差別をよりよく理解するためには、ホスピタリティと敵意のあいだで、曖昧さと不協和音をもった語りと態度を研究すべきである。インドでは、宗教的清浄性の表象に内在する衛生重視の側面と密接に関連している伝統的な社会階層、身体の清潔さおよび宗教的（したがって社会的）な清浄さとのあいだには、古くから非常に強い結びつきがある。

◉——貧困層の劣等性の正当化

非常に貧しい地区をもつ大都市でありながら、非常に裕福な地域に住むということは、富裕層にとっては、貧困を正当化するシステムを備えることを意味する。このシステムがなければ、あからさまな不平等は特権を享受することを困難にしかねない。貧困の自然化と能力《メリット》の理念は、不平等の一般的な説明の二つの様式となっている。これは、確立された信念に言及したもので、一つには自然なものと考えられた貧困層の劣等性に、二つ目には怠け者たちにたいする多かれ少なかれ避けがたい、さらには正当な罪責化へと訴えるものである。

支配層がどのようにかれらの特権を正当化するのかを示すために、ピエール・ブルデューが考案した社会正当化論《ソシオディセ》という概念をここで参照することができる。社会正当化論は、われわれが「支配的イデオロギー」について語るときに想定されるように、「単一で完全に統一された言説のかたちをとるわけではない。これらはいずれも社会的世界についての観点であって、所有資本の量と構造へと客観的に書き込まれた利潤機会の構造の内部化に由来する選好（あるいは価値）体系の産物であり、正当化されるべき資本の種類と資本の構造におけるその重みにしたがって、かれらの期待と理由において差異化される（ただし、みな支配者の性質のなかに支配の基礎を含めるように働きかける点では共通している）。たとえば、土地貴族は、自分たちの必要性と成り上がりとの違いの原理を、土地と血の側から追求する傾向が強くなるだろう。自らの力を競争と資格に負っている新しいブルジョワ『エリート』たちは、パトロンとクライアントという貴族の伝統にある寵愛や情実に対抗して、功績や才能を引き合いに出す」(*25)。

レイシズムは、広い意味で、ある社会集団の劣等性や他の社会集団の優越性を規定するイデオロギーと理解することができる。このように定義されたレイシズムのイデオロギーは、社会的ヒエラルキーの正当化を主張するための強力なツールとなっている。すなわち、たとえある諸集団が特定の社会的機能を果たすことを「生まれながらに」運命づけられているとしても、別の諸集団が特定の地位を占めることが「運命づけられた」とはされない。ここでは、「文化的」あるいは「生物学的」不平等の認知をつうじて貧困を「自然化」しようとする試みが、上流社会階層の語りのなかで明らかにされる。そこでわれわれは、レイシズムのイデオロギーと能力主義《メリトクラシー》のイデオロギーにどのような関係があるのかを分析したい。実際に、能力主義イデオロギーの中心にある「天性《ドン》」についての語りが、しばしば各個人の能力についての、はるかに本質主義的、差別主義的、人種差別的な考え方へといかに移行しうるのかを問うことが重要である。

「階級レイシズム」という特殊事例は、レイシズム・イデオロギーの曖昧さを示している。それは貧困者の生まれつきの怠惰、すなわち努力をしないと思われる傾向、つまりかれらの知性や創意の欠如をスティグマ化することができる。それは、能力主義のイデオロギーの多彩な化身の一つである。しかしそれは貧困層にたいする嫌悪感の表明でもあり、それが、卓越化の意思と同様に、(他者表象の社会的構成にしたがった) 恐怖と拒絶を理由として、貧困層を遠ざけるのである。後者の場合、貧しい人びとへの嫌悪感はたんに排除や拒絶へと向かい、貧しい境遇出身の人びとが貧困となる理由を正当化しようとはしない。貧しい人びとのことを、怠惰である、あるいはつねに扶助を受けていると表象することは、貧困の原因を存在の本質に求めるこうした傾向をあらわしている。このように、こうした貧困についての知覚は、貧困層が不当なシステムの犠牲者であるという考えと対立している。貧困層が外国人である場合が多いこと（フランス）、民族・人種的マイノリティであること（ブラジル）、ダリットやその他のアウトカーストであること（インド）は、おそらく差異主義を助長し、貧困そのものについての判断を回避させている。

貧困の自然化以外にも、貧困層にたいする上流社会階層の関係は、かれらが不平等についてもっている意識だけでなく、連帯の名のもとにそれを緩和する、緊急性についての意識にも依存していると考えられる。フランスでは、レオン・ブルジョワ〔第三共和制期の首相。デュルケムに影響を受けた彼の連帯主義はフランス福祉国家の思想的源とされる〕以降、連帯主義の教義は、人びとが直面するリスクを中和することによって連帯のパートナーになる場合にのみ、人間のあいだに正義が存在しうるのだという考えにもとづいている。このように、リスクの社会化は個人責任の観念よりも優先されてきた。したがって、一九世紀後半の連帯主義者にとって、責任は主として集団的または社会的であった。かれらは、不平等の社会的要因全体を認識し、それを減らす方法を模索した。社会的進歩はそれに応じて判断されたのである。

しかし、連帯主義は、フリードリヒ・ハイエクのような経済学者や哲学者の影響下で発展した自由主義思想における数多くの知的レベルの対立に直面した。これらの思想では、国家の役割は第一に個人の自由な空間を守ることでなければならず、国によるそれ以外の介入は自然法に照らして不当である。したがって、社会的公正の名のもとで、取引関係の結果としての所得分配を変えることは不当である。自由主義思想の支持者たちはまた、拡大する執行権力と制限的な行政に支配された官僚国家を警戒している。最終的に、かれらは「無責任の文化」を嘆き、ときには攻撃文書のようなかたちで、社会的権利の欺瞞を非難するほどである。こうした考え、あるいは少なくともその考えに由来する表象は、フランスだけでなくブラジルやインドなどの経済エリートのあいだにも広まっている。かれらは個人の責任とイニシアティヴ、つまり能力を高く評価することに執着する。にもかかわらず、他の影響、とくに人道主義の流れに端を発する影響がこうした語りを緩和する場合があると想像することができるだろう。たとえば、多くの慈善団体や非政府組織は、指導者を含むメンバーの一部を上流社会階層から採用している。

家族サービスのスタッフとして、仕事上の役目のなかで上流階級と日常的に接している庶民層との特定の関係についても問う必要がある(*26)。それは伝統的パターナリズムのレパートリーを使って構築されているのだろうか。サービス担当者は、庶民階級あるいは「貧困層」に属していると認識しているのだろうか。反対に、富裕層が「庶民層」や「貧困層」と多かれ少なかれ定期的に接することが、かれらの表象にどのような影響をもたらすのかを問うこともできる。

本書は六章で構成されている。最初に〔第一章〕、三つの大都市で実施された調査とその方法論的側面を振り返る。

第二章では、道徳的秩序の形成を扱う。この章では、貧困、とくに都市貧困の表象が、調査協力者が確立された社会秩序に由来する認知、またはそれにたいするかれらの結びつきとどのように関連しているか、すなわち、資源と機会ならびに生産の役割と消費と相互作用の様式の、特定の不平等で階層的な分布にたいするかれらの関係とどのように関連しているのかを検討する。同時に、貧困の表象、とくにその他者化は、しばしばローカルあるいは一般的な目的、つまりある集団が同意する象徴的な道徳的境界の刻印全体（あるいは言い換えれば、正しく尊敬されるにはどのようにふるまうべきかについての合意）に依存していることを明らかにする。

第三章では、衛生的・物理的に危険な貧困層という表象を構築するために、どのような枠組み、語り、正当化が——対象の三都市それぞれである程度一般的かつ強調的に——用いられているのかを分析している。それらを傾向的に特徴づける不潔さや暴力の状態は、社会的および／または道徳的な劣等性の徴候とみなされることもあれば、人類共通の（自然または意図的な）外部性の徴候とみなされることもある。そして場合によっては、それと引き換えに、貧困者にたいする富裕層の回避、差別、懲罰、立ち退き、さらには積極的暴力（かれらは自分で身を守らねばならない）さえ正当化することになる。

第四章では貧困の正当化の問題をとりあげる。インタヴュー対象者が動員する語りや正当化と論証のレジスターは、実際に貧困層の境遇と不平等の社会的正当化論となっており、これらがその理由と正統性を明らかにしていると思われる。そこでは、これらの社会的正当化論は、当該社会で支配的な——卓越した——道徳の特定の構成要素と考えることができる。

第五章では、本書でわれわれが検討した三つの次元を要約し、富裕層が貧困層を差別する論理の包括的な分析を提案する。

最後に第六章では、三つの大都市のインタヴュー対象者が用いた論証レジスター間の連関を問題にする。ここでは、高級住宅街に住む上流階級の貧困層にたいする連帯の可能性の条件とさまざまな形態を探る。そこでは、アタッチメント〔愛着〕理論にもとづいて、われわれの調査の結果についての一貫した社会的構造化の効果を考慮に入れることができる。

第一章 パリ、サンパウロ、デリーの高級住宅街を調査する

調査対象の三つの都市圏それぞれの地区の多様性を考慮し、エリートのさまざまな構成要素を十分なスケールで理解するために、一都市あたり八〇、合計二四〇の詳細なインタヴューをおこなった。この調査の結果を理解するために、まずパリ、サンパウロ、デリーという対照的な都市を比較することの正しさを示したうえで、それぞれの都市で選んだ地区の選択基準を提示し、その特徴を記述する。最後に、大都市エリート内部の貧困表象の分析が対象とする、さまざまなレベル——国、大都市と地区——の関連を提示する。

1 大都市の選択

欧州の他の主要都市と同様に、現在もなお、二〇〇八年の金融危機の影響にとどまらず、都市周縁部での緊張や都市反乱の影響を受けているパリ大都市圏と、高度な経済成長と大量消費の進展によって特徴づけられる新興国に位置する他の二つの都市圏を選んだ目的は、異なった社会・経済的文脈に応じて上流社会階層の貧困表象を比較することであった。〔そこでは、〕一方には、職業資格をもたない者や移民出身者にとって仕事がない環境での不安定さと社会病理があり、他方には、植民地というコンテクストと伝統的支配の形態から受け継がれてきた不平等が、長いあいだ人口の大多数を極度の貧困状態におき、社会的〔階層〕上昇の見通しを完全に奪ってきた社会における経済発展がある。このように、パリ大都市圏が社会的凝集を脅かすとみなされた不平等の再燃に直面している一方で、少なくとも調査時点では、サンパウロとデリーはその開発ギャップに追いつき、一定の層の人びとには生活状況を改善させる新たな機会を提供している。しかしこれら三つの都市は、それぞれに社会関係を徐々に再定義しつつある大きな変化の舞台を共通にもっている。これらの都市それぞれで、こうした変化のなかで、おそらく異なる理由で、上流階級は排他的でときおり安全な居住空間のなかに集まる必要性を経験することがありうる。

われわれが選んだ大都市は、都市化の歴史や不動産市場の関連からも、互いに大きく異なっている（＊1）。したがって、実施されたインタヴューも、これらの違いに応じて解釈されるべきである。たとえば、ある都市の対象者が語りのなかで衛生上の問題についてより敏感だとしても、それは必ずしも自身の社会化《ソシアリザシオン》がかれらをこの点にことさら注意するように仕向けているからではない。大都市整備がいまだ廃棄物管理や水道処理、衛生管理などの基本的な問題を解決していないことや、対象者自身が知っている他の都市と比較していることも関係しているかもしれないのだ。そのため、収集したインタヴューの比較に先立ち、それぞれの都市を紹介する。

◉——パリ大都市圏と高級住宅街

　居住セグリゲーションを研究することは、われわれが対象とする地区においては、大都市間のそして大都市全体との比較によって、異なる空間単位の特徴のあいだの差異を測定することである。言い換えれば、ある都市の住民の民族・人種的、宗教的、社会的、人口学的、あるいは性的指向などの特徴に応じた地理的分布を分析することである。このように、居住セグリゲーション（あるいは逆に、混住）とは、多かれ少なかれ異なる社会集団が顕著に空間的に分離していることを意味している。つまり、互いに離れた（あるいは近隣の）場所に住む統計的傾向である。社会学は、この空間の社会的区分には影響がともなうことを示した。すなわち、それぞれの近隣関係は多かれ少なかれ恵まれており、住民の社会移動に有利な社会化と潜在的な社会性の枠組みとなっている。したがってセグリゲーションは、社会的混住《ミクシテ・ソシアル》の原則だけでなく、平等の原則にも疑問を投げかける。つまり、それはしばしば現代社会の民主主義的理念に反するとみなされるのである。

　パリ大都市圏にかんしては、エドモン・プレトサイユが国勢調査データから経年的にセグリゲーション指数を計算し比較した。彼の分析は明晰なものであった。公的機関の注意は社会的・都市的排除の問題に向けられているが、上層階級（自由職業だけでなくおもに企業の経営者や管理職）がパリ地域において進行するセグリゲーションの主要な原動力となっていることを彼は明らかにしたのである(＊2)。古い、体系的な、上位層のオート・セグリゲーションという社会的事実は、もう一つの現象、つまり中流階級に起因する社会的分離主義の現象に注意を引こうとする何人かの研究者によってさえ、いくぶん逆説的に忘れられている(＊3)。一方、エリック・モランは、閉鎖を求める人たちが増え、社会的卓越化への激しい競争が都市全体で生まれるだろうという考えを強調した。「フランスのゲットーは、包摂されたものと排除されたものとの対決の場というよりも、各集団が自分たちよりもすぐ下の位置で困難を抱えている集団から逃れるか、回避しようと努力する舞台である」(＊4)。

しかし、あらゆる社会階層に影響を及ぼす都市分離主義という誤解を招くイメージとは反対に、パリ大都市圏では依然として混住が最も一般的な居住構成であることをまず覚えておくべきである。中流階級のまわりに庶民階級と上流階級が共存する混合的な社会空間は、下層階級もしくは上流階級が優勢な社会空間よりも多い(＊5)。これらの混住地区に住む人びとは、異なった人びとで構成されるのが「公正に均衡する」という考えを自発的に擁護し、商店の近さ、公共サービスへのアクセス、交通機関の質を媒介とした生活の質の全般的な改善を主張する(＊6)。このように、パリ大都市圏は、都市のグローバル化の理論家たちが描いたような分極化のプロセスや(＊7)、社会的分離主義の一般化されたプロセスの影響は受けていないようだ。パリの現実はもっと複雑なのである。

過去二〇年間の都市社会学の発展によって、住むこと（住み替えること）についてのさまざまな論理と、イル＝ド＝フランス地域圏の空間で、次のような、最も社会的に恵まれた層にみられる居住セグリゲーションの複数の地域的布置とを区別することが可能となった。まず、自らの身を守ったり、強化したりする（あるいは、もっと稀にだが、「通俗化」に脅かされることもある）伝統的なブルジョワの閉鎖性

（＊8）、多かれ少なかれ少しずつ進むジェントリフィケーションの途上にある地区（＊9）、都市周縁に離脱する家族によって投資された、多少古く社会的に選択された住宅地郊外（＊10）、ラ・デファンス付近にある集合的な建造物でできた数百の（または数千の）住宅で構成され、おもに民間企業の管理職が居住している再開発地区などである。こうした再生地区では、土地の専有や標準化、管理のための取り決めによって、より社会的に多様な近隣空間との近接性を管理し、強く他者化された庶民層との接触を制限することが可能となっている（＊11）。

　これらさまざまな形態をとる高級住宅街を質的に記述することと、エドモン・プレトサイユによる社会空間の類型（＊12）とを交差させることによって、これら二つの分類のあいだの対応関係に意味を見いだすことができる。伝統的なブルジョワの閉鎖性は「支配エリートの空間」に対応する。高度なジェントリフィケーションが進んでいる地域は、「芸術関係、専門職、教師、および有資格の不安定な職業の空間」に対応する。遠郊外、とくにエソンヌやイヴリーヌの比較的新しく裕福な（そして上流階級の分離主義戦略に類似した）戸建ての郊外は、「研究者や公務員、企業の幹部層、中級専門職の空間」に類似している。一方、オー＝ド＝セーヌの特徴である再開発地区は、「経営者・技術者、会社社長、企業の中間的な職業の空間」とほぼ一致している。さらに、それぞれの居住者の職業構成の違いと、地域レベルでの保全《コンセルヴァシオン》あるいは「向上（アップグレード）」の各プロセスに内在する社会的混交への多様な関係以上に、これらのさまざまなタイプの上流階級地区はまた、大都市圏における相対的な状況という意味で、つまり、地区間の遠隔性または隣接性によって、またより庶民的な地区とくらべて、際立った特徴をもっている。

　最もブルジョワ的な地区の地理的な範囲は、「緩衝地帯」を形成するそれほど排他的ではない空間に覆われているため、庶民層とほとんど接触することがなく、また都市近郊地区にふさわしい距離によって孤立している。それにたいして、オー＝ド＝セーヌ（そこではブルジョワ層の自治体と庶民層の自治体が非常に近く、境界を接することも多い）の非常に多様な状況においては、再開発された空間が果たす「高級住宅街の境界」という役割は対照的である。

パリの高級住宅街を対象とした社会学は、金持ちと貧困との関係を理解するために重要である。のちに述べるように、他の二つの都市と同様に、パリで最も排他的なタイプの空間に焦点を当てることにした。パリでは、この排他的な空間は、とくに庶民地区から遠く離れている。しかし、だからといって、分断された裕福な地区の住民が貧困の空間的集中に無関心であるわけではない。とくにこの現象は、パリ地域では新しいものではないが、一九八〇年代から一九九〇年代にかけて、複数の郊外地区で怒れる若者と警官隊との暴力的な衝突が起きたときに、貧困の空間的集中が可視化されるようになった。二〇〇五年の暴動におけるメディア報道はこうした特徴を示した。

◉——サンパウロ——きわめて不平等な大都市

サンパウロ大都市圏の上流階級地区における貧困表象を研究するためには、まずブラジルの社会政治的遺産とこの都市が世界最大の工業都市の一つとして発展した条件を考慮する必要がある。

ブラジルは、とくに過去に奴隷制度をもっていたという特徴をもつ国だ。植民地時代、ブラジルの社会構造は、ポルトガル人入植者と奴隷という二つの主要な階級に分かれていた。奴隷制度が遅れて廃止された（一八八八年）後、共和制の体制になっても旧体制の分離主義的特徴が維持されていた。シドニー・シャルルーブの研究では、一九世紀終わりのブラジルのエリート層が、旧奴隷層に衛生観念とふるまいを教えることでかれらを教育しようとしたことが指摘されている(＊13)。そこでは、善き社会という先入観のなか、貧困を犯罪化する傾向が早くもあったことが強調されている。

帝国の時代(一八二二—一八八九年)からブラジル共和国の最初の年まで、人びとは市民権の行使から排除されていた。市民的、社会的、政治的権利は国のエリートに留めおかれていた。ブラジルの市民権は労働者階級が獲得したものではない。それは、すべてのブラジル人に課すために、国家によって「上から下へ」とつくられたものである(＊14)。エリートによる権力の領有という意味で、「国は社会のいくつかの部門を吸収した」(＊15)。階層を構成し、ときには恩顧主義(＊16)、さらには家父長主義(＊17)的なやり方で統治するためであった。したがって、貧困層の政治的な生活への統合は非常に遅いものであった。

こうしたプロセスは、一八八九年の共和国宣言後に遅れてはじまったばかりでなく、ヴァルガス独裁時代(一九三〇—一九四五年/一九五一—一九五四年)、そして一九八二年まで軍の権力を維持していた一九六四年のクーデターによっても、何らかのかたちで中断された。権威主義的な体制下にあったこの数年間はとくに、国民が国の最も重要な決定事項に参加することはできなかった。社会的権利については、ヴァルガスのポピュリスト政権下で導入と実施がなされたが、欧州で広がっているような真の福祉国家をブラジルで建設するにはいたらなかった。ブラジルのエリート層は、つねに富の再分配や社会的保護、その基盤となる連帯協定に反対してきた。支配エリートとブラジルの労働者の関係は、給与の搾取と社会的距離の維持によって特徴づけられてきたのである。

その結果、ブラジル社会は依然として経済的にきわめて不平等である。所得の不平等を測定するジニ係数は、ブラジルでは〇・五五〜〇・五九である。それにたいしてフランスは〇・三〜〇・三四、スカンジナビア諸国では〇・二五〜〇・二九である。一九八〇年代、軍事独裁政権の終焉とほとんどのラテンアメリカ諸国の「失われた一〇年」を特徴づけた経済危機は、社会秩序を大きく変えることはなかった。富裕層は富を蓄積しつづけ、不平等は維持された。フェルナンド・エンリケ・カルドーゾ〔第三四代ブラジル大統領、在任一九九五―二〇〇三年〕が指導した一九九〇年代になってはじめて社会問題が政治的関心事となり、公共的な議論の対象となった。インフレの終息は、格差の小さい社会への第一歩であった。

コーヒー生産が拡大した一九世紀後半から今日まで、サンパウロは国内の経済と産業の中心地としての地位を維持してきた。生産技術の近代化と外国資本の誘致によってグローバルな変化に迅速に対応している一方で、失業率の上昇や社会的排除、都市部の暴力などによってあらわれた、成長がもたらす弊害にさいなまれている。中間的な社会空間はあるものの、裕福な地区と貧しい地区のコントラストは依然として際立っている。豪華な建物がそびえ立つと同時に、ファヴェーラ〔スラム街〕の数と規模は拡大している。サンパウロのダイナミズムとその貧富のコントラストは、複数の知識人、社会学者、市の管理責任者によって明らかにされてきた(*18)。

建築様式、ビジネスセンター、航空交通、病院サービス、ホテルやレストランの質の高さなど、サンパウロの最も近代的でダイナミックで繁栄した側面は、ブラジルの人びとからは、ブラジルの他の都市が切望する進歩の印とみられている。しかし、ファヴェーラや不法占拠、ホームレスの増加をつうじて顕在化した住宅問題が、このイメージを大きく損ねている。建築家シコ・ウィタケーが書いているように、「サンパウロの発展の根底にあるダイナミクスは、ブラジル社会における植民地の〔負の〕遺産を克服することができない、この都市固有の非常に時代遅れの遺物という形態を成しており、そこには、都市の最も緊急なニーズに応えることができないモダニティというレッテルがイデオロギー的に貼られている」(＊19)。実際に、都市の空間構成に所得の集中が反映され、経済成長と歩調を合わせている。都市の拡大は、より豊かでない層の中心から周辺への移動をもたらしている。都心では、世帯主の所得が最低賃金の一〇倍以上の世帯の割合が高い。一方、郊外にはおもに貧しい世帯が住んでいる(＊20)。

アロルド・ダ・ガマ・トーヘスの研究によると、一九九〇年代以降、サンパウロ郊外で貧困率は低下したものの、セグリゲーションのレベルは低下しなかった(＊21)。彼は、この現象をエリートによるオート・セグリゲーションの過程によって説明している。すなわち、最も裕福な地区はこの時期に、より「排他主義的」になったのである。

この排他主義は、住宅問題をはるかに超えて、貧困層の回避とオート・セグリゲーションを特徴とするライフスタイルに具現化されている。サンパウロ市内の主要なショッピングセンター二三か所のうち、一〇か所はこの都市の最富裕層が利用している。一般的に、清掃や警備、レストランを担当するサービス担当者を除くと、庶民層がそこに立ち入ることはない。一部の店では、ブランド品や輸入品が法外な値段で売られている。駐車場の料金が高いのは、当然のことながら顧客の選別につながる。制服を着たドライバーが運転する美しい車を見ることは珍しくない。レストランやクラブ、行楽地の選択など、こうした場所に訪れることは、明らかに閉鎖《アントル・ソワ》を求める行為である。ブラジルで富裕層に最も人気のあるビーチは、かれらを庶民階級との接触から完璧に守ることのできる場所である。サンパウロの海沿いの地域、あるいは山岳地帯に位置する「ヴィラ〔別荘〕」は、高度なセキュリティと、まさしく要塞化された飛び地の様相を呈している。このように分離主義は、都市の境界を越え、行楽客が求めている環境にまで及んでいる。孤立への欲求はサンパウロの金持ちのあいだでは衝撃的なものだ。かれらは、映画館の「妨害する」観客と一緒になるよりも、ホームシアターを持つことを好む。かれらの多くは排他性と孤立性をあわせもつライフスタイルに固執しているのである。

衛生思想《イジエニスム》もこの都市の特徴である。このような政治的関心はときどき重要な記事になる。〔そこでは、〕そのとき権力の座にある多数派しだいで、ホームレスを眼に見えないものにすることを目的とした、街の他の場所へのかれらの移動、すなわち排除が、サンパウロ市によって正当化されることもあれば、されないこともある。この問題はサンパウロの左派と右派を分かつ大きな境界線である。右派はつねに、都市と、望ましくないとみなされた貧困層の存在によって「汚染された」空間の「滅菌」を擁護してきた。エリーザ・ヘイスによれば、「ブラジルのエリートは、かれらのあいだと社会の最も貧しい領域との相互依存関係に気づいていない。かれらは集団的なアクションを実行する必要性を感じていない。かれらが社会問題の責任を国家に帰するのは、かれらに帰属させられる負担から免除されるためである。かれらがこの問題への対応について話すときは、つねに治安問題など個別の解決策について考えている」（＊22）。社会的分離主義は恐怖に根ざしている。「こうした語りと実践は、分離、壁の建設、空間の境界設定、距離の増加、セグリゲーションや差異、禁止〔区域〕の確立、排除と回避の規則の増加、移動の制限を課している。犯罪の語りは偏見をあらわし、その両義性を排除しようとするのだ」（＊23）。

しかし、過去一五年間で、サンパウロ郊外の生活状況は変わった。調査時点では、ルイス・イナシオ・ルーラ・ダ・シルヴァ大統領〔第三五代ブラジル大統領、在任二〇〇三―二〇一一年。北東部の貧困層出身。二〇二三年より第三九代大統領〕の二期目に展開された社会政策のポジティヴな効果を確認することができた。また、これらの社会プログラムをつうじて、貧困問題にかんする非常に大きな可視性を獲得することができた。ルーラは、この政策がブラジルの大都市近郊で実施されるとエリートのあいだに不満を生じさせることを知っていた。これらの措置は、所得の実質的な再分配を意味するだけでなく、富裕層の貧困層にたいする表象に反するものであったからである。エリート層が自らを守り、貧困層との差別化を図る必要があることを考えると、このような状況のなかで、ブラジル国家が貧困問題に向ける関心は、サンパウロの最も裕福な地区における貧困知覚にたいしてどのような影響をもったのだろうか。それは、豊かさで分断された地区の住民の実践と態度を変えたのだろうか。〔かれらと〕サンパウロ市との関係に変化はあったのだろうか。つまり、ブラジルの社会政策の方針転換は、サンパウロの上流階級と貧困層の関係をつねに示してきた象徴的境界と分離主義の論理を粉砕させたのだろうか。このことがわれわれの調査が答えようとしている問題である。

◉――デリー――インドの都市の発展を反映して

インドの都市はついにブルジョワ的になるのだろうか。歴史家のパルタ・チャタジーは、こう問いながら、インドでは「グローバル化されたポスト産業都市」モデルに「土着の抵抗」が存在すると指摘する（＊24）。彼は実際に、独立後に植民地支配下で形成されたエリートや中流層が、約二〇年間「ほとんどの地区が階級を混住させ」、貧困層が「恩顧主義的な関係をつうじて金持ちと結びつく」都市化モデルに貢献したと指摘する（＊25）。この都市モデルは、「民主主義と開発の累積効果のもとで」一九七〇年と一九八〇年に崩壊しはじめた（＊26）。スラムの解体と住民の立ち退きは、戒厳令が発令されていた期間（一九七五―一九七七年）に発生した。しかし、このプロセスは、当局と妥協にこぎつけた

「被統治者」の反応によって、部分的に停滞した。一九九〇年以降は、脱工業都市モデルの覇権が拡大したことで、空間の分離、セグリゲーションの増加、社会階級の閉鎖傾向が強まった。たとえば、「工場は市の境界から押し出され、不法占拠者や街頭で抗議する人は追い出された。市場の力を利用して、旧市街の過密で貧困にあえいでいる地区を高付加価値の住宅地や商業地へと速やかに転換できるよう、不動産および賃貸にかんする法律が改正されつつある」(＊27)。

チャタジーの考察は、インドの都市における富裕層と貧困層の関係を問う際に、とくに適切な歴史的枠組みを提供する。彼が述べる〔歴史的〕展開は、富裕層と貧困層のあいだの都市的なつながりの進化において、「グローバル」な力学（ポスト工業化都市の力学）とインドの特殊性をともに想起させる。チャタジーは、「近代に適応したインドの農村」(＊28)を想起させることで、インドの農村に特有の社会構造がある程度はインドの都市の社会階層に浸透することに成功しているという考えを示している。インドの村の形態はカーストによって強く構造化されている。実際に、カーストの階層的な関係は、テリトリーとの特定の関係において具現化されている(＊29)。社会階層は、インドの都市の地形では村の地形ほど完璧には反映されていないが、カーストが都市空間の構造化において重要な要素でありつづけていることは明らかであり、それはカーストと階級が非常に強く一致しているからにほかならない。したがって、インドの都市における富裕層と貧困層の関係を考察する際にはつねに、必然的にカーストの次元をとりいれなければならない。

デリー大都市圏は、インドで都市化率の最も高い都市の一つであり、インドの都市における富裕層と貧困層の関係を問うためにとりわけ興味深いフィールドである。デリー中心部は、高度に計画された行政中心地であるニューデリーと旧市街の対立に象徴されるように、植民地時代の都市の二重構造を受け継いでいる(＊30)。植民地時代の都市計画は、それぞれの機能(行政中心地、軍事地区、鉄道地区、バンガロー分譲地〔中・上流階級がおもに都市郊外に持つ戸建て住宅〕など)に応じて空間を専門化することにも貢献した(＊31)。これが、賃金アパルトヘイトと呼ばれる居住セグリゲーションのモデルにつながった(＊32)。都市計画は、都市周縁に再定住コロニーを開発することにも具現化されている。これは、「破壊されたスラム住民のための『再定住』住宅地で、非常に周縁的な地帯におかれている」(＊33)。しかしながら、都市化はこのような計画的な取り組みによって完全にコントロールされるにはほど遠く、あらゆる規制を逃れる土地占有の形態も多く存在する。不法占拠は二種類に分類される。「民間開発業者が都市化した農地における、都市化計画を遵守しない、周縁部の違法な居住地と、最貧困層による不法占拠地や土地侵入、すなわち計画化された空間の狭間やその周辺を占めるスラムである」(＊34)。このようにデリーでは、インフォーマルで非合法な都市が人口の約半数を占めているのである。

デリーにおける階層と社会的セグリゲーションの論理は、この一般的な枠組みから理解されなければならない。指定カーストや部族(伝統的に「不可触民」とみなされてきた)の人びとはほとんどの場合スラムに住み、上級カーストの人びとは新市街の裕福な地区に過度に集中している(＊35)。さらに、居住セグリゲーションは非常に細かいスケールで観察されなければならない。ある空間のレベルでの社会・経済的な多様性は、その小空間のレベルで非常に強いセグリゲーションをともなっている可能性があるのだ。ヴェロニク・デュポンによれば、このことは「社会的に同質な地域に住みたがる傾向」と「依存関係を維持する必要性」という二つの異なる社会的な力によって説明することができる(＊36)。実際に、恵まれない人びとは、支配階級が必要とする使用人や労働力である。さらに、農村からの移住者は(それが一時的な移住であれ永続的な移住であれ)一般に共同体的な基盤(カースト、宗教共同体、言語集団、職業）の上に集まる。

デリーにおけるネオリベラリズムの影響は、近年の土地・不動産市場の開放にともなう都市空間の「商品化」の進展をつうじておもに確認することができる(*37)。このプロセスは、都市計画の規制緩和と分権化の動きをもたらした一九九一年の自由化改革以降、実際に加速した。一九九九年の都市土地規制にかんする法律の廃止は、不動産開発業者に新たなチャンスをもたらした。こうした改革の影響は、とくにノイダやグルガオンといった衛星都市で顕著であり、大規模な民間開発業者によって新しい居住区が建設された。近年のこのような都市の自由化モデルは、官民パートナーシップという構造的な役割によって特徴づけられており、土地の取得、インフラへのアクセス、建築許可の取得などにおいて、汚職を激化させる効果をもつものであった。こうした都市空間の変容は、ショッピングモール、五つ星ホテル、ビジネスセンター、遊園地、Ｆ1レース場、デリー・メトロの建設を正当化する「魅力的な都市イメージ」(*38)の形成や、ハイエンド〔富裕層〕消費文化の肯定の高まりにもつながっている。デリーを「世界クラスの都市」(*39)にする必要性によって正当化されることが多いこれらの都市美化プロジェクトはすべて、そうした開発地帯から貧困層を追い出し、スラムを大規模に破壊することをともなうものであった(*40)。こうした立ち退きは、二〇一〇年秋に開催された英連邦競技大会の準備にともない、とくに強化された。一方、経済の自由化によって、デリーに居住するために農村部を離れる移民の流れも活発になっている。二〇〇一年から二〇一一年にかけて、デリーの人口は二一・二パーセント増加した。この現象は、不動産価格の上昇と都市近郊のスラムの巨大化を招いた。二五年足らずのあいだに、都市の様相は一変してしまったのだ。

デリーの裕福な地域に住む人びとの貧困層との関係や貧困の表象を分析することで、いくつかの問題が浮かび上がってくる。第一に、デリーの富裕層と家事労働者の関係は、明らかに、かれらが労働者階級の人びとと直接交流する際の最も顕著な側面である。われわれが調査した空間では、ほとんどすべての住民が一人以上の家事労働者（家政婦、料理人、運転手、庭師など）を雇っている。かれらはしばしば、仕事場の近くのスラムや、雇用主の住居のなかに設けられたかれらのためのエリア、あるいはときには住居の裏の路地にさえ住んでいる。このような路地裏には通常、ごみが保管されており、ほぼ使用人《ドメスティック》だけが頻繁に訪れる場所であるため、雇用者はめったに足を踏み入れない。上流階級の人びとは、自分の家に使用人がいることを不快に思い、苦痛にさえ感じていることが、多くの研究によって明らかにされている（＊41）。自身の使用人の動きをコントロールし、距離をおき、かれらの存在を「不可視化する」ことは、まさに上流階級の日常生活における中心的な問題である。

こうした家事労働力の管理は女性が担うことが多いため、インタヴュー対象者が言う自分や他人の使用人との関係を分析する際には、ジェンダーを考慮に入れる価値がある。実際、アン・ウォルドロップの民族誌は、上流階級の人びとがしばしば近隣の家事労働者を自分のために働いているかのように扱っていることを明らかにしている（＊42）。

デリーでは、上流階級の住宅地周辺にたくさんの物ごいがおり、移民の日雇い労働者が隣接する舗道で寝ている（路上生活者《ペイヴメント・ドゥウェラー》）ことがよくある。また、すぐ近くにはスラム街もある。日常的に貧困と向き合わずにデリーに住むことはできないのである。そこでわれわれは、上流階級の人びとが貧困層の近接を受け入れているのか――さらには正当化しているのか――、逆にかれらが立ち退くことを望んでいるのか、その点を探った。貧困層の都市周縁への立ち退きがますます頻繁になっている状況のもとで、上流階級はそのような公共政策をどのように受けとめているのだろうか。それは奨励されているのだろうか。不十分だと思われているのだろうか。スラム居住者の立ち退きの「非人道的」な性質は糾弾されているのだろうか。このような力学に直面して、パルタ・チャタジーが独立後のインドの都市建設の中心的存在として描いた上流階級の貧困層にたいする父権的関係は、どのような形で残っているのだろうか(＊43)。またわれわれは、儀礼的な清浄性という基準が、上流階級と低カーストの貧困層との関係をどの程度形成しつづけているのかについても明らかにしようとした。実際、カースト差別は儀礼的な清浄性の問題によって構成されることは少なくなっており、能力のイデオロギーが参照されることが多くなっている。つまりそれは、かれらの不浄さよりも、ダリットにたいして支配カーストの人びとがとくに非難する留保制度からかれらが得る「過分な」便益のことであるとみられる(＊44)。

2 地区の選択

各大都市圏では、事前調査を実施して地域を選択した。複数の地域を訪問し、民族誌的観察、統計指標、歴史的・社会学的資料から比較分析をおこなうことによって、われわれは〔どのように地区を〕選択するのかを決めた。〔そして、各都市で〕類似した選択基準を適用することを試みた。

最終的にわれわれは、対象とする三大都市のうち最も恵まれた一二の地区を選んだ。これらの地区は、エドモン・プレトサイユが構築したイル゠ド゠フランスの地区を階層的に類型化したもの（全一八タイプ）(＊45)のうち上位二タイプの地区に相当する。サンパウロでは、E・プレトサイユとアダルベルト・カルドーゾが開発したもの（全一六タイプ）(＊46)のうち最上位の地区、デリーでは、住民についての正確なデータがないため、職業・経済的水準の間接的な指標を複数用いて特定した最も豊かな地区を選んだ。貧困層と貧困の表象は、上流階級のさまざまな下位グループのあいだで、また地区の人口構成によって大きく異なるとみられるため、社会的に最も選択的な閉じたブルジョワ的空間に住む、経営者、管理層、上層の知的専門職（とその配偶者）にわれわれが焦点を当てた理由が問われるかもしれない。他の社会学者と同様に、われわれ自身も過去に、上流階級の集中する地区（＊47）や、逆に上流階級が他の社会集団の隣人と混住している地区（＊48）について、異なった、そして十分なだけ多様なアプローチをとることの重要性を説明してきたために、こうした問いはなおさら厳しく提起されるものである。

この問いに応答する方法はさまざまであり、そのどれもがわれわれの〔地区の〕選択理由である。第一に、ブルジョワの道徳的秩序を地域で維持したいという明白な意思が、インタヴュー対象者に、貧困層を地区の社会化の審級（家族、学校、近所付き合い）にたいする脅威としてどのように認知させるのかを研究することがわれわれの方針の一つであるため、住民が社会的混住を選択したと感じている地域までこのわれわれの研究を拡張しないほうが好ましいように思われたからである。われわれは、とくにパリでは、ジェントリフィケーションが進んだ地区を、さらにはより強くジェントリフィケーションが進んだ一定数の地区を遠ざけた。これらの地区の上流階級の住民は、〔自分たちの〕人口比がますます高くなっているにもかかわらず、いまだにこの地区では多様性が特徴だと考える傾向があるからだ。このようにわれわれは、M・パンソンとM・パンソン＝シャルロの研究や、ブルジョワジーの伝統的な空間についてのかれらの歩みのなかでおこなわれた研究をより拡大し、社会空間的な焦点を当てて補完するというのではなく、むしろ大都市圏同士のまた国際的でもある比較アプローチをより体系的に発展させることによって（そして、すでに述べたように、分析の中心には類似性や戦略的動機よりも、回避と差別のさまざまな論理に焦点を当てることによって）、同じフィールドの探索を追求することを目指したのである。

第二に、社会職業分類の上位層に属する労働力人口の割合は、都市によって大きく異なるため（調査時点で、パリでは二八パーセント、サンパウロではその約半分、デリーではさらに少ない）、調整が不可能であるとわかったからである。上流階級の人びとが地区内で（他の階層とくらべて）優位ではなくとも、絶対値で最も多い地区をとりあげるのか、あるいは大都市の他の地域とくらべて相対的に裕福な凹帯が地区に密集している飛び地を選ぶのか、である。それぞれの都市で最も恵まれた空間を選ぶという問題は、こうして、上流階級の数が最も多く、同時に地区人口のなかで最も上流階級の割合が高い地区を抽出することによって、このジレンマを解決することが可能になった。もちろん、これら二つの点で各地区の期待される値は大都市それぞれで同じではないが、その場合は、三つの都市それぞれで、ブルジョワの閉鎖性の強度を最も極端な形態で測定することができるため、比較的理解と解釈がしやすいデータである。たとえば社会職業分類の上位層の数はサンパウロよりもパリのほうが顕著に多いが、上位層の地域密集レベル（の高さ）はブラジルの高級住宅街で観察される。それにもかかわらず、上流階級に属する高級住宅街の人口の割合は、サンパウロよりもパリのほうが高いが、サンパウロ大都市圏の上流階級の多くはサンパウロ市内に住んでおり、フランスの首都であるパリ市ではそれは当てはまらない。これらはすべて、質的な比較をおこなう際に念頭においておかねばならない差異と困難であったが、三つの都市それぞれの社会空間的モザイクにおいて、選ばれたフィールドが少なくとも類似した位置を占めていることが保証されているメリットがあった。つまり、これらは地区の社会階層の頂点に位置しているということである。しかし反対にデリーの場合は、詳細なデータがないために、中間的なスケールで同等のものを特定することがはるかに困難で、不可能なことであった。

第三に、インタヴュー対象者の実践と表象にたいする地区特有の影響を分離することがつねに可能なわけではないからである。こうした観点では、われわれが選んだ地区は、多かれ少なかれ中心市街地と近いか、混住空間か庶民地区かによってすでに区別されている（とくにサンパウロではそうである）ために、これらの中心性や社会空間的な飛び地の次元に、地域住民の職業構成にかんして測定可能な差異を説明する第三の変数を加えることはできなかった。実際にこのことによって、調査地の数をさらに増やすことになるか、さまざまな潜在的な説明要因を特定できないまま、都市のモザイクのなかでの地区の特定の位置から地区の人口構成の影響を真に識別することができないことになる。逆に、三つの都市それぞれの複数の高級住宅街を調査することは、（モノグラフの方法をとると、そのようには見えない）(＊49)当然固有性をもったローカルなケースから誤った一般化をおこなうリスクを冒さずに、三つの都市のナショナルな多様性と特殊性を強調することを可能にする。

最後に、最も恵まれた都市空間は、とくにデリーとサンパウロでは、経済的に最も恵まれ、国際的に最も移動する一部のブルジョワジーが住む空間であることを強調しなければならないからである。つまり、最近の文献によれば、グローバリゼーションは実践や表象を均質化する傾向がある(＊50)。われわれの研究は、三大陸に位置し、グローバリゼーションの力学の中心にある大都市の高級住宅街に焦点を当て、上流階級の国境を越えたイデオロギーの収斂という主張を検証するのに貢献する機会となる。

したがって、本調査の結果を考える際には、調査対象の三都市の（非常に）裕福な地区に住む上流階級の一部の人びとしか対象としていないことに留意すべきである。この調査は、パリ、サンパウロ、デリーの上位層すべてを扱っているわけではない。これら三つの都市では大多数が他のタイプのそれほどオート・セグリゲーションしていない空間で暮らしている。したがって、われわれのおもな研究対象は、特定のタイプの地区なのであり、上流社会階層そのものではない。しかし、これらの地区のなかで、われわれがインタヴュー対象として選んだのは上流階級の人びとだけであって、中流階級の人びとや、その地区に住み、地域のマジョリティであるブルジョワと日々接している庶民階級の人びとではないことを覚えておいてほしい。当然このことは、社会的世界をブルジョワがどう知覚しているのかという問題にかんして、われわれが研究対象をどのように構築し限定しているのかによって正当化されるものである。したがって、これは特定の問いにかかわる研究であり、特定の人びとと地域を研究することによっておこなわれるが、後で述べるように、その厳密さは比較を可能にし、統制された一般化を可能にするものである。

◉——パリ都市圏で

パリの大都市の地区を選ぶために、われわれは以前の調査（ＳＩＲＳ：「健康、不平等、社会的断絶」）の結果とツールを利用することができた。これはパリの五〇地区(*51)とその近郊に住む三〇二三人の詳細なデータベースを提供し、そのうちの一四地区（つまり八〇〇人以上の住民が対象であった）が、エドモン・プレトサイユの類型(*52)による上層空間に対応していた。より正確には、それらのうちの二つ——五区と一六区に位置する——はそれぞれ、類似した他のブルジョワ地区の中心にある、高度な上層タイプ（「知識層がわずかに優勢なブルジョワジーの空間」と「企業経営者と管理職層が優勢なブルジョワジーの空間」）に対応していた。加えて、ヴィル・ダヴレー市（オー＝ド＝セーヌ県）にある、戸建てと集合住宅が混在した別の地区も、ときおり中流層の空間と接しているが、おもに上流階級に特徴的なイル＝ド＝フランス地域圏西部に含まれていた。

長いあいだパリ大都市圏で最も排他的な上流空間の一つであった地区を採用し、庶民的な空間への距離、そして選ばれた各空間の多かれ少なかれ中心的な特性と住宅のタイプを変えることで（＊53）、SIRSのデータベースによって、サンパウロとデリーの対象地域と比較する際のパリの関係を調整することができた。それはまた、複数のインタヴューの実施を促したが、それらは、以前の調査のインタヴュー対象者の参加によって情報が事前に得られていただけに、より詳細なものとなった（＊54）。しかし、われわれはパリの中心部から少し離れ、都市遠郊外のブルジョワ的住宅地で最も古い事例にふさわしい場所を追加するために、ル・ヴェジネ（イヴリーヌ）〔県のコミューン〕で選んだ四番目の地区を含めることにした（＊55）。

われわれが研究した四つの空間は比較的類似した社会構成であるが、それらはパリの上流階級の領域拡大の段階と過程に対応しており（＊56）、それぞれの特性とそれらのあいだの差異の一部を説明することができる。たとえば、現在五区のほとんどが「知識層がわずかに優勢なブルジョワジーの空間」で構成されているという事実は、言うまでもなく、カルチェ・ラタンの歴史と、何世紀にもわたって首都の文化の中心地の一つとなってきた多数の研究・教育機関の存在と関連している。このような、文化（と観光）の場としての一〇区の（ミシェル・パンソンとモニック・パンソン＝シャルロの表現によれば）「空間的ブランド《グリフ・スパシアル》」も、地区の古さに負っている。一〇区は何世紀にもわたって学生の生活を特徴とし、他の区ほど上流階級はいなかったのである。

一九世紀に入ってもムフタール地区と（とくに）サン＝マルセル街およびビエーヴル河岸は、パリで最も悲惨で不衛生で愛されもしなかった区域の一つとみなされていた。第一に、この場所を劇的に変えたのは、オスマンの大事業であった。事実、それはサン＝マルセル街の中心であり、ビエーヴル川を覆っていた。それから一世紀後のレ・アル〔中央卸売市場〕の消失である。第二に、一九六八年五月の事件の震源地であった当時はまだ比較的混住していたこの区は、首都の人口のなかで上流階級の割合がたえず増加していた結果、ブルジョワ・パリの拡張の影響を最初に受けた地区の一つだった。職人の活動はますます少なくなり、寄宿学校や地域の学校施設の学生宿舎に滞在できる学生はますます少なくなってきており、現在では首都のなかでも最も排他的で高価な区の一つとなっている。とくに不動産価格の平均は一六世紀よりも著しく高く、とりわけインタヴュー対象者の半数以上が住んでいるパンテオンのすぐ南にあるＩＲＩＳ〔統計情報集計地区。国勢調査の基本単位地区のこと〕で顕著である。しかし、とくに高齢の住民のなかには、知的専門職や国民教育・研究省の職員が依然として強く集中している（それは、インタヴュー対象者の職業にも反映されている）。

もう一つは一六区で、もともとそのはじまりから、ブルジョワジー向け居住地区が集まっていた。旧コンフェランスの郊外（シャイヨー宮）にも一七世紀からサヴォヌリー製造所（王室のカーペットを作っていた）があったように、工芸品や産業の原型があったが、現在の行政区には、一九世紀半ばまで、依然として、シャイヨーやオートゥイユ、パッシーなどの村を取り囲む大規模な貴族・教会領が集まっていた。大規模な樹木が生い茂った区画に囲まれた大修道院、農村の別荘、パラディオ様式の別荘《フォリー》で構成されるこうしたエリート層の地理空間は、一七世紀初頭に発展しはじめ、ル・ノートルによるシャンゼリゼの整備につづいて、チュイルリー宮から（当時ルイ一四世のおもな住居だった）サン＝ジェルマン＝アン＝レーの王都をつなぐ軸上で加速した。しかし、この場所の緊密な都市化を特徴づける大きな変化は、第二帝政と第三共和制の初期に起こった。第二帝政と第三共和制の時代には、オスマンの大通りが描かれ、オートゥイユとパッシーはパリの新しい行政区に大部分が併合された。そして、その後の万国博覧会はその記念すべき発展に貢献した。それ以来、ヌイイ市と八区に面した六区は、遺産を持つ（大）ブルジョワジーの象徴的な場所となった。かれら大ブルジョワジーの富は、一九世紀から二〇世紀初頭にかけて蓄積され、アンシアン・レジーム以来のフォーブール・サン＝ジェルマンの古い貴族階級が相対的に衰退したことを示した。今日、八区と一六区、ヌイイ市には、その貴族とブルジョワジーの起源から、地域内にブルジョワ的な生活様式を象徴する数多くのインフラ〔私立学校、競馬場、サークル、ボワ・ド・ブーローニュのクラブなど〕が存在し、かれらの求める閉鎖性と、右派への固い政治的支持が、パリの上流階級の最も特徴的な場所とみなされているのは、ほとんど明白であるように思える。しかし、八区は五〇年代からしだいに、威信の高い場所を求める高級品や第三次産業が占めるようになったが、一六区はほとんど住宅用の用途だけを保っていた。たとえば、インタヴュー対象者のほとんどが住んでいたＩＲＩＳは、ラヌラグ公園の近くにあり、ほぼ完全にオスマンとポスト・オスマンの居住用建物で構成されている。

ル・ヴェジネの自治体は、イル＝ド＝フランス地域圏の初期上流階級向け都市近郊分譲地である。ここは最初の「庭園都市」の一つであり、その起源は一九世紀半ばにさかのぼる。一七世紀から革命までのあいだ、現在の地域を占めていた森林は王立狩猟団の所有であり、その範囲はパリの西、数万ヘクタールに及んでいた。ル・ヴェジネの都市化がはじまったのは鉄道の敷設以後であった。一八三五年には――ほぼ一五〇年前に〔ヴェルサイユ宮殿の造園家アンドレ〕ル・ノートル〔が設計した宮殿の庭〕

の向きとほぼ同じ方向に——、フランス最初の鉄道路線が開業し、パリからル・ペックまでを結んだ。その後一八四八年からは、サン＝ジェルマン＝アン＝レー（それは現在、RER〔首都圏高速鉄道〕A線の駅の一つである）へとつながっている。列車は今日のRERと同じ速さで走ったが、パリとそれが連絡する自治体との結びつきを大いに促進し、毎日首都まで出かけつつ生活できる場所を著しく拡大することを可能にした。こうして早くも一八五五年、政治家、実業家、そしてこれらの分野で並はずれた成功を収めた社交界の人物として知られるシャルル・ド・モルニーは、ナポレオン三世の異母弟であるという事実をはるかに超えて、裕福な起業家や不動産投機家のグループに加わり、ル・ヴェジネの買収と、プロモーターであるアルフォンス・パリュがおこなった大規模な開発プロジェクトの資金を調達した。パリュは、一八五七年から一八七五年にかけて森林の大部分を開拓し、個人に販売された数百区画の土地を分譲し、牧歌的な想像力やピトレスクな時代の趣味に合わせて緑地や人工河川を造成し、ル・ヴェジネを自治体として設置するために所有者たちの動員を組織し、初代市長となった。一八八六年には、この新しい自治体はすでに戸建て住宅が七六二戸で人口は四四六〇人であった。現在では三三〇〇軒の家（その多くは大邸宅である）と三八〇〇のアパルトマンに一万六〇〇〇人近くの人びとが住んでいる。これらの一部は、自治体が設立されて最初の数十年間にできた巨大なブルジョワ風邸宅のなかに位置しており、現在は細分化されているものの、そのほとんどがクロワシー通りの南西にある新しい建物である。つまり、この地区は、自治体の四つのIRISのなかではそれほど上位のタイプではないため、われわれはインタヴューをおこなうことはしなかった。さらに、パリュのプロジェクトが望んだ都市・景観整備を維持しようという意向が——とくに、一九七九年に施行され、当初の「仕様」のほとんどの部分を引き継いで拡張された土地整備計画をつうじて——地域で社会住宅の数が非常に少ないことを正当化するために、しばしば自治体によって引き合いに出されていたことを強調しなければならない。すなわち、社会住宅をわずか七・五パーセントしか保有していないル・ヴェジネは、SRU（連帯と都市再生にかんする）法を最も尊重していないイル＝ド＝フランスの自治体の一つとして定期的に非難されている（＊57）。

ヴィル・ダヴレーも同様で、二〇一五年の社会住宅の数はさらに少なく五・二パーセントである。この街は、パリの中心部により近いが、ル・ヴェジネとは異なった歴史を特徴としている。中世にさかのぼる歴史的な村落を中心に発展した自治体で、その周辺は（ヴェジネの森のように）王侯貴族の狩猟場の一部であるだけでなく、一八世紀には定期的に宮廷の人びとが足を運び、ヴェルサイユの灌漑システム［の発展］に貢献した。しかし、この街は、主要な交通ルートから離れているため、二〇世紀前半までは半村落的な組織を維持しており、その雰囲気は印象派を中心に影響を与えた。戦間期には、ヴィル・ダヴレーの家の多くは、まだパリのブルジョワジーの裕福な家族が保有する夏の別荘であった。この街をパリの郊外住宅地に変えた転機は、実際には一九五〇年代に起こったのみで、それは、人口が一九五四年の四四〇〇人から一九六八年の一万七〇〇〇人に増加した（現在では住民は一万一三〇〇人）都市構造の急速な高密度化が起こる前のことである。このように、一六区とル・ヴェジネのインタヴュー対象者がすべて、数十年も前からそこに住んでいた人びとを含み、自身の地区が、おもな居住者の社会職業的特徴と、そうした空間の使用がこれまで大きく変化することなく時間を経てきたのを目にしてきたが、ヴィル・ダヴレーについては事情が異なり、五区と同様に、場所の使用、そこでおこなわれる活動、および最年長のインタヴュー対象者が大きな発展を見ることができるほどに、変化を経験した。

◉——サンパウロ都市圏で

サンパウロの地区は、エドモン・プレトサイユとアダルベルト・カルドーゾがおこなった分類にもとづいて選ばれた(＊58)。選ばれた地域（イジエノーポリス、モルンビ、ジャルジンス、アルファヴィーレ）は、すべて非常に強く分離《セグレゲ》している。調査対象者は、最富裕層の上位五パーセントに入っている。しかしこれら四地区は考慮すべき特性をもっている。

イジエノーポリスは一八六三年に、サンパウロのエリートのための地区として構想された。二人のドイツ人起業家、マルチーニョ・ブシャードとヴィクトール・ノトマンは、当時二人の男爵の土地を購入し、サンパウロのエリート専用にこの地区をつくった。「イジエノーポリス」の名称は、土地区画販売の広告キャンペーンを参考にして選ばれた。当時、市内の他の地区では手に入らなかった飲料水や下水へのアクセスのしやすさを、プロモーターたちは高く評価した。また、周辺にはガス灯や緑地、路面電車が整備されていた。当時の家は欧州の建築様式をまねていた。この地区は、シャン＝ゼリゼ地区出身者を多く含む、伝統的なサンパウロのコーヒー〔生産者の〕エリートの家族の趣味に応じたものだった。この地区はまた、複数の出自から移民家族を受け入れ、とりわけユダヤ人コミュニティがその中心を成していた。一九四〇年以降、いくつかの大きなタワーが建設され、現在にいたるまで高い建物が建設される傾向がつづいている。イジエノーポリスはとくに密度が高い。大学、私立中学、領事館、大使館、病院、ホテル、博物館、レストラン、ショッピングセンター、多くの商店が集中している。上流層のなかでも、ブラジルの有名芸術家が住んでいることは特筆すべき点であり、文化的にも際立っている。しかし、この地区には新しい富裕層も集まっているが、古くからの住民にはよく思われてはいない。人間開発指数によると、イジエノーポリスはこの都市の地区で八位にランクされている。市内で一平方メートルあたりの地価が最も高い地区の一つである。この地区は、不動産庁連邦評議会によって、サンパウロ市の他の「高貴な」地区に隣接して「ゾーンA」と分類されている。旧市街地（現在では放置されて悪化している状態にある）や、多くの低中所得層が居住するサンタ・セシーリア地域に近く、少数のホームレスがいるために、地区住民はいつも不満を漏らしている。

二番目に選ばれた地区はモルンビである。市の南西の高台に位置し、木々と緑に囲まれている。技術者のオスカー・アメリカーノが一九四八年にこの街の一部を市街地化しはじめ、一九五〇年にサッカースタジアムと州知事の邸宅が建設されたあと、定住が急速に進んだ。一九五〇年代、イギリス人ジョン・ルッジというただ一人の持ち主が、そのすべてを所有する土地であった。現在の地域は、当時の裕福な家族に彼が土地を売却した結果である。高層化《ヴェルティカリザシオン》は一九八〇年から一九九〇年のあいだにおこなわれたが、現在ではこの地区の特徴となっているのは、いくつかのファヴェーラに隣接していることである。世界で最も顕著な都市不平等を表現しているものの一つとみなされている有名な写真がここで撮影された。その写真は豪華な建物を映し出し、各階のテラスにプールがあり、居心地のよい複合住宅から一つの壁で隔てられているパライゾーポリスの巨大ファヴェーラを見渡すことができる。最も目に見える豊かさは巨大な貧困に隣接している。ピニェイロス川の反対側にいて、貧困地域（ヘアル・パルケ、パノラーマ、パライゾーポリス）に囲まれているという事実は、モルンビの地価に実質的な影響を与えている。実際には「右岸」側の地域よりもはるかに小さい。これが、そこに住んでいるブルジョワ家族の多くが、将来さらに豊かな地域に移住しようと計画している理由である。とくに貧しい人びとがすぐ近くにいるのを避けるためである。この特徴は、住民に不安を抱かせるものとして最もよく知られているにもかかわらず、モルンビ地区はサンパウロで最も豊かな都市地域の一つとしてよく知られており、多くの住民にとって人間開発指数が非常に高く、購買力も非常に高い。その周辺には、アルベルト・アインシュタイン病院（この都市で最も費用が高い）、非常に高価なパイネイラス・クラブ、サンパウロ競馬場の本部、そして高級ショッピングセンターのシダージ・ジャルジンがある。

ジャルジンスはサンパウロで選ばれた三番目の地区である。この名は、実際には広大な市街地であり、世襲エリートから高く評価されている。都市の西部に位置し、われわれが調査のために選んだ四つの、とくに裕福な地域から構成されている。ジャルジン・パウリスタ、ジャルジン・アメリカ、ジャルジン・エウローパ、ジャルジン・パウリスターノだ。サンパウロの主要な通りであるパウリスタ・アヴェニュー近く、ジャルジン・パウリスターノは一九世紀後半に建設された。最初の住民は中流階級に属していた。今日では、商業施設と住宅の両方があり、高級ホテル、一流レストランだけでなく、有名私立学校やいくつかの領事館も含まれている。一九世紀末に庭園都市をモデルに建てられたジャルジン・アメリカは、まちがいなくサンパウロで最も評価されている地区の一つである。今日では、最も有名なクラブや、ノッサ・セニョーラ・ド・ブラジル教会などがある。ここは伝統的に、サンパウロの伝統的エリートの結婚式が盛大におこなわれている教会である。ジャルジン・エウローパは一九二〇年に庭園都市と同じモデルにもとづいて建設された。通りの名前は、フランサ〔フランス〕、ベルジカ〔ベルギー〕、アレマーニャ〔ドイツ〕など、欧州諸国にちなんで付けられている。最後に、ジャルジン・パウリスターノは一九七〇年代にビジネス街になった。多国籍企業の本社を収容する数多くのタワーは、〔先に挙げた〕アメリカとヨーロッパのジャ、ル、ダ、ン、〔フランス語で「庭園」の意。ポルトガル語では「ジャルジン」」の水平的なスタイルとは一線を画すものである。そこには、世界的に有名な高級ブランドが集中している。これらの大企業で働く多くの上級管理職は、利便性のために、職場近くの高級ビルに住むことを選んでいる。ジャルジン・パウリスターノは、その独自性を強化する経済ダイナミズムの柱と見られている。「ジャルジンス」という言葉のもとで統合された〔これらの〕集合体は、今日では大都市のなかで最も価値の高い地域であるという共通の特徴をもってはいるが、このように、実際には互いに非常に強く異なる多様な地区を抱えている。

サンパウロで最後に選ばれた地区は、郊外に立地している点で他の地区と異なっている。このアルファヴィーレという地区は、サンパウロから約一二マイル離れた衛星都市で、コンドミニアムのゲート・コミュニティで構成されている。一九七〇年代に先住民の土地にある農村地域に建設されたこの地区は、最初の建設以来、自分たちと子どもたちのために平穏と安全を求め、魅力的な地価に魅了された上級管理職の家族の一部を迎え入れてきた。不動産投機とともに不動産価格が急騰し、いまでは富裕層だけが手に入れることができるようになった。アルファヴィーレには現在、四万三五〇〇人の住民がおり、一万三〇〇〇軒の住宅と四二棟の住宅棟、一六棟の商業ビルがある。各マンションは、有刺鉄線と監視カメラが取りつけられた厚い壁に囲まれている。入口は厳重に管理されている。車両にはバーコードが装備されており、毎回ゲートのコントロールを通過する。アルファヴィーレに住むほとんどの人たちはサンパウロで働いているため、毎日の交通量は多く、いつも渋滞している。もっとも、古くから住む住民たちは生活の質が低下したと言い、村人たちのような付き合いが失われたと嘆いている。

◉——デリー都市圏で

上流階級とデリーの最貧層との関係を研究するために、二つのタイプの地域を選んだ。

第一のタイプの地区は、旧植民地都市ニューデリーの典型的な居住区で、デリーのブルジョワジーのうち最もエスタブリッシュメントで最も文化資本・社会関係資本を有する人びとが生活している飛び地または入植地である。一九九〇年代前半以降、これらの地区ではフェンスがしだいに強化され（＊59）、監視ゲートが配置され、警備員たちが時間帯に応じて出入口の通行に最大限の注意を払っている。また、これらの飛び地にある小規模な建物や家屋も、守衛（チョーキダール）の監督下にある。

ニューデリーの植民地はすべて強い社会的同質性によって特徴づけられるが、非常に細かい社会階層によって互いに際立っている。この空間の不平等な名声と、この非常に強い居住セグリゲーションは、おもに植民地時代からの都市空間の組織に関連しており、それは官公庁内の階層構造と英国人とインド人の分離を反映していた（＊60）。これらの地区はたいてい都市の郊外にある最大のスラム街からかなり離れたところに位置しているが、都市の隙間に広がる小さなスラム街からはけっして遠くないところにある。

われわれが研究をおこなった第二のタイプの地区では、一九九〇年以降建設が大幅に増加した「閉鎖的居住空間」にあるコンドミニアムを優先した（＊61）。これらアクセスの制限された住居用建物は、不動産会社によって管理されており、より市の端に位置し、しばしばかつての農業地域に建設されている（＊62）。デリー中心部の地区と違って、こうした空間の威信はブルジョワジーたちがどれだけ古くからそこに存在しているかではなく、何よりも、かれらのフェンス〔の高さ〕に左右される。オレリー・ヴァレルがバンガロール市〔現ベンガルール市〕の状況からこうした空間について述べているように、「フェンスは、その場にある種の排他性をつくりだし、それが場所の相対的な名声を保証する。ブルジョワとみなされた地区において、その保証がそれほど確実なものではないにしてもである」（＊63）。デリーでは、これらの地区はしばしば大都市圏の最大のスラム（再定住コロニーや不法占拠地区）の比較的近くに位置している。これらの高級ビルに住む人びとは、通常、ニューデリー中心部のシックな地区に定住するために必要な社会的・経済的資本をもたない民間企業の幹部で構成されている（＊64）。したがって、これらの地区に住む人びとのほとんどは高収入の給与所得者であるが、デリーのブルジョワジーの最もエスタブリッシュドなグループに直接由来するのではなく、比較的最近の地理的移住によって特徴づけられる（おもに「NRI（*Non Residant Indians*）」〔在外インド人〕やインド国内の他の州から来た会社員）。

このように、この二つの布置《コンフィギュラシオン》〔N・エリアスの用語にもとづく。関係構造、布置関係、社会的網の目〕は、のちに検討する農地に建設された個人の別荘の布置を加えると、相対的に対照的な諸都市の文脈における貧困の表象を比較検討する機会を提供するが、いずれも上流階級の強い交わりと空間の強い囲い込みが特徴的である。パリやサンパウロの都市圏の場合とは異なり、デリーでは地区の類型化や空間の社会的分断にかんする体系的な研究がなされておらず、そうした研究を可能にするような数字がない。実際、デリーの社会的セグリゲーションにたいする研究者の関心が高まっているにもかかわらず、住民の社会的・職業的構成にかんする情報を提供するデータベースはまだ存在しない（＊65）。そのため、デリーで最も高級な地区を選ぶためには、不動産価格や固定資産税（＊66）などの媒介変数や、デリーで働く同僚やデリーに長く住んでいる同僚の専門知識に頼らざるをえなかった。最終的に、一週間かけてデリーのエリート地域の多様性を調査した結果、いくつかの地区を除外し、四つの地区を残すことができた。

一つ目の地区であるデリーの中心部に位置するスンダール・ナガルは、イギリスが植民地統治期に首都をコルカタからデリーに移した際に開発した、いわゆる「ルティエンス」ゾーンの延長線上にある地区である。そのため、スンダール・ナガルは他の自治体よりもはるかに厳しい規制と都市計画の対象となっている。独立後に建設され（一九四九年に一四八区画が売り出され、二年以内にほとんどの建物が建設された）、中心部、動物園、デリー・ゴルフクラブ、フマユーン廟（市内で最も権威のある遺跡の一つ〔世界遺産。フマユーンは一六世紀ムガル帝国の第二代君主〕）、ヤムナー川（インド七大聖河の一つ）、インド門に近い恵まれた立地である。この地区が誕生した当時、この地区に定住していた実業家、商人、経営者、自由業者の家族はほとんど移動せず、現在はかれらの相続人や子孫によって占められている。このように、スンダール・ナガルはデリーのブルジョワジーたちの地理的中心地の一つとなっている。ここの不動産価格は、いまや数百万ドルに達している。各家には専属の警備員がおり、地区を囲む門は夜間には閉じられ、立ち入りが制限されている。

第二に選定されたのは、南デリーの私有別荘地区にあるチャッタルプール・ファームズで、かつての農場跡につくられ、おもに一九七〇年代後半から開発されてきた。住宅地の面積は二・五エーカーを上まわることが義務づけられていたが、二〇一二年以降、それは一エーカーまで下げられた。この年、二・五エーカーの別荘の数は約二七〇〇あったと推定され、なかには七エーカーに達するものもあった。これらのヴィラのあいだには、チャッタルプール、スルタンプール、デラマンディなど、はるかに人口の少ない「都市の村」が点在している。チャッタルプール・ファームズは、社会的に非常に排他的ではあるが、その貧弱なインフラを際立たせている。道路の状態は非常に悪く、水道や電気へのアクセスは市の中心部よりも不安定である。その結果、住民は通常、発電機を備えており、多くの人びとは自分たちの庭に井戸を掘って地下水脈から直接取水している。スルタンプール・エステート、オショー・ドライブ、グリーン・アヴェニュー、DLFファームズのようないくつかのヴィラは、道路の維持管理とセキュリティのコストを分散させるために、小さなゲーテッド・コミュニティを形成することで一つにまとまった。これらのヴィラの住民は一般に非常に多くの家庭内労働者を雇っている。われわれのインタヴュー対象者が雇用しているのは平均すると約一〇名で、なかには最大二七名の正社員を雇用している者もいる。これらのヴィラの居住者は、おもに企業経営者や〔弁護士、医者などの〕自由専門職である。

第三の地区は、ウッタル・プラデーシュ州ヤムナーの東にあるノイダのセクター15―A〔インドの計画都市にみられる呼称。割り当てられた街区に住宅（バンガロー）や公共機関などが立地している〕であり、現在はデリー大都市圏の主要な開発軸の一つである。このエリアは、一九八二年にこの地区を構成する分譲地が高級官僚のために販売され、かれらが開発を担当しようとしたときにつくられた。地区は完全に閉鎖されており、入ってくる車はそれぞれ警備員のチェックを受けなければならない。バイクに乗ったガードマンがいつも地区を巡回している。ほとんどすべての家は公園に面しており、近隣は、レストラン、プール、テニスコート、図書館、その他さまざまな活動のために定期的にそこを訪れているすべての住民の統合と交流のための手段である地元のクラブのまわりに建てられている。当初は高級官僚だけで構成されていたが、現在では、デリー―ノイダ間の高速道路（DND陸橋）に近いことや、この地区の評判が高まっていることに魅力を感じた実業家や経営者が大勢おり、多くの人がこの都市で最も住みやすい環境の一つと考えている。調査当時、ノイダのこの区域は最も住宅価格が高いところだった。

最後に選んだ地区は、ハリヤーナ州のグルガオン〔二〇一六年からグルグラムに名称変更〕のＤＬＦ〔デリー・ランド・ファイナンス〕シティの地区であった。そこでは、他の三地区の住民と同様の社会経済的特性の人びとが住む、最も有名なコンドミニアムに焦点を合わせることを選んだ。〔しかし、〕規模が大きいためコンドミニアム全体をカバーすることはできない。グルガオンはデリー南西部の衛星都市で、一九八〇年代後半に発展しはじめ、現在はインド資本主義の中心地の一つである。大規模な不動産事業をおこなうことが困難な状況に直面して、多くの推進者がこの地域に目を向けており、現在、多国籍企業の本社が多くおかれている。とくに、ＤＬＦはこの分野のパイオニアであり、農業従事者の家族から小さな土地を購入することができ、それらは集約され、現在グルガオンで最も高価な地区となっている。この結果、二〇〇八年、米フォーブス誌の「世界富豪ランキング」でクシャール・パル・スィン最高経営者（ＣＥＯ）が八位に上がった。デリー市において、グルガオンは、数十階建ての多数のタワーを含む、きわめて垂直的な建築が特徴的である。コンドミニアムには微妙な上下関係があり、最高級のマンションはときに数百万ドルに達することもある。こうしたコンドミニアム同士のあいだの景観を特徴づけるのは、荒れ地、個人住宅の分譲地、都市の村、スラムのいずれかである。ハリヤーナ市当局は、市のきわめて急速な成長率についていくことができず、グルガオンは現在、水、電気、ごみ収集へのアクセスという構造的な問題を抱えており、最も裕福な住民たちは民間の市場や業者に頼ることになっている。マンションのプロモーターや管理者は、マンションの評判に応じて、これらの欠点を多少は効率的に補おうとしている。

3 分析段階の規則

このように、われわれのサンプリング方法は、三つの異なる国の三都市圏の特定の地区を選択することであった。言説を客観化しようとするあらゆる試みは、方法論的な挑戦と呼ぶにふさわしい。実際、貧しい人びとについての自身の言葉や表象を詳説するために、われわれが会った人びとは、自らのフレーミング《カドラージュ》、物語、議論のレパートリーを、そしてかれらが直面していた、あるいは直面しているさまざまな事例や社会化の度合いのなかで支配的なイデオロギーを、よりどころとしていた。これらのイデオロギーは、かれらの世界との関係を定義づけることに役立ち、その関係の説明変数となっている。しかし、適切な分析の文脈と規模が多様であることを考慮し、より具体的に三つの点、すなわち地区、大都市、そして国に焦点を当てることにした。

インタヴュー対象者たちはみな、地区の住民として（たとえば、自分自身を他人と比較しながら）、また大都市の住民として（場合によっては、かれらが知っている他の大都市との比較から、自身の都市の特殊性に言及することで）自らを語っただけでなく、自身の国で有効な法律や政策に言及できたにすぎないとはいえ、自らが市民であることを必ず表明した。これら三つのレベルは、実際には絡み合っており、ほどくのが難しいこともある。それぞれは互いにどのように関連しているのだろうか。

実際にこれらの言説のナショナルな特性を特定できるのは国際比較だけである。エリートの構造、支配形態、階級関係、社会的妥協の現状と歴史は、上流階級が貧困層のことを思い描き、その抑圧された地位を正当化しようとする方法と強く結びついている。われわれがインタヴューした人びとは、かれらが暮らし、多くの場合、人生の大半をつうじて社会化した国と大都市の特殊性に強く影響された表象、評価、説明の方法を用いている。しかし、かれらの言説には、三つの国とこれら三大都市圏、あるいは異なる都市の特定の地区のあいだにみられる共通のレパートリー(*67)によって特徴づけられることもある。新自由主義政策は、たとえば国境を越えた性質を特徴としており、世界の多様な地域における富裕層が貧困層にたいして抱く表象に、強力な同様の影響を与えることができる。したがって、国と地方の特殊性と共通性の両方を特定することによって、文脈の特異性が、諸個人が社会空間のなかで自分の場所や他者の場所を述べる方法にどのように影響するかを示すことができるはずである。したがってそれは、国と地域の文脈あるいは特定の地区の布置関係が、多かれ少なかれどの程度ある種の表象と正当化を利用可能にしているのかを検討することである(*68)。

道徳的秩序の形成と維持の問題は、地区の生活と直接関係している。なぜなら、それはしばしば、インタヴューを受けた人びとのあいだで、かれらの地域内への閉鎖の経験にもとづいた議論を引き出すからである。しかし、社会的再生産に有利な階級教育へのより一般的なアタッチメント〔愛着〕というかたちで展開することもあり、それは地区を超え、ときには長く、しばしばナショナルな歴史に書き込まれた社会的属性を意味している。

このことは、貧困層が衛生や安全にたいする脅威として描かれていることからも確認できる。人びとが不安を感じ、危険であるために貧困層から身を守る必要性があることを表明するとき、かれらは自分たちの地域で何が起こっているか(強盗、暴行)を述べることができる。また、多くの貧しい地域がある大都市、より一般的には自分たちの国で何が起こっているかに言及することもできる。公衆衛生の問題もまた三つのレベルで提起されるのである。それは、貧しい地区出身の家庭内労働者の存在によって明らかになる。かれらは、その日常的な存在によって汚染のリスクになると疑われている。この問題は、一部は汚く不快とみなされることがある、非常に多様な社会階層出身の人びとが共存可能な公共空間や公共交通機関の清潔さが話題になるたびに、大都市において広く一般的なものとしてあらわれる。衛生の問題は、貧困問題を取り巻く公衆衛生の問題が報告されるたびに国レベルの問題として存在する。しかし、この貧困層の表象の二つの側面は、ふつうはより地域レベルの経験に起因している。

貧困の正当化の二つの仮説は、あらゆる段階で見いだすことができる。貧困の自然化の問題は、地区や大都市圏の日常生活の例からアプローチすることも、国の歴史に根ざした表象に原因を求めることもできる。同様に、貧困層を非難するという当然の帰結をともなう能力《メリット》の問題は、地区や大都市における体験〔生きられた経験〕からも、また貧困層にたいする国の政策についてのより一般的な考察をとおしても把握することができる。

したがって、収集した調査資料から、これら三つの分析段階（地区、大都市、国）を関連づけることが課題である。これらの段階のいずれに位置するかにかかわらず、それは（多かれ少なかれ明白な）象徴的境界と（多かれ少なかれ確立された）正統性の両方を考慮し、解釈することの問題である。それらの境界は、経済的・文化的・道徳的基準に応じて（＊69）、あるいは他のあらゆる形態の偉大さ《グランドゥール》〔L・ボルタンスキーの用語〕（＊70）に関連して、人物や実践を区別し、カテゴリー化し、階層化することを可能にする。また、正当化と論証のレジスターは、社会的世界の通常のモデル化、あるいは学術的もしくは疑似学術的なイデオロギー的コーパスを取り出すことに関連している（＊71）。

第二章　道徳的秩序を生み出す

都市のオート・セグリゲーションという力学における、社会的世界の表象と、居住の実践と選択をつうじて積極的にもたらされた個人や家族の行為の論理のなかで、文化的卓越化を求め道徳的境界を画定しようとすることは、距離化だけではなく、接近と閉鎖化をも促進する原動力としてあらわれる。多くの研究が示してきたように、これらの文化的・道徳的論理は、しばしば、地位の維持、社会的再生産、将来的な出世という社会・空間的な戦略から生じ、ほとんど表裏一体のかたちで結びつきうるものである。この結びつきは、たとえば、文化的にあまり恵まれていない集団が、そうではない集団からの卓越化の戦略を、質素という道徳的美徳と対比させることで、気取りや不当な要求のあらわれであると非難するとき(＊1)、あるいは、望ましい地区やライフスタイルという象徴的経済が、真正性やコスモポリタニズムという価値観によって構造化されているとき(＊2)、あるいはまた、若者の教育や社会化の様式が、規律や責任、さらには競争という規範を共有する文化資本の継承を基礎としている場合などに明らかになる(＊3)。

貧困層や、その他のスティグマ化された集団の知覚を、道徳的あるいは文化的要請という視点をとおして見ると、かれらを遠ざけたり距離をとったりする直接的な動機と、集合的な類似性と戦略の副次的な影響でしかないものとを切り離すことが、ときに困難である。言い換えれば、斥力〔嫌悪〕と引力〔魅力〕の論理を区別することは明らかに困難な仕事で、それがつねにできるともかぎらないのである。実際、物理的あるいは衛生上の脅威に晒される貧困層の表象は、あらゆる許容可能な相互行為のレジームからも、そのうえ共通の人間性(＊4)からさえも、貧困層が自分たちの手で自らを排除するような実践《プラティック》や性向《パンシャン》をかれらに付与することによって、かれらを根本的に他者化してしまうが、そうした表象に反して、社会的世界の文化的・道徳的な分割は、一般的には二分法的ではなく、より漸進的であり(＊5)、いくつもの段階における偉大《グランドゥール》さのレベルに由来している(＊6)。また、こうした分割が上流階級から貧困層にたいしてなされることはほとんどない。というのも、上流階級が文化的・道徳的差異という点で競争という形態に身を投じているのは、何よりもまずかれら自身のあいだ、そして中流階級とのあいだ〔の競争〕である。われわれが調査したような、労働者階級がきわめて少数で、中流階級的な道徳的秩序（あるいは、より正確に言えばその局地的偏向）(＊7)がほぼ支配的な、非常に分断された地区では、文化的・道徳的分割はいっそう少ない。

このように、この章では、ローカルな道徳的秩序やインタヴュー対象者のライフスタイルを脅かすものとしての貧困層の姿は、とりわけ局所的でしばしば副次的にあらわれる。そこで、本章ではまず、調査対象となった三つの大都市それぞれに特徴的な、都市における撤退《ルプリ・ユルバン》の実践の概略を述べる。そして、インタヴュー対象者が閉鎖性を求め、それを高く評価することとまさしく類似した次元に、次に、世代間の社会的再生産の意思にとりわけ結びついた、かれらの戦略的な次元に注目する。最後に、対象者が擁護主張する日常生活のそうした組織化における、庶民《ポピュレール》という特定のカテゴリーの統合と受容について、また、その他の貧困の形態が、実質的あるいは潜在的に分断的な性質をもっているために、強く告発されるという（稀な）ケースについて論じる。

1 都市における相互行為の撤退と規制

調査を実施した地区全体で観察された、貧困と社会的多様性への関係の最初の次元は、特定の都市空間における撤退の実践である。それは、調査がおこなわれた三つの大都市のインタヴュー対象者たちの日常生活の組織化において中心的なものであるが、それにもかかわらず、この実践はそれぞれの都市ごとに異なった、また特有なかたちで変化している。したがって、この次元を動機づける論理――接近《ラプロシュマン》と閉鎖《アントル・ソワ》を求める論理、あるいは反対に、明確に距離をおくという論理――を説明する前に、〔最初の次元を〕記述することからはじめる。

デリーで調査した四つのケースでは、地区は一般的に閉ざされており、明確な物理的境界線が引かれている。したがって、たとえばサンパウロで観察されたものとは異なり、現地のストリートや共有スペースは、居住空間と断絶したものとしてではなく、むしろその連続体として体験され、私的領域から公的空間への段階的な移行を促している。しかしながら、インドのインタヴュー対象者が自分たちの都市に抱いているイメージは、それでもやはり、自分たちにとって居心地がよいと感じる場所と、状況によっては絶対に避けるべき場所とのあいだにある、さまざまな象徴的な対立の複合体によって強く構成されている。そして、こうした対立は、家の内と外、自分たちの地区を特徴づける秩序感覚と外部の混沌、閉ざされた「コロニー」と誰にでも際限なく開かれた通り、高級住宅街の「文明人」と都市の村の「ならず者」(不良少年)(*8)、サウスデリーの治安とそれ以外の大都市の危険性などのかたちで繰り返しあらわれる。かれらによる閉鎖、回避、退却といった実践は、このようにして、インドの首都の最も特権的な地区の住民たちに、かれらの家に最も近い場所を含む、まさしく公共的な空間を放棄するように導いている。公共空間の悪化と無秩序は、国家にそれを引き受ける能力がないことと、同時に、貧困層の「野蛮な」ふるまいの結果とみなされているため、インタヴュー対象者は、自分たちが「泡《ビュル》」「繭《ココン》」「島《イル》」と形容するもののなかで生活せざるをえないと考えている。そこでは、市外や国内で起きていることにくらべて、最も豊かな人びととの生活が、守られ、かつおおむね自立したかたちで展開している。通りが多少なりともつねに私有化され、監視されているかれらの地区は、そうした泡の最初の状態であり、ブルジョワ的な社交性を広げるための一つの重要な尺度である。しかし、インタヴュー対象者の大多数は、デリー・ゴルフクラブや(ルティエンス・バンガロー・ゾーンにある)ジムカーナクラブなど、市内で最も排他的なクラブ(*9)の会員でもあり、ほとんどの場合、家族でそこに定期的に通っていると答えている。

　サンパウロでも、とくにジャルジンスやイジエノーポリスにおいて、インタヴュー対象者たちは、現地で提供されるその地区の公共サービスと制度のすべてをおおむね評価している。それは、インタヴューのなかで、特有の文化実践と文化的嗜好とを区別する象徴的境界の標識としてしばしば語られ、

〔その地区〕独自の生活様式を構成するものである。こうして、ジャルジン・パウリスターノに三〇年間住んでいる三八歳の事業主ルイス・ホベルトは、地元で提供される文化（博物館やギャラリーなど）の多様性の高さだけでなく、数多くある伝統的に中流階級向けの学校（ダンチ・アリギエーリ、サン・ルイス、アスンソン）や、バイリンガルのインターナショナルスクール（セント＝ポール、セント・フランシスなど）（＊10）の存在を強調する。彼はまた、幼少期に同じ地区に住んでいた友人のほとんど――現在では事業主や銀行の頭取、飲食店経営者などである――が、とりわけジャルジンスにおいて豊かな、地元のクラブの社交のなかにいまもいることに満足している。そこでの社会的選択性は、インタヴュー対象者の大半がクルービ・アトレチコ・パウリスターノ、またはエスポルチ・クルービ・ピニェイロスのメンバーであるという事実に顕著にあらわれている。

市内のその他の富裕地区では、エリート向けの高級サークルやクラブへの参加はあまり一般的ではなく、回答者のごく一部にかぎられている。しかし、階級の閉鎖性とそのローカルな社交性は、インタヴュー対象者が頻繁に言及するような、イジエノーポリスのカフェや近所の商店、劇場、また（イジエノーポリス同様に）モルンビとアルファヴィーレの高級ショッピングセンターといった、それ以外の場所にかれらが頻繁に通っていることによって明らかになっている（＊11）。デリーと同様に、このような地元の人間関係は多くの場合、とりわけ、それが強く持続的なつながりを育み、育まれるときに、女性的で子どものような、あるいは子ども時代に立ち返ったかのような友情によってしばしば維持されている。その一方で、今日、若いカップルたちは、（その程度は低いにしても、パリのように）不動産価格が非常に高い水準であるために、地元にとどまり自分たちの親の近くにいることが困難であるとときおり感じている。こうした類似性以上に、われわれが調査したブラジルの二つのフィールド――モルンビとアルファヴィーレは、相対的な落層《デクラスマン》の感覚（とくにモルンビでは、何人ものインタヴュー対象者が、より選択的〔な場所〕で、いずれは戻りたいと強く望んでいる自分の出身地区で自由な時間を過ごしたいといつも答えている）、家の近くに社交の場が少ないこと、公共空間にたいする恐怖心が強いなどの理由により、一部の住民たちの現地での統合がより脆弱になっていることが、他のすべての調査地区とは異なっている。実際、犯罪と結びついたものや、市の公共空間や公共交通機関で起こる身体的暴力のリスクに怯えているブラジルのインタヴュー対象者の一部は、同じ階層にいるパリの、またインドのインタヴュー対象者とも明確に異なり、自分のあるいは友人の家ではおこなわれないあらゆる人付き合いの形態を最小限に抑えようとしている（＊12）。

しかし、都市への関係、社会秩序の知覚、道徳的秩序という考え方、そして、その基盤となる（また、それにより生み出される）貧困層や労働者階級についての独自の表象が、われわれが調査した地区のあいだで最も異なっているのは、デリーやサンパウロ以上に、パリという大都市においてである。すなわち、隣人および地区との関係という点からみた、この違いのおもな理由の一つは次のことである。パリ中心部の中流階級地区は人口密度がきわめて高いのが特徴で、現地での広範囲にわたる相互交流を不可能にしているのにたいし、郊外の高級住宅街は人口密度が低く、現地での相互交流がしばしば当たり前におこなわれているからである。一方で、五区同様に、一六区においても、インタヴュー対象者たちはかつて、同じ区内に、さらには区の同じ地区内に住みながら、しばしば引っ越しをしていた。たとえば、自宅から徒歩数分の圏内に多くの友人がいて、路上で定期的に知り合いに出くわしたりする一方で、かれらの多くは隣人たちと、たまに挨拶する程度のたんなる礼儀上の関係しかもたない。同一家族の複数世帯が居住する建物、既存の友人関係を頼った転居、あるいは、区分所有者会議の統括への個人的または集団的な強いかかわり、といったわずかなケースはあるが、例外的なものである。また、インタヴューでは他の都市と比べ、死でさえも気づかれないことがあるという建物の無個性さを説明する――ケースによっては諦観的あるいは苦悩に満ちた――話が語られることが多い。

したがって、驚くことではないが、これら二区のインタヴュー対象者たちは、何が「良い地区」であり、あるいは、何がかれらが評価するところの「村」の精神なのかを述べる際に(＊13)、公共空間における礼儀正しさに、あるいは少なくとも、リン・ロフランドが定義する最初の四つの特徴(＊14)に本質的に言及している。すなわち、「協調的な移動」(通行人の動きを最小限に調整すること)、「市民的無関心」(われ関せずの態度と他者のプライバシーの尊重)、「限定された援助」(情報の問い合わせに応じるといった、ほんのちょっとした手助けのやりとり)、そして「オーディエンスの役割」の尊重(公共の場での出来事の行為者と観客という異なる地位の知覚)――「礼儀作法《サヴォワール・ヴィーヴル》」というこれらを包括する用語が意味するもの――、つまり、匿名性(あるいは、ここでは地区の店主たちとのあいだにあるような、互いに表面的な面識)と選択的な地元のつながりによって特徴づけられる、都市的な場面に習慣的に結びついた特徴である。

対照的に、ヴィル・ダヴレーとル・ヴェジネの住民は、かれらの地区の特質(ここでもまた、村の様子との比較がしばしばなされる)として、現地の強い相互交流、濃密な人付き合い、信頼、助け合い、連帯を強調する。一方で、見知らぬ者同士の都市性と礼儀正しさについては、後者が前者の一部に起因することがインタヴュー対象者にときおり言及されることがあったとしても、ほとんど語られることがない。

私は、ほとんど全員を知っていますよ。それから、わかりませんが……、それでもみんながお互いのことを少しは知っていると思いますよ！　やはり、かなり小さな地区《カルティエ》ですから。（…）だから、地区ではないのかもしれませんね。ざっくり言うと、ル・ヴェジネなんです。ル・ヴェジネの友人たちとのパーティーは、やはりたくさんおこなわれています！

［サビーヌ、女性、四六歳、企業幹部、配偶者は銀行の上級管理職、六六］

少しずつ、ある種の環境、つまり街中での快適で小さなソーシャルネットワークがつくられています。お互いがみな顔見知りで、どの家でも夕食をとることができますし、子どもたちの、人と人とのつながりの広がりは、子どもたちの交友関係によるものですし。

［オリヴィエ、男性、五〇歳、独立系コンサルタント、配偶者は不動産開発エンジニア、六〇］

それでも、ヴィル・ダヴレーには正真正銘の地元の活気というものがあって、それは強く、とても素敵です。たとえば、ある人が問題を抱えていました。健康上の問題を抱えた近所の人でした。それが数か月つづいていて、そのせいで、彼女はもう夫や子どもたちのために食事をつくることができないくらい疲れていました。すると、みんなが交代でサポートしたんです。毎日誰かがその家族に食事をつくりに来られるように段取りした人がいました。

［フローランス、女性、五四歳、翻訳家、離別、五六］

とても活発な友人グループもいくつかあって、たとえ誰かが深刻な問題を抱えたとしても……。ヴィル・ダヴレーに住んでいて、仕事のことで大変な問題を抱えていた同級生がいたことがあったんですが、その人は本当に一〇年くらい失業中で、四人の子どもがいました……。それなのに、長いあいだ、二年間、彼の家賃を払うために稼いでいたグループがあるんですよ。五〇人くらいの人たちがお金を払っていました。立派なやつ《ティプ》なんですけど、彼は二年間面倒をみてもらっていたんです。

［アラン、男性、七二歳、石油会社の元エンジニア、配偶者は写真家、五七］

それにもかかわらず、首都（圏）におけるル・ヴェジネとヴィル・ダヴレーの位置と、（ほぼすべての回答者が定期的に利用している）公共交通網による有効な交通手段は、都市全体、とりわけその中心部の公共空間への直接的なアクセスを可能にもしており、そのことにより、こうした郊外の自治体の住民は、（インドと、一部のブラジルのインタヴュー対象者とは異なり）「泡のなかにとどまる」ことがない。こうして、かれらのほとんどは、大人たちがパリに行き、首都で提供される商品や文化の利用が非常に容易であると主張している。概して言うと、後述するように、こうした実践は、イル＝ド＝フランス地域圏の最も選ばれた地域の住民間には、上流階級の領域への能動的な閉じこもりと、公共の場所への忌避がないことを示している。このことはもちろん、パリの社会空間的モザイクという布置のために、かれらが庶民地区を通る機会がほとんどなく、それ以上に、そこに頻繁に行く機会がないという事実によるところが大きい（＊15）。しかし、それでもはやり、混交《ミクシテ》や相互行為の機会という点では、かれらのおもな関心事が次のことであるのに変わりはない。すなわち、混交と相互行為が生まれる空間を避けるよりも、それらが、ブルジョワ的な規範を尊重するように空間を規制することである。

2 社会・空間的適合の感覚

ここでは、自身の選択を説明し、正当化するために、また、自分たちの閉鎖性を評価するために、インタヴュー対象者が言及した動機を検討しよう。マルコ・オベルティとエドモン・プレトサイユが総括したように、住居のオート・セグリゲーションは、一般的に二つの主要な論理によって動機づけられている(＊16)。一方は、特定の表象や評価、価値づけ、分類を(自分の同胞だと感じている人びと、あるいは他の集団と)共有しているという感覚によるものであり、もう一方は、再生産や社会移動を目的としたリソースの配置や蓄積という、より明白に戦略的なアプローチによるものである。多くの場合、これら二つの論理は、行為者の実践と言説のなかで複雑に入り組んでいる。それでもやはり、明晰さを考慮し、比較を容易にするために、ここではまず、両者を区別し、順に検討することからはじめたい。ところで、この二つのうちの最初のものである類似性の論理は、われわれが調査したデリーとサンパウロの高級住宅街、すなわち、社会的にそれほど選択的ではないあらゆる空間が、まったくもって考慮に値しないものとみなされている場において、とりわけ顕著に述べられている。

◉――デリー――自明の社会・空間的秩序

デリーで調査された空間は、インタヴュー対象者が、道徳的秩序というある種の概念を戦略的に認めさせることのできる枠組みである以前に、とりわけ他の住民との強い類似という感覚から、かれらが快適で安全だと感じる場所である。もちろん、表には出ないおもな反対意見として、貧しい人びとは、高級住宅街での生活を支配する規則や規範にしたがって行動することに、生まれながら（したがって、解決不可能なまでに）適応できないと語るものがある。しかし、より大まかに言えば、社会空間全体が、互いに根本的に異なり、したがって同じ都市空間を共有することのできない諸集団で構成されているという、インタヴュー対象者による表象が、デリーの特徴である。こうした、相いれない文化的かつ道徳的な指示対象によって断片化された社会というヴィジョンはさまざまな形態をとるが、どのインタヴューにもみられるものである。そうしたすべてのケースにおいて、自分たちの（地理的、宗教的、カースト的および／あるいは階級的）帰属を前提としているために、非常に特殊な性質をもったいくつかの諸集団が生まれる。たとえば、デリー周辺の州にいる支配的な農耕カースト――ジャートとグジャール――は、一部の家族が不動産開発業者あるいは一部の富裕層に農地を売却して得た収入によって、エリートのテリトリーに頻繁に出入りしており、われわれが記録したインタヴューにおいて、しばしば激しく批判されている。そして、インタヴュー対象者たちにとって、インド社会全体にあるこうしたアイデンティティの断片化は、おのずと最富裕層による分離主義と、オート・セグリゲーションへの欲求をもたらすものになるだろう。

デリーの高級住宅街は、人間関係と相互的な社会統制が強い場所であり、きわめて高いレベルの相互交流、階級とカーストの非常に強い連帯感、強い帰属意識を特徴としている(＊17)。その住民たちは、同じ社会的特性を持ち、同じ考え方やふるまい方を共有する人びとから成る、地元の同質的な環境で子どもたちが成長できることを喜んでいる。というのも、この社会的同質性――そして、そこにともなう「秩序だった」物質文化――は、安心を与えるものとして経験され、子どもたちの適正な社会化を促進するとみなされている。

実際、最も排他的な地区を支配する権威と自己規律という感覚からつくられた道徳的秩序を維持したい――つまり、エリートたちにとって大切な道徳的・文化的な象徴的境界を、有効な社会的境界として解釈したい(*18)――という意思が、デリーでおこなわれたインタヴューの最も支配的なテーマである。われわれがデリー・ゴルフクラブでインタヴューした、チャッタルプールの住民であるナミタは、とりわけこの点について強調している。

ジョール・バーグのような場所……。ジョール・バーグは、スンダール・ナガルのようなところですね。私の祖母はゴルフ・リンクスに住んでいて、その地域はそうした問題を抱えていませんでした。なぜでしょうか。そこにいた人たちはみな、十分に教育を受けた階層の出身者だったからです。とても地位の高い職業だったということです……。私自身は、女子修道院で育ちました。そのことをとくに誇りに思っているわけではありませんが、私はそこで多くのことを学んだと思っています。私たちの修道女がアイルランドの修道女で、彼女たちが、私たちが大人になるまでのあいだ、たくさんのことを教えてくれたからです。そして、夫はイギリスのある学校に通っていました。そのため、彼は自分の身のまわりのものをいつも整理整頓するように教えられました。二つ目、それはもちろん、安全のルールを尊重することです……。そして、デリーには教育水準の高い地域――先ほど言及したジョール・バーグやスンダール・ナガルのような場所――があります。そこでは、人びとはふるまい方を知っています。

［ナミタ、女性、六七歳、繊維輸出会社社長、夫は流通企業グループ社長、一九九八］

インドでは、差別意識や道徳的要求を共有する人びとに囲まれているということのような感覚がきわめて高く評価されており、多くのインタヴュー対象者が、自分たちの地区のそうした側面を強調している。ナミタはこのようにして、彼女の隣人たちの資質を強調している。かれらはみな〔社会的〕威信の高い社会職業的地位にいて、（彼女や彼女の夫と同様に）欧米諸国での生活経験をもち、とりわけ――彼女の言葉を借りれば――「文明化」されていることが明らかである。

近所の人たちとの、とても良いグループがあります。メリッサです。イギリス人の母娘なんですよ。向かいにはトーマスさんがいます。彼の父親はソニア・ガーンディー〔インド国民会議の政治家〕のところで働いていました。かれらはみな教育を受けています。（…）彼はアメリカの超有名企業のトップでした。（…）投資銀行に勤めています。そして、通りの先にはチャタジーさんがいて、彼も投資活動をし、金融業界にいます。ランジート・ジェインさんがいます。彼はアメリカで多くの時間を過ごしましたが、いまはインドの不動産業界にいます。そう、かれらは活発に動きまわり……、より広い世界を経験してきた人たちなんです。より大きな世界とは言いませんが、遠くまで見渡せる広い世界です。物の見方が違うからです。かれらは清潔で、几帳面で、通りにごみをまき散らしたりしません。だから、私たちのすぐ近くの地区がいいんです。近所の人たちはとても親切です。素晴らしい人たちだと思います。

〔ナミタ、女性、六七歳、繊維輸出会社社長、夫は流通企業グループ社長、一九八〕

グルガオンの住民であるギートゥ。彼女はというと、家族の延長線上にいるような隣人たちとのあいだで、友人同士の小さなネットワークを結ぶことができたと断言する。

「これが必要なんです」と電話して言うだけです。かれらの何人かと一緒にいると、拡大家族《ファミーユ・エラルジ》にいるようなものです。見方によりますが、素敵なことですね。たとえば、〔インタヴュー時にいた隣人を指さして〕彼女がそうです。彼女には、電話して、ここに来てと言えるほど親近感を感じています。そんな感じの人が他にもいます。そして、長年一緒に暮らしていると、ある程度の親密感があります。これが一番良いことです。自分と同じように考え、「やあ、困っているんだけど、君の助けが必要なんだ」と電話で言える人が欲しいでしょう。つまり、一種の拡大家族、お互いに安らぎがあるような状況です。そして、おかげさまで、ここではとても幸せに暮らしていると感じています。

〔ギートゥ、女性、四五歳、主婦、夫はインテリアデザインの代理店を経営、二〇一三〕

しかしながら、長いあいだ、グルガオンで最も人気のあるコンドミニアムには、（経済資本だけでなく、文化資本ならびに社会関係資本を備えているという点において）社会的同質性が高いという特徴があったが、一部のインタヴュー対象者によると、今日ではもはやそうではないという。とりわけ、特定の集団や多くの個人の社会的上昇、そして、そうした個人を惹きつけるグルガオンの魅力があるために、少し前まで支配的だった道徳的秩序が容易に、また一様に重きを成すことはもはやない。したがって、現地住民のこうした再構成は、何人ものインタヴュー対象者たちを強く不快にしている（われわれは〔インタヴューの〕途中で、「成り上がり者《ヌーボー・リッシュ》」が大衆に出自をもち、かれらのマナーが欠如していることをより強くステイグマ化するために、インタヴュー対象者たちが、ある種のブルジョワ的コスモポリタニズムへの愛着を強調するのを目にする)。

そうした共同所有者の大半は、私と同じ社会的出自の人たちです。かれらは高等教育のディプロマ、あるいは——多くの場合は——大学の第二課程のディプロマをもっていて、インドや国外の最高峰の大学に通っていた経験があり、大企業で働いているか、事業を展開しています。かれらは数か国語を話し……、その出自はさまざまですが、かれらの多様性はそれだけにとどまりません。かれらの友人たちもまた多彩ですが、社会的出自という点では同じです……。いずれにしても、私たちはみな、幼少期からの、あるいは公立学校やデリーの大学で顔を合わせていたり、IIT(インド工科大学)やIIM(インド経営大学院)に通っていたり、MBA(経営学修士)を取得しているという共通の過去をもっています。私はというと、デリー大学出身で、そこは国内最高峰の大学の一つでした。同級生はみな近所で暮らしています。大半の友人には、同じ学校や、あるいはそれと同等の学校に通っていた子どもがいます。おわかりですか。私たちは同じような経験をしていて、ゴルフ場で会ったり、他の同種のクラブで会ったりしています。しかし、いまは状況が変わりつつあります。街に定住する人たちが少しずつ増えているんです。つまり、多様性が街に押しかけているのが現在です。そのため、共有するところが何もないバックグラウンドをもったビジネスパーソンたちがいます。私は一人の中流階級のインド人です。家族は事業をおこなっていました。けれども、そうやってやって来る人たちのなかには、共通点が何もない人もいます。そして、こうしたことはますます増えるでしょう。街が人びとを惹きつけ、不動産を、おまけに手頃な不動産をたえず吐き出しているために、このことは運命づけられています。移民がここにやって来て、定住することになりそうです。変化が起きているところです……。（…）私は、高所得者の集団も低所得者の集団も、社会的に移動していない人たちだと定義するでしょう。私が言いたいことがわかるでしょうか。かれらはお金を稼いでいるので保守的で裕福、でも成金です。つまり、私が言いたいのは、かれらは礼儀に欠けていて、私たちとは相いれない価値観をもっているということです。（…）しかも、この建物にも、引っ越してきて、このマンションを購入し、ここに入居し、私とは非常に違う人たちがいるのがわかります。かれらはとても異なった価値観をもっています。だから……、物事は変化していくということですね。つまり、こうしたことが街で起こるのは、こんなふうに必然的なんです。以前はもっと画一性がありましたが、〔いまは〕より多くの多様性があります。しかし、もちろん私は……、社会の下層〔の人びと〕のことを言いたいのではありません。明らかに、そうした人びとは状況が非常に異なりますが。私が話しているのは、上・中流階級についてです。多様性が飛躍的に、非常に飛躍的に増えているのはこの階層なんです。

〔マナヴ、男性、五四歳、ある大きな企業グループの幹部、離別、二〇一七〕

実際に、グルガオンのコンドミニアムは、その規模と、住民の相対的な多様性のために、相互交流がより活発であるより小さな地区では可能な社会統制をいっそう困難なものにしている。したがって、エドモン・ゴブロ〔フランスの哲学者・社会学者。一九二五年の『障壁と水準』でブルジョワジーの卓越化戦略を論じた〕による柵と階というメタファーは、グルガオンの広大な住宅団地を記述するのにも、たとえば、スンダール・ナガルという、より濃密かつ閉じた人間関係をもった古いブルジョワ地区を表現するのにも適していないのである。グルガオンでは、「柵」は、(じわじわと拡大してはいるが)社会的な境界線の厳密な区別と強化、そして、文化的・道徳的な象徴的境界の標定という絶えざる努力によって、より注意深く見張られ、日々再構築されなければならない。したがって、「階」はグルガオン「の団地」や住宅団地の規模では見られなくなってきているが、より細かい規模では、とりわけ、地元のいくつかの社交サークルに属することで再構成されている(*19)。

チャッタルプールでは、状況、そして社会的凝集にたいする局所的な障害はさらに異なっている。チャッタルプールの閉鎖的なコミュニティの一つであるRWA(住民福祉協会)(*20)の会長であるスニットは、互いに非常に離れている農家の住民間のつながりを発展させるために、大変尽力したとわれわれに説明する。とりわけ彼は、参加することに最も消極的であったり、あるいは興味をもたなかった住民たちを、地元の人間関係のなかに統合しようとしてきた。こうした特別な努力は、地元の道徳的秩序が、ここでは何より礼儀正しさと地区の評判を保証するための集団的なコミットメントの産物と考えられているという事実を明らかにしている。

私たちがとても満足できる地区をつくることができたと思っています。「維持費を払いたくない」という人がたくさんいます。かれらには、「かまいません、たいしたことではないですよ」と言います。そして、何度も夕食に招待します。かれらのことを社交の場で知っているからです。かれらがどこかにごみをポイ捨てしたり、かれらの庭師がどこかにポイ捨てしたりした場合、私たちは、かれらにやめるように手紙を送ります。おわかりですか。お気づきかもしれませんが、

〔ここには〕街灯があります。そして、それらの街灯はそれぞれの別荘につながっています。〔地区〕全体につながっているのではなく、各自の別荘に二、三の街灯が接続しています。ですから、誰もが街灯の設置に貢献しているのです。もし設置してくれない人がいたら、「お願いですから、街灯を設置してください！」と電話で言えば、かれらはそうします。そうすることで、物事を良い状態にしておかなければならない、と人びとが感じるような……、良いタイプの環境を築くためになんとかやっています。おわかりいただけますかね……。結局のところ、団体《アソシアシオン》に実際何ができるのでしょうか。それは都市のようなものです。つまり、人びとがすべきことをするつもりがないとき、政府には何ができるのか、ということです。（…）ですから、とりわけ私たちの社会的な相互交流のおかげで、とても良い雰囲気をつくることができたと思っています。お金ではできないことだと思います。たとえ私が、お金を持ち、すべきこと全部を自分で実現すると決めても……、良い雰囲気をつくることはできないでしょう。繰り返し申し上げます。私は幹事や会長を初代から務めていたのですが、「でも、この男は一銭も払っていないんだから、招待すべきじゃないのでは」と言う人をたくさん見てきました。そこで私が、「みんなを結束させておかないと、この空間はきちんと機能しません」と言います。おわかりですか……、「わかりました、あなたは自分のぶんを払いたくないんですね……、ではけっこうです」。これでは何も変わりません……。他の人たちはそれを支払うことができます。私たちの会費の総額をご存じですか？　一か月二〇〇〇ルピーです。月に一〇万ルピーを要求するようなものではありません。ですから、私は「わかりました。半分の人たちが払わないのですね。では、四〇〇〇ルピーを支払いましょう」と言いました。私たちには、どちらでもまったく同じことです。けれども、地区の一員であるということでかれらを受け入れつづけるのであれば、そこでは少なくとも、外にごみをポイ捨てしないといった、ある程度必要なことには期待したくなりますね……。

［スニット、男性、五八歳、不動産・建設業グループ社長、独身、一八六］

最後に、ノイダ15－A〔地区〕のケースでは、新参者を統合するための仕組みや集団的な努力が、たんに社会的紐帯をつくる役割をもっているというだけではなく、グルガオンのような、住民の一部が上昇する社会移動を経験した地区と同じく、最も古くからいる住民たちが、それ以外の人びとを、自分たちが守りたいと考えている地域の道徳的秩序にあわせて社会化することによって、階級の同質性とアイデンティティを維持しようとしている。この地区のクラブは、そのために、規範と社会統制を伝達するうえでとりわけ決定的な役割を果たしている。地区に三年前から住んでいる退職した上級公務員のハルシュは、このクラブが、異なるバックグラウンドをもつ住民を「教育し」、地域でのふるまい方や上流の作法に慣らすための重要な仕組みにまでなっていると述べている。

私の感覚では、ここに来るビジネスパーソンは、――これは希望的観測かもしれませんが――この地区で暮らすことで変わっていくと思います。「クラブの礼儀作法」とは何かを理解してくれるはずです。（…）食堂にサンダル履きであらわれることはできないんです。最低限の作法やドレスコードを尊重しなければならないんです。かれらはそのことを理解していませんでした。けれども、私はかれらを非難しません。かれらは違う人生を歩んでいるのです。金持ちになったかれらは、異なる生活スタイルをもっています。でも、私の感じでは、かれらの子どもたちやかれら自身は、多少なりとも私たちのようになっていくのではないかと思います。たしかに、かれらは大金を持っているでしょう。ですが、そのうちに、かれらのふるまい方は私たちと同じものになっていくでしょう。クラブには同質化する影響力があるからです。この地区特有の同質化する影響力があるんです。というのも、ここには支配的な文化と呼ばれるものがあるからです。(…)たとえば、それはクラブやコミュニティセンターの支配的な文化で、そこでは、人びとは特定の規範にしたがうことを求められます。ですから、はじめてのことですね。こうした状況に一度もおかれたことがない人にははじめてのことなんです。つまり、ここは一つのコミュニティで、お年寄りが歩いているんだからスピードを出しすぎるな、ということです。そして、クラブではきちんとふるまうようにしなさい、と。私の感覚では、この地区では、クラブが同質性を高める影響力をもっていると思います。お金持ちだろうと退職者だろうと……、ビジネスパーソンだろうと退職者だろうと、クラブはここに住んでいる人たち全員に大切だからです。つまり、同質性という要素があるんです。クラブがどのような活動を認めるべきか、クラブ内での行動規範は何か、さまざまな状況にどう対応していくか……ということについて、多くの議論が交わされます。もしも酔うと、酔っぱらっていると、すぐに外に連れ出されます。こうしたことは、人びとの価値観やふるまいに影響を与えます。クラブが基準のようなものを設けたのだと思います。私たちにクラブがなければ、基準を設けるための場所はどこにもないでしょう。クラブは私たち全員にとって価値あるものなので、そこでは一定の基準やふるまい方が決められ、その後で、人びとはそれを日常生活にもとりいれています。

［ハルシュ、男性、六二歳、退職した上級公務員、妻は無職、二四〇〇］

このように、ごく最近豊かになった家族を、相互行為のレパートリー、すなわち中流階級の規範と作法に統合し、社会化するためにつくられた地区のクラブは、それゆえに、高級ホテルにかんする研究のなかで、レイチェル・シャーマンが論じたものと同様の役割を果たしている。そこでは、従業員たちが、自分の世界をさらけ出す宿泊者にたいして、かれらが下品で不適切な態度で気ままにふるまうことなく、そこで居心地がよいと感じる方法を、徐々に、ほんの少しずつ提案している（＊21）。こうして、新参者を地域の道徳的秩序に統合したいという意思は、グルガオンのノイダだけでなく、パリの五区と一六区を特徴づけるものでもある。そこでは、その住民の大半が、自分たちの地区を特徴づける上流階級のあいだの内的な異質性を長いあいだ受け入れてきたのである。そのうえ、後述するように、そうした異質性は、文化的・象徴的卓越化というかれらの戦略のおもな理由であり、目標である（その差異が自明とみなされている労働者階級や中流階級よりも多くみられる）。

一方で、デリーのブルジョワジーのなかで、最も古参の人びとが暮らすスンダール・ナガルでは、新参者が社会的・道徳的秩序のローカルな考えに適応《アキュルチュラシオン》する努力は、少しも必要ないようにみえる。インタヴューにおいて、この概念は、全員が自発的に共有しているものとしてあらわれていた。グルガオンのような内的な回避戦略も、ノイダ15－A〔地区〕で起こっているように、粗野な存在としてスティグマ化されている「成り上がり者」の作法を正すクラブも必要ないのである。また、別荘間の距離や、相互交流がきわめて少ないことで、隣人を当てにすることができないと不平を漏らす住民たちもいるチャッタルプールでとりあげたものとは異なり、スンダール・ナガルの住民たちは、いつでも好意的な助けを求められることを知っている。かれらはまた、統合と遠慮のあいだの適切なバランス（すなわち、とりわけ広がった社会統制と地域的な連帯は十分すぎるほど有効であるが、押しつけがましいもの、あるいは束縛的なものとは感じられていない）に満足している。したがって、誰もが、仲間や隣人のプライバシーを尊重しながら適切な距離を保ち、ある種のよそよそしさを維持する方法を知っているのである。

ここでは、人びとがお互いを尊重しているので、お互いのことには首を突っ込みません。したがって、これが一つ目です。二つ目は、自分たちがしていることに人びとが満足しているということです。ですから、人に迷惑をかける暇が誰にもないのです。そうに違いありません。もし、ある人に何もすることがないと、その人は「なんでだろう……なんで彼は、これもあれも持っていて、私は持ってないんだろう」と思います。そして、ここで悪口を言ったり、あそこで悪口を言ったりして、その次は面倒を起こそうとしますよ……。一方で、たとえば、チョウドゥリィさんがここにいるのは嬉しいですね。そして、チョウドゥリィさんにとっても、私がここにいるのが嬉しいんです。私は彼の人生に干渉しないし、彼も私の人生に干渉しません。つまり、すべてが順調で平和的です。（…）私たちが議論するといったら、美食やおいしいワインについての話です。でも、デリケートになりそうなテーマについては話しません。

［スリンダール、男性、七五歳、同族企業社長、妻は主婦、一六七］

このように、大都市の他の空間で起こっていること、つまり、そこではコミュニティという感覚や、公共空間の尊重が欠如していることが特徴であるのとは逆に、デリーで調査した四つの地区の住民はみな、地域間の違いを超えて、自分たちの隣人は他の地域よりも「市民的」な感覚と、地域へのより強い帰属意識を特徴としている、という考えを共有している。したがって、地区の道徳的秩序は、社会の同質性とローカルな統合というメリットを強調することによってポジティヴに定義されると同時に、他の地区に住み着くであろう、行儀が悪く、不潔で、危険な大衆との対置によってネガティヴに定義される。実際、インドの高級住宅街の住民のほぼ全員が、自分たちの地区は、文化的、道徳的、倫理的に、都市の他の場所で観察される地区よりも優れた生活様式を特徴としていると述べている。傾向《ディスポジシオン》の近接性にもとづく相互交流が非常に濃密な地区で暮らしているという事実を強調し、隣人と共有される選択的な類似性を強調しながら、インドのインタヴュー対象者のほぼすべてが打ち明けているのは、つまり、階級の閉鎖がもたらすメリットへの明白な称賛である。それには多くの場合、コスモポリタン的な特徴を高く評価するというニュアンスがある。

◉──サンパウロ──脅威に感じられる社会・空間的秩序

サンパウロで実施されたインタヴューをインドの事例と比較すると、中流階級の住居の閉鎖との関係が、いくつもの点で類似しているようにも見え、同時に、異なっているようにも見える。ブラジルの大都市においても、階級の同質性についてのさまざまな類似的、肯定的な側面をはっきりと賞賛することが、中心的なテーマとなっている。非常に多くのインタヴュー対象者たちが、自身の地区の特性を重要視するのは、かれらもまた、毎日の生活が快適だと感じるためには自分たちに与えられている特権的な環境が必要不可欠だと考えているからである。これは、とくにジャルジンスとイジェノーポリスの住民たちのケースに当てはまり、以下でみるように、後者の地区に生まれてからずっと住んででいる、ある女性へのインタヴューの抜粋のなかで確認することができる。全国レベルの政界の大物だった人物の娘である彼女は、そうした環境が子どもたちの教育に非常に重要な役割を果たしていることを強調し、地域の教育機関をつうじて、自分自身が受けたのと同じ「型《タイプ》」の教育を、子どもたちやその友人たちの世代に保証できたことを喜んでいる。実際のところ、彼女の話からは、自身が大切なものとみなしている価値観を伝達するということが、時間が経っても変わらなかったことがわかる。結果として、彼女の子どもたちは、幼いころから社会的な評価が非常に高い人びとと交際し、大人になってからも、かれらとの良好な関係を維持しつづけている。

「盗みを働いてはいけません」といったように、非常に基本的な道徳観のもとで育てられました。この地区ではみなこんな感じです。放蕩に溺れるといったことはまったくないんです。というのも、私が育てられた方法というのは、まさしく、私の子どもの友人たちのそれなのです。そして、それは今日も変わりません。道徳観が同じなんです。

［ガブリエラ、女性、六七歳、退職した秘書（二言語話者）、夫は退役した大佐で企業家、九一］

同様に、イジエノーポリスの別の住民は、服装という点からこの地区の住民の同質性を強調すると同時に、とりわけ高齢者や子どもにたいする親切心《ビヤンヴェイヤンス》という価値観が共有されていることも強調している。

程度の差はありますが、同じようなものです。おわかりでしょうか。服装についても、誰もがある一つのふるまい方をしていると思います。それは、どちらかというとカジュアルで、あまり気取っていないように思います。私が思うに、ここには……、とりわけ礼儀《エデュカシオン》のよさがあるんです。みんなとても親切です。若者たちでもそうだと思います。というのも、かれらはたくさんのお年寄りと付き合いがあるから。（…）大雑把に言えば、親切心と躾《しつけ》の良さということです。

［ルイーザ、女性、五一歳、検事、独身、八八］

同じ地区に住む他のインタヴュー対象者たちは、イジエノーポリスの通りでは、誰かに声をかけなければならないとき、その人のことを個人的に知らなくても、身なり、立ち居ふるまい、行儀（すなわち、ハビトゥスと身体的ヘクシス〔身のこなし〕）の統一性が、かれらを安心させるのに役立っていると主張している。もちろんかれらは、サンパウロ郊外の地区では、見知らぬ人に何かを尋ねることを躊躇するか、それを避けさえするだろう。

たくさんの知らない人たちと話したり、言葉を交わしたりします。（…）たまにすれちがうだけなので、親密な関係にはなりませんが、安心して話をします。（…）この地区は居住に適した地区《レジダンシエル》だと言えます。これと同じ……、近郊の地区にいる他の人たちと同じ関係をもてるかはわかりませんが。ここは特別な《ディスタンゲ》地区なんです。その人たちのことを知らなくても、仲間内ではすっかりくつろいでいます。

［アンドレイア、女性、六四歳、心理学者、夫はデザイナー、八九］

また、インタヴュー対象者たちの多くが、自分たちの仲間内で生活するときにかれらが抱く満足感のほかに、地区の住民たちを一つにし、特徴づけるものを強調している。すなわちそれは、「地域のライフスタイル」への愛着、ある種の建築物や芸術作品の価値づけ、造形芸術、演劇、映画を評価できること、そして（サンパウロでは、ジャルジンスがその基準となる場所の一つである）美食《ガストロノミー》についてのある種の嗜好や欲求をもつことである。デリー同様に、これらの特徴はもちろん象徴的かつ文化的な標定であるが、ここでは、文化的、商業的な提供物によっても定義され、価値づけられた地区を擁護するために述べられている（このことは、デリーのケースではまったくみられない）。

〔この〕問題〔は〕、文化に価値を認め、地域のライフスタイルに価値を認め、自分の地区や地域に価値を認めることです……。（…）文化や造形芸術……、さらには演劇や映画を鑑賞する喜びを味わいましょう。私は得意ではありませんが、この地区ではごくふつうのことのようです……、美食の問題を考えることが……重要なことみたいです。

［ルイス・ホベルト、男性、三八歳、企業家、妻も企業家、一〇七］

一方で、デリーの高級住宅街の住民は、隣人との良好な関係を危うくしうるような、反目する話題を最小限に抑えたいという配慮から、政治的な議論を避けるか、もっぱら非常に慎重に扱うと説明しているが、サンパウロでは、労働者党（ＰＴ）にたいして共有された政治的嫌悪感や、――非常に多くの場合――ブラジル社会民主党（ＰＳＤＢ）にたいする支持によって、地区内での似た者同士の集まりと、地域への帰属感が促進されているとみられる（＊22）。

ここでは、あらゆることについて、誰もが多少なりとも同じ考えをもっています。（…）ご覧ください。（…）今度の日曜日の選挙……。みんなが同じことを言っています。「誰に投票するの？想像できますか、ルッソマーノ……は問題外ですよね！」。アダージも労働者党なので、みんな言います。「労働者党？　あぁ、セーハとかに投票しないとだめですね」。つまり、ほぼ全員がセーハに投票するでしょう。私は、ルッソマーノに投票する人にも、アダージに投票する人にも会ったことがありません。

［タチアナ、女性、五六歳、英語の個人教師、夫はエンジニアで音楽家、九四］

調査を実施した三つの大都市のうち、ブラジルのケースでは、インタヴューを受けた上流階級の人びとによると、社会的再生産の要求が、地区の公共空間から貧困層を追い出そうとする積極的な欲望と最も直接的かつ明示的に結びついている。道徳的秩序の擁護は、ここでは、貧困層から解放された都市で暮らしたいという明確な意思表示となってあらわれ、貧困層の存在が、地域の調和に有害なものであると同時に、社会・空間的なヒエラルキー（つまりは、各集団それぞれの場所）が尊重されなければならない都市の秩序からみて、不適合なものとみなされている。サンパウロでは、中流階級の地区を保護したいというこうした意思と、貧困層の存在を、［地区の］完全さ《アンテグリテ》を脅かすものに仕立て上げる不安感が、過去数十年にわたる中心部の人口の変化が後者を原因としているだけにより顕著にみられる。インタヴュー対象者の目には、このことが、貧困層の混合と生活様式が引き起こす可能性のある、地域の衰退の顕著かつ寓意的な例として映っている。さらに、そうした中心部の空間の一部では今日、依存性の強い麻薬の転売と消費が蔓延しており、「クラコランジア」（文字どおり「クラックの国」）という不名誉な異名を付与されているため、こうした表象はいっそう否定的なものである(＊23)。

対抗モデルおよび象徴的な引き立て役として、歴史のある都市中心部の運命が、貧困層にたいして増大する警戒心を高めるためにしばしば言及される。こうしてかれらは、そこで何もしていないとみなされているときに（つまり、おおまかに言って、かれらがそこで働いていないときに）、高級住宅街から、さらには都市全体から遠ざけられる。実際、いくつかのインタヴューでは、――怠惰、不誠実と表現された――貧困層の存在が、労働の価値づけと、国の経済の中心地が模範かつショーケースであることを目指すブラジルが体現しているとされる、進歩というイメージとは相いれないとみなされている。一方で、こうした距離のおき方が、暴力や社会・空間的不平等を生み出しうるということが、インタヴュー対象者によって言及されることは一度もなかった。というのも、富裕層のオート・セグリゲーションが一種の社会問題であり、不公平の一部を成しているという考えが、かれらにとっては異質なものだからである。

実際に、貧困層は、公式なパウリスタ（行政によって居住が認められている人びと）だけに付与されているはずの、都市の住民や市民としての地位を不当に取得し、その結果、サンパウロの医療・社会援助の公的ネットワークによって提供される社会的プログラムやあらゆる「特権《アヴァンタージュ》」を不当に享受しているといつも非難されている。貧困についてのこうした表象は、ブラジルの最も貧しい州からの国内移民を含む、特定の移民にたいする不信感のあらわれである。

何が起きているかというと、私たちは徐々に、文化的にも教育的にも、最低限のものさえもっていないこうした人たちの人質になっているということです……。(…)かれらは私と付き合うことができると思っていますが、私は、かれらの教育のなさや不潔さを大目に見なければなりません……。うまくいかないんです。そう、この混合は、こうした理由のせいで機能しません……。(…)これは世界中どこでも一緒で、パリではパリジャンたちが同じことを言っているのではないでしょうか？　不可能なことですよね？(…)アフリカ人たちが、ここにはいっぱいいます……。アフリカ人が多すぎます……。(…)街の中心部に……(…)そうしたズールー人たちが〔アフリカ出身の若者たちが〕、通りにあふれています。かれらがみな集まっている地区があります。それがどこなのかは知りませんが、その家には小さな窓がいっぱいあるんです。テレビでやっていました……。それらはみな違法なんですよ。なぜかれらを追い出さないのでしょう？「いや、解決策を見つけよう……」。何の解決策ですか？　お金を遣ってどうやって？……いくつもの解決策を探さないといけませんよね？　ここにはもうアフリカ人たちがいますが、あなたがたがかれらを連れて行きますか？　また、ここに来るポルトガル人やスペイン人もたくさんいます。私がお話ししたいのはこのことです……。まっとうな方法で、あるいは、おおむね良い条件でやって来る人たちではないのです。だって、それは何もかも失ってここに来た人たちなんです。そして、ここでは、ＨＣ(クリニカス病院)に並ぶ人の列がすでにいっぱいです。これが、見かけは豊かな街の結果です。

〔カルラ、女性、五一歳、弁護士、夫はエンジニア、九三〕

インドのインタヴュー対象者が、自分たちの閉鎖を自明のものとして、いわば社会・空間的秩序として認識しているのにたいし、ブラジルの人びとは、自分たちを守るために行動する必要性を強調している。しかし、デリーとサンパウロとのあいだのこうした違いを超えて、そのどちらも、自分たちの地区に特徴的なエリート主義的自主的結集《オート・アグレガシオン》を明確に価値づけ、賞賛さえしているという点では一致している。しかし、まさしくこの点こそが、インドとブラジルの人びとと、かれらと同種のパリジャンたちとの違いである。かれらはいつも、自分たちの社会的ホモフィリア（すなわち、自分たちと社会的に似ている隣人を探すこと）について婉曲的に言及したり、あるいは他の嗜好や嫌悪感をつうじてもっぱら間接的に表現するが、これは公然としたエリート主義的というほどのものではなく、それ以上に、人種差別的、道徳的、文化的動機にもとづいたものである。

◉——パリ——婉曲的に語られる社会・空間的秩序

インタヴュー対象者の多くが知的、文化的な職業に従事するか、公共部門で働いており（あるいは働いていたことがあり）、政治的に左派とみなされているのは五区であり、そこは、地区の環境に注目が集まっているために、社会的調和を守ることへの不安が婉曲的に語られることが最も多い地区である。実際に五区の住民たちは、その地区の「知的」「文化的」な特徴や、その芸術的な豊かさと活力、歴史の長さ、建築的遺産を（とりわけ、反例としてしばしば引き合いに出される一六区との比較から）（＊24）強調することが多い。またかれらは、学校の質についてもほぼ必ず言及している。その多くは、フランスで最も名門の高校があるパリの地区に住むことの利点と、とりわけ、学区内にある自分たちの中学校のことを強調する。そのなかの一部は、他の地区であれば子どもを私学に通わせなければならないだろうが、そこには、学校の優秀さという目標を追い求めながら、同時に公立学校に通わせることを可能にする布置があると明言している(*25)。

さらに、五区は一二ある調査地のなかで唯一、かなりの数のインタヴュー対象者たちが自発的かつ明白に、自分たちの地区の欠点が社会的混合の欠如だと指摘した地域でもある。たしかに、社会的混合はここ数十年で減少している。それ以外の人びとは、またときには同じ人びとが、この地区の変化と、住宅価格が非常に高い水準に達した要因の一つとして、地区の住宅規模の縮小を指摘している。実際に、観光(*26)、高級サービス業、高級品店に特化した空間が、住宅や近所の商店、書店(また、二〇〇〇年代初頭までこの地区の社会性《ソシアビリテ》を高める場であったレコード店やレンタルビデオ店)を、(八区のケースですでに十分調査されたロジックで言うところの)(*27)地域の「空間的ブランド」の価値づけとともに部分的に吸収した。つまりそれは、何世紀もつづく知識人の地区や大学地区が批判に晒される経済的ブルジョワ地区へと劇的に変化しつづけていることにたいする抵抗でもある。とりわけ上流階級のなかで、文化的卓越性という論理の優位性を認める何人ものインタヴュー対象者たちが、他の地区の中流層が社会・経済的な象徴的境界を過剰に強調しようとする傾向を非難している。

> ある程度はブルジョワといえる場合もあるかもしれませんが、ブルジョワ〔地区〕ではありません。たしかに、何世代にもわたってここで暮らしていて、資産を持っている人たちはいます……。そして、私たちのように、資産がなく、それなりの静かさと穏やかな家族生活を求めてここにやって来てここに住む人たちがいます。でも、他の一部の地区のように成り上がり的《アリヴィスト》ではないんです。ヌイイ〔パリ市の西側に隣接する富裕な自治体〕にいるわけではありません!
> 〔エルザ、女性、四〇歳、既製服業界の営業職幹部、配偶者は会社社長、八〕

左岸、ラスパイユとアサスのあいだのヴォージラール通りに長く住んでいました。それから、引っ越しをしなければならなくなり、ジョルジュ・サンク大通りへ行きました。そこなんです!! ……とても仰々しい場所（非難の文句）です（…）。つまり、そこでは誰もがうぬぼれています。恐ろしいことです。私たちは二年間そこにいて、すぐにまた出ていきました。

［アンヌ＝ロール、女性、六六歳、無職、配偶者は会社社長、一］

また、パリの経済的中流層を表象する空間である一六区のインタヴュー対象者のほとんどが、住宅にかんする同胞愛を婉曲的に語る傾向を共有している。かれらはしばしば、自分たちの地区を「静か《カルム》」「穏やか《トランキール》」「平和《ペズィーブル》」「ひっそりとした《フートレ》」「安らぐ《ルポザン》」「快適《アグレアーブル》」「暮らしやすい《ウ・イル・フェ・ボン・ヴィーヴル》」「若々しい《ヴェール》」「風通しが良い《アエレ》」「美しい《ボー》」「おしゃれ《ジョリ》」などと表現する。つまり、地区の物質的かつ美的側面と、そこで一般的となっている相互行為のレジスター〔言葉遣い〕の広さとかれらがみなしているもののことを述べているのである。しかし、後者は前述した都市性という価値観にかなっているため、階級の帰属〔という問題〕にしばしば帰される。

人びとのふるまい方、仲間内での暮らし方、そこでの躾けられ方、それらすべてが礼儀作法です。それでもやはり、込み合った地区ではありません。でも見てください。そこには礼儀作法があり、それはときに家族の文化や学校での教育の賜物です。（…）全体として、それが礼儀作法です。他人に迷惑をかけずみんなと仲良くする、コミュニティのなかでの礼儀作法です……。それは、同じ階ではじまります……公共空間を礼儀正しく利用することで。

［ジャン＝シャルル、男性、六五歳、退職した元都市事業部長、配偶者は税務調査官、一二］

より一般的には、この地区のインタヴュー対象者の大多数にとって、一六区を「穏やか」で「居住に適した《レジダンシエル》」という枠組みで描写することは、その「ブルジョワ的な」（この用語は稀にしか用いられない）性質への間接的な言及ではあるが、明白なものではない。そして、地域の人びとの相対的な同質性に触れる住民のほぼ全員が、自分たちの地区のそうした特徴を評価し、擁護したいと断言している。

さらに、そこには内輪《アントル・ソワ》の問題があります……。はい、そうですね。私は、自分がみんなととても似ていると感じてはいますが、たしかにあらゆる階層の人たちのことを知っています。事実、どこかで、全体的にみて同じ生き方をしている人たちがいる住居や環境に暮らすのがより快適なんです。

［ジャン＝シャルル、男性、六五歳、退職した元都市事業部長、配偶者は税務調査官、一二］

そのため、市がさらに住居の〔社会的〕混合を進めようとすることに積極的に反対する人びとがいる。それは、ミシェル・パンソンやモニック・パンソン＝シャルロがすでに繰り返し指摘しているように、当該の空間の建築的、芸術的一貫性、その空間的なブランド、そしてそれが生み出す差異を保護することが、次のような拒否を支持する際にしばしば主張される（＊28）。

請願書に署名しました。（一六区の）区役所への請願書二枚に署名したんです。請願書ははじめてでした。ポルト・ドーフィーヌにある（ブーローニュの）森に土地があって……、（ドラノエ〔当時のパリ市長〕は）そこを移動者《ジャン・デュ・ヴォワイヤージュ》〔広く不定住者、ホームレスを指す〕のための場所にしたかったんです！　冗談じゃありません!!　だから、ノー《ニート》と言ったんです。また、ポルト・ドートゥイユには、駅の上に大きな、非常に大きな土地があり、ドラノエは社会住宅を建てようとしていました――彼は一〇階か一五階建ての建物を三つ建てようとしていたと思います――。だってそこは住宅地ですから、完全にノーでした。何にでも反対しているわけではありませんが……、大きなタワー〔高層の公営住宅〕を建てるな、それだけです！　結局それもノーとなって、延期されました……。

〔アニック、女性、六四歳、退職した元営業幹部、離別、三七〕

しかし、調査をおこなった他のイル＝ド＝フランス地域圏のフィールドと一六区が何よりも異なるのは、インタヴューした人びとの多くが、ある種の「フランス的な」民族的、言語的同質性を、その地域にかなった道徳的秩序を確立するために必要な条件としてとらえ、そのことによって、自分たちの地区と庶民的な空間との違いをテーマ化しているということである。

子どもにとって豊か〔な場所〕です。けれども、そのときから……、人の波があまりに、あまりに、あまりに強く押し寄せると、そこにはフランス人としてのアイデンティティはもうありません。そして、フランス人としてのアイデンティティがなければ、自分の子どもにはそこで成長してほしくないんです。自分たちがどこにいるのかもうわからないんですよ！

［クレマン、男性、三五歳、セールスエンジニア、配偶者もセールスエンジニア、三三］

そこに住んでいた友人がいるのですが、私もあまり好きではありませんでした。というのも、そこは移民人口がけっこう多くて、店先の商品名はアラビア語か中国語で書かれていて、あまり好きではありませんでした。（…）ふつう、そこにまさしくコミュニティがあると感じると、あまり快適な気がしません……。全部がハラールであるかどうかといった看板をどこでも見るような場所だと……。自分が完全に外国人であると感じる人たちが本当の客層なのではないかという気がします。そうですね、それはとくに、おそらくとくに私は……、不安という感覚ではないのですが、そこが暮らしやすいとは……感じませんね。

［オドレイ、女性、三三歳、経営幹部、配偶者も経営幹部、四〇］

一六区の他の住民たちは、貧しい地区を特徴づけるとされる（ときに行きすぎと糾弾されることがある）多文化主義を、道徳的混乱や個人的な不快感の要因としてだけでなく、より明示的に貧困そのものの原因ともみなしている。過度の移民受け入れと、追いやられた《ルレゲ》地区での落第〔問題〕とのあいだの関係の立証に関連づけられるこうした推論は、多文化主義を「貧困の文化」の構成要素の一つとする表象から生じるものである。そこでは、多文化主義は貧困層のあいだに蔓延し、それ自体の、あるいはかれらのフランス社会への不適応のために機能不全に陥っている諸個人の特徴の総体としてではなく、バベルの塔的な集合的な無秩序の産物として、あるいはうまく統合されていない一部の人びとの「共同体への」撤退としてあらわれている。

人間にとってそれ（多様性）は興味深いものですし、豊かにするものですが……、実際に文化的な違いがあまりに大きな恵まれない地区について言うと、ムスリムのコミュニティのあいだでも〔それ以外の〕コミュニティのあいだでも……、それは宗教や教育、国籍の影響を受けます。さっき言ったことに話を戻すとそこなんですよ。つまり六区では、私は、自分と同じような人たちのなかにいる気がしていたので、心地よかったんです。そして、同じ価値観を共有し、なんと言うか……多少なりとも同じ社会的地位にある人たちに囲まれていることが（…）重要だと思うんです。多様性は良いことだけど、快適な生活を送るには役立たないかもしれません。

［マリオン、女性、二六歳、定期航路のパイロット、配偶者も定期航路のパイロット、三九］

最後に、ヴィル・ダヴレーやル・ヴェジネと同様に一六区でも、「ドラッグ」、すなわち麻薬をすすめられたり使いはじめたりするリスクが、一部の回答者のなかでは、適当な環境で子どもたちが成長しないとき、かれらを脅かすおもな危険性の一つとみなされている。たしかにかれらは、自分たちが暮らす地区（とくに一六区）にも、裕福な相続人や仕事のない者、麻薬中毒者が存在しないわけではなく、こうした人びとが、子どもたちをかれらの生活様式に引きずり込みうることを指摘することがある。とはいえ、ドラッグのインフォーマル経済と、売人による特定の庶民地区の縄張り支配は、そうした地区のおもな特徴の一つとして認識されているため、暴力から自分たちを守り、道徳的な腐敗から子どもたちを守ることに共同で関心をもち、それを避けることが重要となる。

郊外では、悲惨なものですね。仕事がありません。中学の、学校のレベルはひどいものです。（…）仕事がないこと、学校で誰にも助けてもらえなかったこと、抜け目なく……、密売やそのたぐいのことをしながら金を稼ぐこと、私はそうしたことが怖いです。自分の子どもにそんなところで育ってほしくないですね。「みんなと同じように」と言おうと思っていたのですが……。正直、よくはわかりませんが、そうなんだと思います。親は自分の子どもを守りたいんです。

［ミュリエル、女性、五一歳、ジャーナリスト、配偶者は口腔外科医、二七］

一部の若者には楽そうな生活に見えます。莫大なお金を稼げると思い込んでいる一部の若者には……。麻薬に溺れ、それを売るだけで月に五〇〇〇ユーロ、一万ユーロを稼ぐような若者のことです。簡単な話ですよ。

［ロラン、男性、六二歳、薬剤師（自営業）、配偶者も薬剤師、六九］

庶民地区が、道徳的に腐敗した場であると最も広く認識されているのはヴィル・ダヴレーである。ストリート・カルチャー（＊29）――さらには好戦的な資本（＊30）さえも――を中心につくられた都市性の規則と地域の道徳的秩序、大人による子どものまさに社会的管理の欠如は、インタヴュー対象者にとって、非常に多くの反抗的なイメージとなっている。

ラ・グット・ドール……たしかにあのあたりには住みたくないですね。とくに私が怖いのは麻薬の売人たちです。まったく自由に、何の問題もなく家に帰ることができない人たちがいて、かれらは、そこで〔密売が〕おこなわれているかを見張っている人たちがいるせいで、自分がそこに住んでいることを証明しなければならないんだそうです……。そんなこと、耐えられないですよ！

〔モニック、女性、七二歳、主婦／退職者、別居中、五九〕

先ほども言いましたが、〔ヴィル・ダヴレーの〕住民は良い人たちですよね。もしあなたが一八区に行けば、一八区の一部の地区では同じことは言えないでしょう。

〔フランソワ、男性、九〇歳、退職した大企業の元人事部長、配偶者は元教師、四二〕

たとえば、先ほどもお話ししましたとおり、ヴィル・ダヴレーでは罰せられることが、つまり、何か悪いことをしたときに罰する警官さえいないわけですが、みんながお互いを知っているということは、人びとが自身のふるまい方を、社会的に受け入れられるものに適応させているということなのです。ですから、パリの一部の地区で人びとがお互いを完全に無視しているのは、おそらく、かれらが誰のことも知らないからではないのかと、それでいて、攻撃的なふるまいが評価されているのではないかとさえ私は感じます。そこまでいっているのではないかとさえ！　そして、その結果、誰もかれらにあえて何も言おうとしません。パリでは……人びとが物事にあまり反応しないせいで、すぐにエスカレートしてしまうんだと思います。そこにはとくに、ギリギリのことをやろうとしたり、次々と度を超したことをする子たちがいるからなんです！　バランスをとって、お互いが、なんと言うか……、他人の存在にしばられていると感じるようにする必要があると思います。

［フローランス、女性、五四歳、翻訳家、離別、五六］

ヴィル・ダヴレーでは、大多数のインタヴュー対象者によって、地域、学校、若者、そして（とくにPTAを介した）親同士の、さらには宗教、団体および／またはスポーツをつうじた社会性の、理想的かつ強く統合された形態がほぼ完全に実現されているとみなされている。たしかにここは、われわれが調査したイル＝ド＝フランス地域圏の四つのフィールドのなかで、地域の社会秩序が、そのまま集団的な道徳的秩序のあらわれだと最もみなされている地域である（したがって、スンダール・ナガルに近いといえる）。そしてもちろん、こうした適応と帰属の感覚は、何人ものインタヴュー対象者によって、地域《コミューン》の社会的同質性および地域《コミューン》同士の環境と明確に結びつけられている。

みんながみんなを知っていて、子どもがたくさんいて、パートで働いているか、あるいは働いていない、つまり、家にいる女性もまだかなりいます。だから、とても活気があります。ここでは、文化や教育のレベルがどちらかというとかなり高くて、だから、実際にどの母親も教育を受けていますが、彼女たち全員がフルタイムで働いているわけではないので、子ども、母親、何かしらのことがつねに循環しています。（…）ですから、そのことが安全《セキュリテ》と安心《トランキリテ》のネットワークをつくっているのはまちがいないんですよ！　もちろん、何も起こりえないとは言っていません、問題はそこじゃないんです！　でも、村で暮らしているのと同じようなものですね。

〔マリー＝カロリーヌ、女性、五七歳、画家、配偶者は弁護士、五五〕

それでも、正当な象徴的境界をめぐるかれらの言説を、先述した五区および六区のものと比較すると、ヴィル・ダヴレーの住民たちは多くの場合、節度にもとづいた価値体系に意味を見いだし、経済的な象徴的境界（誇示）あるいは道徳的な象徴的境界（厳格さ）を過度に強調することに批判的であるようにみえる。

〔地区を特徴づけるものは〕伝統的なブルジョワ的価値観で、見せかけのものではありません。相当なものです。一六区とは違うんですよ。人目を引く大型車に乗っていたり、派手な服を得意げに身に着けたりするようなやつらはいません。まぁ、そういうのもいはしますが、あまり趣味が良いとはいえませんね。非常に伝統的な、やや堅苦しい、ヴェルサイユのカトリック的なスタイルでもないですし。

〔パトリック、男性、四九歳、企業の最高幹部、配偶者は音楽家で音楽教師、四九〕

これ見よがし《ショー・オフ》な街ではないと思います。たとえば、以前サン＝ジェルマン＝アン＝レーに行ったことがありますが、こう思いました。素敵な街ですが、自分の居場所がないんです……。ブーローニュも同じですね。ブーローニュで人とすれちがっても、そのやや消費者的な部分、たとえばお店などには自分の居場所を見つけられません。女性たちはみんな、何かお洒落で流行りの、最新のファッションに身を包んでいます。そうしたことは、ヴィル・ダヴレーにはないと思います。(…)非常に伝統的な人たちがいるヴェルサイユとも違うんです……。ですから、その中間というか、(…)目立たないんです……。つまり、ヴィル・ダヴレーでは、毛皮のコートやそんな感じの服を着た女性はほとんど見かけません。目立った格好の人たちがいるような、そういう街ではまったくないんです。

［アレクサンドラ、女性、四五歳、大企業の人事部長、配偶者は企業の営業管理職、四七］

大きな格差《ディスパリテ》がないと私が言う場合、よくは知りませんが、それは必ずしも大きな金銭格差のことではないんです！　とはいえ、文化的格差《ディスパリテ・キュルチュレル》が大きいのではありません。(…)利害の違い、文化の違い、問題点の違い、学歴の違い、それと……。(…)ここではまじり合うことがあまりないんです。なぜなら……、もっと違う世界から来たような人たちでさえも、そのことにこだわるんです！　おわかりでしょうか？　つまり、実際のところ、違いが平準化されているんです。

［マリー＝カロリーヌ、女性、五七歳、画家、配偶者は弁護士、五五］

人びとは互いに似ていて、〔物事を〕共有していて……。とにかく、似ているかどうかはわかりませんが、いずれにしてもかれらと一緒に物事にかかわり、そのことでかなり意気投合しやすいんです。そこが良いところですね。また同時に、誰もぶつかったり、批判したり、激しく攻撃したりしないので、自分の信念や価値観が問われる場所ではないんです。だから、快適であると同時に、知的にかなり気楽だと思えます。まぁそうですね。

［オリヴィエ、男性、五〇歳、独立系コンサルタント、配偶者は不動産開発エンジニア、六〇］

こうして何人もの住民たちが、自分たちの地域《コミューン》を、かれらが評価しないと主張する「金持ちのゲットー」と対置させ、その大部分はまた（多くの場合、同じ人びとであるが）、ヴィル・ダヴレーと、人びとを拘束するものとして、また、宗教的、性的そして／あるいはかつての中流階級に固有のいくつかの規準に合致したものとして語られる、ヴェルサイユの現地の道徳的秩序との違いも強調している。したがってかれらは、（ミシェル・ラモンが区別した三つの類型に倣うと）（＊31）経済的、文化的、あるいは道徳的なものであれ、地位の象徴的境界の過度に完全なマーキングに批判的であり、自分たちの地域で支配的な価値観の同質性をとくに高く評価している。上流階級のあいだ、あるいは個人のあいだを区別しようとすることを非難するヴィル・ダヴレーの住民は、中流階級への自己同一化と階級の連帯を促す（エドモン・ゴブロ的な意味での）共通の認識に、他のすべてのイル＝ド＝フランスの調査地域の住民よりも執着しているように見える。

3 階級の閉鎖と社会的再生産の戦略

一二の調査地区における住宅の集まり方が類似した側面をもっていることは、比較的明確な動機や正当化においては異なっているが、より明示的で戦略的な側面にかんしては、違いはほとんどみられない。実際、三つの都市では、さらに特定の地区にかぎっては、社会的再生産という目的、あるいはインタヴュー対象者の子どもの将来の出世の見込みというかたちで、その重要性がとりわけあらわれている。子どもたちの将来が話題になった途端、閉鎖との道具的な関係が公言できるものに変わったように感じられた。フランスでは、とくにインドと同様に、社会的地位と、経済力の分野で重要なポジションに就く可能性が、競争試験による選抜をおこなう高等教育機関とのつながりに大きく依存しており(＊32)、「良い」コースや優秀な学校に就学するという戦略や、選抜手続きの基準（あるいはそれを回避するための最良の方法）を予測することが、高級住宅街に住む大半の中流階級の人びとのおもな関心事である。パリ都市圏において、一六区とル・ヴェジネの住民たちは、子どもが通う公立・私立の教育機関には自分と同じ環境《ミリユー》の家庭〔の子ども〕がおり、そこが社会的に同質であることをしばしば喜ぶが、五区の住民たち――閉鎖性をはっきりと賞賛することにより消極的である――は、カルティエ・ラタンで提供されている教育の素晴らしさ（この点では、ヴィル・ダヴレーは中間的な位置にいる）をより積極的に強調する。

しかし、調査をおこなった大多数の空間で求められ、評価されているのは、――学校だけでなく、地元の他の団体、近隣の大人たち、知人グループを介した――管理とさまざまな社会化を決定するものとしての、地区全体の有効性と信頼性である。たとえば、ヴィル・ダヴレーでは、多くのインタヴュー対象者たちが、（ジェーン・ジェイコブスの表現を借りれば）(＊33)「街路への視線」が地区の子どもたちの監視を可能にし、その結果、かれらが五区や一六区よりもはるかに移動の自律性を享受していることを詳述している。

村的な側面というのは、かれらが子どものころにはとても良いものです。かれらが小さいときだからこそ、またかれらにとっても、村であるおかげでできたことがあります……。長男が子どものころを思い出します。彼は子どものとき、ヴィル・ダヴレーにある金物店バザール・ブルーで何時間も過ごしていました。つまり、横断できる通りがあったから、彼には何の危険もなかったんです。(…)……お店の人たちは息子のことをよく知っていました。短い時間にさえ感じましたが、二時間経って「しまった、なんてことだ、彼が帰ってこない!」と思いました。そこで電話をかけました。「赤いハーフパンツを穿《は》いた男の子を見ませんでしたか?」「あぁ、ええ。ジュリアンはまだここにいますよ!(笑)まだ決めかねているので、私たちは彼が選ぶのを待ってるんです!」。いろんな意味で、店員さんは子どもたちを知っています!(…)全体的に見守られていたんです。つまり、私はかれらのことをよくは知らなかったのですが、私はこの女の子を見つけましたし、彼女が誰だか知っていました。また、彼女がふつうではない表情をしていて、気分が良さそうではないことを知っていました……。しかも、みんながどこに呼び鈴を鳴らしにいくのかをとくに知っていたんです!(…)さらに、私がいつも子どもたちに言っていたことがあります。「もしある日、私がいなくなって何かが起きたら、店員さんたちのところに行きなさい。近所の人たちのところに行きなさい!」。たとえかれらが子どもたちのことをよく知らなくても、きっと歓迎してくれるだろうと確信していたんです。

［フローランス、女性、五四歳、翻訳家、離別、五六］

私の子どもたちが小さいころ、学校から帰ってきて、何かしらの問題があった場合、鍵か何かを忘れたりしたら、かれらは近所の家に行ってました……。言ってみれば、家族が通り全体に広がっていたんです。

［アラン、男性、七二歳、石油会社の元エンジニア、配偶者は写真家、五七］

実際に、ヴィル・ダヴレーの大人たちの大半は、自分の子ではない（そして、かれらが必ずしも面識があるわけではない）子どもたちや若者たちにときおり口やかましくすることで、自分自身には権威があり、地元の道徳的秩序を尊重させる義務があるとさえ感じている。なかでも、（タバコあるいはマリファナを）吸っている現場で声をかけられ、見知らぬ相手に叱責された若者の事例がしばしば言及される。

彼はたぶん一〇歳から一二歳くらいだったはずです。もっとも、そんな感じで、誰かに見られていないかを気にしていたので、彼にはタバコを吸う資格がないことはわかりました。彼のことは全然知りませんでしたが、「いますぐ［タバコを］消さないと君のお母さんに言うよ！」と言ったら……、明らかに知らない人でした！（笑）そしたら、彼はすぐに消しました！たとえばパリでは、こんなことは絶対にできないでしょうが、「そうだ、もし私の子どもだとしたら、誰かに『いますぐ消しなさい！』と言ってもらいたいな」と思ったのです。

［フローランス、女性、五四歳、翻訳家、離別、五六］

ここではみな、悪さをした者の前に行き、「やめろよ！」と言います。（…）かれらはその場で捕らえられ、正しい道に戻されます。ね、暴力なしにですよ！

［アラン、男性、七二歳、石油会社の元エンジニア、配偶者は写真家、五七］

しかし、インタヴュー対象者の大半が、住民のプライバシー（と私生活）の尊重と地域の（参加を強制されない）共同体的側面とのバランスを保つことで、ヴィル・ダヴレーでの生活がうまく成立していると強調する一方で、他の一部の人びと——それらはつねに女性である——は、自分たちのライフスタイルを地域で多数派であるとみなされているものに適応させるために、とりわけ問題点〔の指摘〕や風聞をつうじて従わなければならないと感じる、社会的なプレッシャーに言及している（＊34）。なかでも、小教区《パロワス》に住む家族の母親たちのあいだには、地域の女性たちの社交に熱心に参加すべきという暗黙の命令があるらしく、地域《コミューン》の外でフルタイムの仕事をするというキャリアとの両立は難しい。対称的に、他のインタヴュー対象者たちのほうは、共働きのカップルの急増により、地域の社交性が低下していることに不満を抱いている。

　反対に一六区においては、その環境の匿名性のために、何人もの住民たちが、ヴィル・ダヴレーなどでのケースのように、無作法なおこないをしたり、単純に礼儀を欠いた若者に大人が注意できないことを残念に感じている。それにもかかわらず、共用あるいは公共スペースの使用を規制することに住民が日常的にかかわる代わりに、そうした役割は、同じ建物の住民同士の相互交流を深めながら、また同居にかんするいくつかのルールのもとで、現地における最低限の社会統制を請け負う管理人（ほとんどが女性である）に部分的に委ねられている。一六区では、警備員が敷地内に住んでいることが多いため、その傾向がとくに強い。

　インドにおいても、多くのインタヴュー対象者が、同じ社会的特性をもち、同じ考え方を共有する人びとから成る同質的な地区で自分の子どもたちが育つことを強く喜び、社会的混合への強い懸念がないことに安堵している。かれらにとって、自分たちが住む地区を社会化の理想的な審級にしているのは次のことである。

（スンダール・ナガルは）素晴らしいと思います。（私の子どもたちは）そこで、良い子たちのグループと付き合っています。どの親も、自分の子どもがすることにとても気を配っています……。かれらは学校や……またそれ以外のことでも、スポーツの重要性をかなり強調します。つまり、かれらが知り合うのは良い人たちなんです。本当に同じメンタリティをもっています。だから、かれらはこうした良い影響を享受しているんだと思います。（…）ここで大きくなった少年たちは、同じ学校に通っていました。かれらが通っていたのはモダン・スクールです。ほとんどが、つまりスンダール・ナガルの子どもの七〇パーセントくらいが、いまもモダン・スクールに通っています。つまり生き方……、ある意味で生き方という点で、誰もがかなり似たかたちで自己形成していくのです。ここでは、みんながほとんど同じように行動します。ゴルフクラブに行ったり、チェルムスフォードに行ったり、インド・ハビタットセンターに行ったり、カーン・マーケットに行って買い物をしたり。ひととおりの同じ活動です。

［パルール、女性、三四歳、ＩＴ企業幹部、夫は投資銀行の最高幹部、一六八］

したがって、子どもたちの社会化を確実なものにするための最適な手段として、階級の同質性を要求することは、インドにおける多くのインタヴュー対象者にとっての主要な関心事である。また、こうした要求はしばしば、明白に主張される社会的エリート主義をともない、そこにはとりわけ、上流階級における社会的エリート主義さえも含まれる。チャッタルプールに住むニーダは、彼女のいとこの一人が息子の学校を変えようと決めた理由について、（支配階級ではなく、上流階級の「質素な」子どもたちがおもに通っていたため〕その学校が完全に特権的〔な場〕ではなかったからだと、賛同とともに語っている。彼女はまた――おそらく、とりわけ――、社会関係資本が蓄積される特権的な時期は当人の就学期間であると考えていた。

〔私のいとこの息子は〕まだ一一歳ですが、すでに彼女は、かなり特別な子どもたちのグループとのネットワークをつくらせようと考えているみたいです。(…)私たちの友人は、政治家の子どもだったり、実業家の大家族出身だったり、そういった感じの階層の人たちなんです。だから彼女は、「私たちは新しい世代だし、息子にはグルガオンのシュリ・ラーム〔学校〕に通っているような子たちとは友達になってほしくない」と言っていました。そこで、私は彼女にこう尋ねました。「どんな子どもが通っているの?」。するとは彼女は「わかるでしょう……。自由業、弁護士、官僚の子どもです。自分の息子はそうであってほしくないです……」と。そして彼女はいま、彼を転校させようとしています。

〔ニーダ、女性、二九歳、企業家、独身、一九二二〕

ニーダの兄であるビームもまた、子どもたちの社会化と教育には、地域の社会的同質性と支配的エリート層のネットワークへのアクセスが重要であることを強調しており、そこで培われた社会関係資本が、子どもたちの将来にとってどれほど重要なリソースであるかをおおむね理解している。

〔私たちの暮らしは〕明らかに繭のなかで展開していますが、私が最も重要だと思うのは、この藺によって、私たちはそのなかに入ってほしくない人たちを招き入れたり、反対に、ある意味でフィルターをかけたりすることができるということです。ですから、そこでの交流《アンテラクシオン》の質のほうがはるかに価値があると思うんです……、つまり、ここにいる私たちのまわりの人たちの質のほうが明らかに高い気がします。言ってみれば、私に友達ができて、私と同時にかれらが子どもをもつと仮定すると、子どもたちは潜在的に何らかのかたちで一緒に成長していくということです。同じ学校ではないにしても、同じタイプの学校に通い、同じタイプの価値観や経歴をもちうるでしょう——と私は思います——。そして、私たちはそうした人たちと……、つまり、自分の子のような子どもが成長するために必要なこと、そして、都市で生活するためにすべきでないこと……、必要なことを知っている人たちとますます一緒にいるようになります。

［ビーム、男性、二九歳、企業家、独身、一九二］

それでもやはり、ここで次のことを強調しておくことができるだろう。すなわち、インドのインタヴュー対象者の大半が、権力の場《シャン・デュ・プヴォワール》の構造化に寄与する友好的かつ社交的なサークルへのアクセスの重要性を曖昧ながらも力説することの一因は、デリー、とくにスンダール・ナガルやチャッタルプールといったわれわれのフィールドを特徴づける社会的選択性の水準の高さにある、ということである。前章で述べたように、この二つの地区は、たんに上流階級の人びとが住民の大半を占めているというだけではない。すべての、あるいはほとんどの住民が大資本家や莫大な財産を持つ実力者たちなのである。こうして、さまざまな形態の資本、とくに社会関係資本を管理し、蓄積する戦略が地区レベルで観察された。そうした戦略は、パリにおいては慣習的に愛国的ブルジョワジーの特徴として語られている。それは、首都の最も「高級な」地区(七区、八区、一六区、ヌイイ＝シュル＝セーヌ)で集中的にみられるが、そうした地区の人びとだけにかぎられるものではないだろう(＊35)。

グルガオンではまた、支配的でしかるべき道徳的秩序を地区レベルで課すことが不可能であることを踏まえ、一部のインタヴュー対象者が、地区内の、さらには同じ住居内でのサブグループの集合や回避という戦略を指摘している。しかし、それはデリーの権力の場や社交圏《スフェール・モンデーヌ》のなかにとどまろうと、あるいはそこにたどり着こうとしているというよりも、むしろ、過去二〇年間のインド経済の成長とともにその集団を分厚いものにした、中・上流階級と差異化し、距離をおくための反応である。大企業グループの最高幹部を夫にもつ主婦のアパラ(二一六番)〔三四歳〕は、自分の子どもたちが、自分の家族と同じ「精神状態」をもつ家族の子どもたちと毎日遊べることを強調している。彼女はまた、住民団体が主催するディワーリーやホーリーなどのヒンドゥー教の宗教的な祝賀の重要性を認めている。その一方で、礼儀に欠けた成り上がり者とみなし、自分の子どもに良い影響を与えないと自身が考える特定の住人との交際を避けるよう、注意を払ってもいる。

しかしながら、社会的混合との関係や、ブルジョワ的な閉鎖性を維持するためにとられる戦略が、地区ごとに最も異なっているのはサンパウロである。ブラジルの四つのフィールドのなかで最も特権的なジャルジンスは、住民たちによって、階級の同質性が以前から変化しない場所とみなされており、そのため、ヴィル・ダヴレー、ル・ヴェジネ、スンダール・ナガルと同様に、強固な道徳的秩序が効果的に実現されているとみなされている。住民たちにとって、そこは子どもを育てるのに最適で欠点のない(都市的、教育的、家族内的な《アンテル・ファミリアル》)環境となっているのである。すなわち、いかなる戦略も、住居の配置や、地区の学校と公共サービスへのアクセスによって保証された閉鎖以上に必要とされることはないように思われる。さらに、この地区は首都の社会・空間的ヒエラルキーの頂点にあるため、住民たちはそこにとどまることを、また、やがて自分の子どもたちがそこに住みつづけることを強く望んでいる。

学校が多い地区です……。小さいですが、公園があります……。子育てには悪くないと思います。（…）クラブもあるじゃないですか？　パウリスターノとかピニェイロスとか……。他にもあるのかどうかまではわかりませんが……。この地区には選択肢があります……。そして、それらのクラブには小さな学校があります……。子育てには十分だと思います。バレエ、柔道、音楽、英語などの学校があります……。必要なものは全部あります。子どもがいる人にとって、サービスは充実しています。映画館では、子ども向けのものが多く、作品の六割は子ども向けの映画だと思います。

［パウロ・エンリケ、男性、三八歳、エンジニア、妻は医師、一〇六］

良い高校があり、良い環境で、良い隣人たちがいる、つまり同じ社会階級の人たちがいる場所です。もし明日、男女問わず（子どもたちが）ここで結婚するとしても、かれらは自分たちにふさわしい地位にいられるでしょう。そうです、良い場所だと私は思います。（…）その最たる例が、学校で出会った友達のグループです。いまでもとても仲が良い一七人の友達がいて、頻繁に会っていて、一緒に会社を持ってさえいます。かれらは、二、三年に一度、親たちのためにバーベキューパーティーを開き、肉を購入し料理を提供するまで、すべてを自分たちでおこなう若者たちです。つまり、本当にこの環境のおかげなんです。亡き父から学んだことですが、彼が私たちに残したかった唯一のことは、まさしく高いレベルの教育を受けることと、立派な人生を送る可能性をもてる場所で暮らすことです。というのも、彼は自分が暮らしているところ、その地区、隣人たちのいるところで一生を送り、そこで結婚するものだと考えていたので、子どもにはその環境と、その場で最良の教育を与えなければならないと私たちにいつも言っていました。

［ヘナート、男性、七一歳、退職した元企業家、弁護士と結婚、一一二］

イジエノーポリスは、人口の大部分が知的、文化的な職業に就いているという点から、パリ五区といくつもの類似点がある。この地区の住民たちは、経済的な象徴的境界のマーキングに最も熱心で、かつ金銭関係が最も誇示的な一部のブルジョワジーや、かれらのこうした態度が正当化される施設を（とりわけ、かれらが文化的価値を損なうようなときに）避けようとしながら、自分の子どもが通う学校を地区の学校から選ぶことがある。インタヴュー対象者のなかで唯一、イジエノーポリスの人びとが、子どもたちが都市の公共空間や公共交通機関を頻繁に利用し、都市的なふるまいや社会的混合という状況での相互行為をつうじて社会化することに関心をもっているようである。この点を正当化するためにしばしばもちだされるのは、普遍主義的な原則にたいする支持に加え、社会的多様性が「現実」のより忠実な反映であり、将来子どもたちが成長しなければならない社会へのより良い準備になるということである。

反対に、モルンビにはグルガオンとの（建築物の垂直性以外の）、また一六区との共通点がある。グルガオンならびに一六区と同様、そこは多少とも裕福な成り上がり者である経済的な上流階級のさまざまな小集団《フラクシオン》や層《ストラット》が混在し、そのことによって、地区のなかであっても象徴的、社会的、教育的に距離をおくための数多くの戦略が生み出されている空間である。というのも、実際のところモルンビには統一された道徳的秩序も、支配的な道徳的秩序さえもなく、インタヴュー対象者たちは、現地で住宅を手に入れるために必要な最低限の経済資本（それでもやはり、グルガオンのように、高層マンションから集合住宅にいたるまで、金額がかなり大きく異なる場合がある）以上に、そこで観察される経済、文化、道徳レベルの多様性をとりわけ強調している。モルンビには、社会的上昇を最近経験した多くの「成金」（しばしばこのようにスティグマ化される）世帯と、社会・空間的なモビリティが低下している世帯の両方が存在しているだけに、そうしたコントラストはいっそう際立っている。後者の人びとにとって、現在の収入と資産はかれらが育った（ジャルジンスやイジエノーポリスなどの）特権的な地区に住むには不十分であるが、それにもかかわらずかれらはそこを自分たちにとっての基準となる社会環境とみなしつづけており、できるかぎり早くそこに戻りたいと願っている。結果として、モルンビでインタヴューを受けた住民たちは、地域が提供するリソースを理由に引っ越してきただけでなく、そこで自分たちの交友関係や、子どもの学校と友人を慎重に選んでいると頻繁に述べている。かれらの多くは、（数世代にわたって経済的に恵まれた状態を保つのに十分な資産レベルを持つために）極端に無為あるいは自堕落な生活様式をもつ非常に（あまりにも）裕福な家庭からの影響をとくに恐れているようだ。

そういう学校だということがわかる学校がいくつかあります……。たとえば、サント・アメリコは非常に高い購買力が特徴的な学校です。校門では運転手やベビーシッターを見かけます。購買力がきわめて高いですね。つまり、たくさんの人たちがそこに通います。ペンターブノはアッパーミドルクラスの学校で、そこには、お金持ちだけでなく、学費のために血の出るような犠牲を払っている人たちもいます。かれらはカンポ・リンポ、タボアン・ダ・セーハ……、あるいはそういった場所からグレードアップした人たちだと揶揄されています。(…)一方で、ポルト・セグーロというドイツの高校があり、セルバンテスというスペイン文化に特化した高校があります。こんな感じですから、学校は素晴らしく……、それと同時に、学校には自分の子どもよりもずっとレベルの高い子どもがいるということを知っています。子どもたちはオルランドでヴァカンスを過ごすこともできますし、さらに良い場合は、アスペンにあるどこかの高級ホテルでひと月以上過ごすこともあるでしょう……。まぁ、もちろんのこと、かれらはどちらにも文句を言います。先日、〔息子が〕「ママ、ナイキって何？ ナイキって最高のブランドなんでしょ……」と私に聞きました。私は彼に「ナイキは足に、身につけるものです」と答えました。つまり、これがそれにたいする価値観なんです……。(…)私は非常に裕福な人たちがいる学校で学び、かれらの価値観が非常に物質的であることを知りました。息子にはあまりそういうことに夢中になってほしくないですね。

〔ミケーリ、女性、三七歳、弁護士、夫も弁護士、一三八〕

たとえば、ある友人の娘たちは、ヘリコプターであちこち旅をしています。彼女たちは、セカンドハウスがある海辺でボートに乗ります。彼女たちだけでそこに行くことを父親は許すんです……。他に誰も付き添わず、娘たち、ボート、船員だけです。そして、彼女たちは魔法が解けても毎週末旅行するようになります……。いつもヘリコプターで旅をしていて、イーリャベーラにあるビーチサイドの別荘に行き、ボートに乗ったり、週末ずっと旅行をし、一五歳でリュックを背負って長期旅行をする友達をもつのは大変ですね……。

［ハファエーラ、女性、五一歳、検察官、夫は公証人、一三四］

〔息子は〕どら息子や遊び人《プレイボーイ》の子どもと付き合っていて……、なかには麻薬中毒者さえいました。ビジネスパーソンの子どもとか、金持ち……、大富豪の子どもなんですよ？　しばらくは、そうした友人たちのことを大目に見てもいましたが、いまでは嫌っています……。（…）ドラッグにかんするこの問題は恐ろしいです……。（…）それは、ここでは息子に悪影響でした……。良い仲間じゃなかったんです……。いい友達も二、三人はいましたが、極悪な不良もいました。一度、ジャルジン・パウリスターノでのパーティーに息子を迎えに行ったことがあります。一区画をまるごと使った大きなヴィラでした……。私よりも前に、息子の友人の母親がそこにいて……。私は入らなかったのですが、彼女は中に入り、唖然としました。子どもたちだけでなく、親たちもマリファナを吸っていたそうです！　幸いなことに、息子は巻き込まれませんでした。彼は麻薬中毒者ではありません。しかし彼には、アルコール依存症や、コカインに手を出してしまった麻薬中毒の友人がいました――やがて息子はかれらから離れました――。そうした環境での話です。上流社会《ハイ・ソサイエティ》ではふつうのことなんです。

［ジュリオ、男性、六七歳、公証人、妻は検事、一三五］

最後に、アルファヴィーレでもまた、モルンビと同様、最も裕福な層にはいない住民たちが、隣人たちや、子どもが通う学校の生徒の親たちの一部による過剰な消費活動や、地区での「ドラッグ」の蔓延を非難し、さらには、出所が疑わしい資産があることを糾弾している。モルンビと同じく、かれらはしばしば道徳的な象徴的境界のマーキングを根拠に、社会・経済的地位という特徴や、最も裕福な人びとのライフスタイルを行きすぎとして非難する。

私は、ここでの支配的な教育観みたいなものにとても恐怖を感じています。(…)週末になると、ここの住宅にある公園、児童公園によく行き、そこにいる子どもたちの価値観を目にするのですが、私にはまったくもって受け入れられません。(…)だからこそ、私にとって〔教育は〕やはり問題なのです。たとえば、学校選びは一番厄介な要素の一つでした。(…)経済的にとても特権的な状況にあるかどうかよりも、文化や教育のタイプ〔が重要〕なんです。この公園に行くと、私はそこにいる数少ない母親の一人です。ほとんどすべての子どもがベビーシッターに見張られています。そうした育ちのせいでかれらはとても攻撃的です。また、かれらは非常に、非常に強い消費主義的価値観ももっています。夫も私自身も、そういうレベルでは消費主義をあまり評価していません。私たちは、そうしたものへは別のタイプのこだわりをもっています。私は車を使っていて、特定の車種なのですが、それは、そこにある種の社会的地位があるからではなく、機能的で、空間が広く、私が物を運ばなければならないからです。けれども、ここではほぼ一〇〇パーセントが逆です。フェラーリに乗った父親が、バイクに乗った息子と並走している姿を見るのは稀なことではありません。こういう価値観には本当に恐怖を感じます。子どもがそれを見ながら育ち、かれらを堕落させるからです。

［ラリッサ、女性、四六歳、広報、経営者と結婚、一四五］

ここでは、［若者たちが］一緒にいることや、外で遊ぶために会うことが簡単にできるため、麻薬を入手できる可能性が高くなっています。みんな一緒に吸っているんです……。麻薬についていえば、ありきたりのことになっています。グループはより大きく、それがみんなに影響を与えているからです。

［ファブリシオ、男性、四一歳、弁護士、妻は医師、一五〇］

かれらは麻薬を使用するだけでなく、売ってもいます。六〇年前には存在していた家庭の良識はもはやありません。いまはご都合主義ばかりです。今日では、税金から逃れるために商品を違法に運んでいる人がたくさんいます。タバコを運んでいる人がいるんですよ……、どこからかはわかりませんが。みんな知っていることです。つまり、お金を稼げていない人たちのなかだけに犯罪者がいるのではありません。私が思うに、かれらはあらゆる社会階級にいるんです。

［レティシア、女性、五七歳、無職、離別、一四六］

これらのインタヴューの抜粋から確認できるように、アルファヴィーレの住民は、地理的な飛び地状態と地区の布置に部分的に拘束され、そのことが、子どもの社会化のために最良の戦略を効果的に展開することをさまたげていると感じている。すなわち、サンパウロの他の高級住宅街はあまりに遠く、学校の選択はより制限されており、青少年がゲーティッド・コミュニティの緑地内をかれらだけで動きまわったり、自主的に訪問し合ったりできることが、近所付き合いのなかでかれらの交際をコントロールすることを制限している。このように、アルファヴィーレには難点が多い。たしかに、特有の道徳的秩序が規範、卓越化の論理、そしてある種の形態の逸脱の受容とともにそこを支配しているが、それは、家族をそこに住まわせた住居の選択と表裏一体の関係にある、個人の選択の影響を受けることがない（あったとしてもごくわずかである）。地域のいくつかの特徴が気に入らないとしても、それを回避することは困難なのである。

4　地域の道徳的秩序における、特定の庶民層の統合あるいは拒絶

われわれが出会ったパリ、サンパウロ、デリーの高級住宅街の住民たちは、これまでみたように、貧困層よりも、他の一部の上流階級および上位中流階級の人びとにたいして（文化的、道徳的な）象徴的境界を示すことにより関心をもっている。貧困層にたいしては、大都市の社会・空間的区分において客観化されているために、卓越化がより明白であるようだ。しかしながら、上流階級は、特定の庶民層を統合されたもの、さらには、かれらが構築したり維持させたりしようとしている地区の秩序に不可欠だとみなすことがある。

その典型的な例として最も多く言及されるのは、サービススタッフにかんするものである。〔パリ〕一六区の管理人の役割についてすでに述べたように、この地区の住民にとって、かれらは建物の守衛としてだけでなく、相互行為にかんするいくつかの規範の責任者および道具ともみなされている。しかし、地域の道徳的秩序がとくに強固であることと、家庭専属の使用人がフルタイムで雇用されてい

る（そこに住んでいることもある）ことの両方を特徴とするスンダール・ナガルのような地区では、後者による機能的統合がほぼつねに強調される。たとえばある住民は、紐帯の密度と細分化が、社会的ヒエラルキーを尊重しながら入念にコントロールされていることで、使用人から居住者まで、互いの子どもをつうじてすべての行為者が地域に統合されている理想的な地区としてスンダール・ナガルを描いている。

こうした広い庭があるので、夕方になると子どもたちがここへ来て、一緒に遊んだものです。そして、子どもたちは積極的にお互いの絆を深めていましたし、かれらのおかげで、使用人同士の距離も縮まります。子どもたちを散歩させたり、使用人たちと遊ばせたりするからです。こうして、彼女たち同士が仲良くなり、お互いの家で、子どもたちとともに顔を合わせることになります。そして、子どもたちが一緒に遊んでいるので、親たちとつながっています。かれらは友人です。ですから、私はかれらの親たちを知るための努力をし、私たちはここのコロニーでとても良い友人となりました。現在、私たちはスンダール・ナガル・クラブのメンバーでもあります。（…）かれらが家から椅子を持ってきてくれて、私たちは子どもたちの競走大会を開催しています。使用人の子どもたちもそこにいて、かれらのことも楽しませています。私たちは……、かれらにいろいろな方法でサポートを、あるいは、かれらが必要としているものを提供したいんです。使用人の子どもたちの競走大会も企画していて、賞を授与しています。完全に非公式のクラブなんです！　オフィシャルなクラブではないですが、会員名簿などもあります。とてもカジュアルなクラブなんです。

〔ミーナ、女性、五七歳、民間治療師、夫は多国籍企業の幹部、一六九〕

デリーとサンパウロの高級住宅街の住民たちとかれらの使用人《アンプロワイエ・ド・メゾン》との関係については、次章でさらに論じるが、かれらはしばしば、庶民階級が体現する身体的、衛生的な脅威をもちうるとみなされている。ここでは、両国ともに、国内の雇用関係を構造化するパターナリズムが、こうした労働者を効果的に搾取することを促すだけでなく、そのうえ、かれらを地域の道徳的秩序に統合していることを指摘したい。インドでは、現在もそれが家事労働の組織化と表象のおもな形態であり、ここではこのことが、インタヴュー対象者たちのサービススタッフがしばしばかれらの自宅で生活し、そのため、家族全員《メゾネ》にほぼ永続的に統合されているという事実によって強調されている。これと比較すると、ブラジルではこの三〇年のあいだに、関係の実践的・象徴的な様式が徐々に変化してきた。リオにかんするドミニク・ヴィダルの著作につづいて(*36)、われわれの研究もまた、インタヴュー対象者が自分たちの使用人との関係をどのように考えているかをめぐって、〔かれらが〕より契約的かつ／または平等主義的な見方をとるために、〔使用人との見解が〕従属、互恵的な愛情、そして慈善というかたちで表象されなくなってきていることを明らかにすることができる(*37)。イル＝ド＝フランスの回答者は、一般的に週に数時間または一日しか家政婦のサービスを利用せず、庶民階級や貧困と自分たちとの関係を説明したり、関連づけたりするためにそのことに言及するということはほとんどない。

反対に、パリ都市圏では、概して高級住宅街が——われわれのフィールドのなかでは——庶民空間との近接に最も晒されていないが、公的な論争が社会的混合を奨励するという特徴を一番強くもっているため、良い貧民か悪い貧民か、地域という枠に統合できるか否かという古典的な区別が、次の二つの問いをめぐってみられる。すなわち、ホームレスと物ごいの存在、そして社会住宅の建設計画である。

たしかに五区と一六区では、貧困が年齢と孤立と結びついているともみなされている。インタヴュー対象者のなかには、何十年も前から近所に住んでいて、きわめてわずかな年金で生活している高齢の「貧者」(多くは独居女性)の例を挙げる人もいる。しかし、最も繰り返し言及されるのはこのケースではない。とくに五区においては、ほとんどのインタヴュー対象者が、野外で寝泊まりをし、物ごいをするホームレスの様子を、貧困と直接的かつ本質的に結びつけている。その地域のホームレスの数は、われわれのフィールド調査の際にも増加していると思われていた。実際、「浮浪者《クロシャール》」や「住所不定者」は地区の「伝統的な」貧困層とみられており(とりわけ年配の住民たちは、地区のこうした人びとを以前から知っていたと述べている)、そこに、不測の事態や貧しい年金生活のために予期せず困窮化した人びと、そして今日では、ロマの物ごいが加わる。インタヴュー対象者たちは、こうした〔後者の〕タイプと、かれらがときおりいくばくかのお金を与えることで支援していると主張する、路上で日々を過ごす貧困層を区別している。

ここ、私の地区では貧しい人たちはあまり見かけません。貧困の状況にあって私が見かける何人かの人たちは、こことモベール広場のあいだで物ごいをしている数人のロマたちです。何人かの住所不定者もときどき〔見かけます〕。けれども、数は多くないと思います。
〔イレーヌ、女性、三六歳、NGO代表、配偶者は写真家、一六〕

昔から浮浪者《クロシャール》がいた地区なんです。私が子どものころはたくさんいました。伝統的な浮浪者でした（…）。それから、やや〔社会の〕縁《マルジノー》にいる浮浪者たちがいて、それは、なんと言うか、その……（笑）、何が魅力だったのかはわかりませんが、それは地区の混交の一部を成していて、つまり、浮浪者たちが地区の構成要素でもあったわけです。（…）住所不定者が多いですが、かれらは実際には……。誰も目もくれないか、誰にも迷惑をかけないと言いたかったんです。人びとが思うのは、かれらは少なからず私たちの浮浪者であり、なんて言うか……、私たちのSDF〔住所不定者〕でもあるということです。

〔マルク、男性、六九歳、農産物加工業の経理幹部、配偶者は資料保管係、一二〕

常連たちがいます。年によって少し変わりますが、常連たちがいるんです。以前とくらべてかなり増えましたね。私は、かれらのことはあまりよく知らないんです。昔はそうではなかったですが。つまり浮浪者、本物の浮浪者のことをです。私はあまりよく知りませんが、私が知っている多くの店主たちには比較的よく知られています。しかも、店主たちのなかには、外でじっと立っているからという理由で、一部の住所不定者たちからあれこれ情報を得ている人もいるっていうから、なかなか笑えますね。

〔ダヴィッド、男性、四〇歳、原子力庁研究員、配偶者は生物医学者・研究管理者、七〕

しかしながら、「伝統的な」（つまり、非民族化された）浮浪者とくらべて、ロマの物ごいは問題とみなされることがはるかに多い。

そこで、ムフタール通り〔パリ五区のカルチェ・ラタンの商店街〕で物ごいをしているツィガーヌ〔ロマ〕たちがいます。ムフタール通りにやって来るルーマニア人は好きではありません。好きじゃないんです。かれらは自分たちの国にいるべきだと思うし、ここに来る理由がありません。でも、かれらがここに根づけば……。ムフタール通りには浮浪者の伝統があります……。市場があるからです。だから、かれらはいつも食べ物を探していました。

〔ジャン、男性、五四歳、技術統括者、独身、一四〕

したがって、非民族化されたホームレスは、ここでは地区に完全に帰属しているとみなされており、住民（と店主）たちは、かれら（それは「かれら」の貧者である）にたいして責任感さえ抱いている。そのことにより、沿道の住民たちは、一部の貧困層が厄介者とみなされている場所からかれらを追い出すために警察を呼ぶこともある……。反対に、貧困層についての地区でのこうした帰属意識や、かれらにたいするある種の義務感は、ロマの物ごいにかんしては、相互行為が十分に記録されておらず、証明するのがはるかに困難である。

いや（かれらには話しかけません）……。それは、超微妙なところに触れてますね。つまり、私が忙しい女性で、いつも超急いでいるから。そして、近所にちゃんとしたSDFがいないからですよ。しかも、そうした人たちは……、すごく遠くの人たちです。ここにいるのは、東からの人が多いと思います。あまりにも遠くの人たちだから、かれらに何を言っていいのかわかりません。

「元気なの？　お腹すいてるの？　喉渇いてる？　寒いの⁉」。まぁ、だから、それは明らかですよ。「どこから来たの？」とも言えますが、そんなことはしません。（…）誰もそれをしないので、すごくびっくりします。どうかしてますし、お手本になるようなことではないですね。

［ナタリー、女性、四五歳、編集者・児童文学者、配偶者は出版社のアートディレクター、一七］

ＳＤＦ〔住所不定者〕の支援に非常に熱心なヘッドハンターであるアルノー（一八番）〔男性、四一歳〕でさえ（彼はサミュ・ソシアル〔緊急医療援助サービス〕の夜まわりや、自分の教区での夜間受付に参加している）、最近五区にやって来たロマの物ごいたちを、地区の住民がかつて貧困者と維持していた関係を分断するものだと糾弾している。このように、その数を増やし、とりわけ組織的な詐欺行為を働くとみなされているロマたちは――われわれが調査した地区でも、パリ都市圏の他の地区の大半においても――、本当に助けられる必要のない偽りの物ごい（あるいは、共同体的な犯罪組織の犠牲者）としてしばしば描かれる。

さらに、無認可の商人たちや、パリ中心部の最も混雑した空間で見かける、「あまりに攻撃的」に通行人に声をかける過度に積極的な商人たち（触れたり、腕をつかんだりすることがある）を非難する人びとの言い方を借りると、フランスでのいくつものインタヴューにおいて、地区の住民と交流でき、かれらと議論し、そのためかれらにしばしば受け入れられている「愛想の良い《エマーブル》」「親切な《ジャンティ》」「感じの良い《サンパティック》」物ごいと、「攻撃的な《アグレッシフ》」懇願者《ケマンドゥール》――多くの場合、ロマを定義するものとして――とのあいだに対立がみられる。こうしてかれらは、その無作法によって、パリのブルジョワ地区の道徳的秩序における、いわゆる本質的な物ごいやＳＤＦにたいする慈愛をねじ曲げているだけでなく、地区の住民にとって重要だと何度もいわれてきた都市性の規範を無視していることからも非難される(＊38)。

最後に、(とりわけ)地域の道徳的秩序を守るための、フランスの調査地域を特徴づける「良い貧民」と「悪い貧民」を区別するアプローチとなる、二番目ならびに最後の例を挙げる。ヴィル・ダヴレーでは、インタヴュー対象者が最も言及した議論は、とりわけ、脆弱な状況にある元囚人や独身女性の社会復帰のために、自分たちの地区に社会住宅をおく可能性にかんするものであった。逆説的ではあるが、実際に非常に多くの住民が住居の混交の原則を明白に主張し、都市を特徴づけるべきものを否定しているとかれらが考える閉鎖的(ブルジョワ的)な地区を批判していた。一方で、その他の住民は、自治体の適正家賃住宅(HLM)の数を増やすことに反対していた。しかしながら、ここで最も興味深いのは、社会住宅の建設計画にたいする反応が、受け入れるとかれらが考えていた人びと(の属性)によって大きく異なっていたことである。すなわち、(潜在的な性的略奪者とみなされている)男性の元受刑者が、道徳的秩序や地域の子どもの社会化の様式にとりわけ高いリスクをもたらすとみなされている一方で、独身女性は、また子どもを育てている女性の元受刑者であっても、(少なくともある程度は)社会住宅の恩恵を享受しうると考えられていた。

同様の論理にしたがい、ヴィル・ダヴレーのインタヴュー対象者のなかには、住居の質が高く、とりわけ外観が美しいという理由で、社会住宅の存在を快く受け入れる者が何人もいる。つまり、これらいずれもが、かれらにとっては、(とりわけスティグマ化と、居住者にそれをもたらしうる不安感を取り除き)適正家賃住宅の住民を地区に統合するために不可欠なものなのである。したがって、ここでもまた、美的な考察と、地域の道徳的秩序を維持することへの懸念とが収斂することに加え、地域のマジョリティによる包摂と、かれらの規範への適応の客観的な可能性という観点から表明された懸念を観察することができる。実際、(かれらが住むような)裕福な地区のセグリゲーションの解消は、貧困層を統合し、貧困の影響を解決する方法として、何人かのインタヴュー対象者によって明白に言及されている。

それでもやはり、かれらの多くは、地域人口にたいする一定の割り当てを超えていないため、社会住宅との混合がうまくいっていると主張しているが、それを超えると、社会住宅を統合すること、すなわち、適正家賃住宅の住民たちが順応できる、多数を満足させるローカルモデルを提供することは難しくなるだろう。

他には、サービススタッフが上流階級の家庭、あるいは自治体の職員や、自分が住む自治体で働くその他の公務員の住居の近くで生活することを可能にする、ある種の利点に言及する者もいる。

したがって、ここではローカルなレベルで、社会についての有機体論的な見方によってもたらされた反応が展開されていることがわかる。そこでは、かれらの新住民たちがすでに、あらかじめ、十分に統合されているか、地域社会に容易に統合されうる場合にのみ、自治体や地区のなかで補完的な適正家賃住宅という存在が、望ましく、受け入れられるものとなるであろう。

第三章 貧困層から身を守る

道徳的秩序、衛生、治安を維持することへの懸念は、脅威としての貧困層の表象にあらわれている。すなわち、地区を支配する価値観の退廃という脅威、公衆衛生上の脅威、治安上の脅威である。前章では、閉鎖の産出と維持の道徳的な原因にかんして、類似性の力学と、同質性《ホモフィリー》にもとづいた力学が、嫌悪、回避、距離をおくことを説明する論理よりもはるかに重要なものとなっている。〔一方で〕この章で検討する、衛生と治安についての質問にたいするインタヴュー対象者の回答は、それとはまったく異なる。これら二つのテーマについて、高級住宅街の上流階級の人びとは、かれらを隣人たちと親密にする、あるいはそうするかもしれない共通の特徴や実践を強調するのではなく、反対に、嫌悪するもの、暴力的なものとして語られる庶民階級との線引き《デマルカシオン》に専心している。その結果、そうした人びとは危険なものとして他者化、スティグマ化、非難されることで、正当あるいは自明とみなされた差別的実践の対象となりうる。

テレーザ・ピーレス・ド・ヒオ・カルデイラが分析した「要塞化された飛び地」(＊1)では、壁、有刺鉄線、〔防犯〕カメラ、いくつもの精巧なセキュリティ設備に、ある程度孤立しながら外界から強固に身を守るという、富裕層たちの意思が最も顕著にあらわれている。囲われた空間に閉じこもるという上流階級の傾向は、とくにサンパウロでみられるが、デリーにおいてもある程度、またパリではより部分的かつ目立たないかたちで存在している。発言のなかでは、治安が悪いという問題が強くあらわれている。大都市では、この問題は離村や移民としばしば関連づけられるようだ。そこでは、グローバル化と、都市化および都市の近代化プロセスと結びついた移住現象が、「その固有の特徴だけでなく、出自が都市の外にあるために、あらゆる犯罪や悪事、暴力の疑いをかけられた、都市に帰属していない危険な階級」(＊2)というイメージを復活させたと考えるべきだろうか。

貧困層が富裕層にイメージさせる危険性とは、暴力的とみなされたかれらのふるまいだけが原因ではない。それは、身体と空間が汚れているという強迫観念、自堕落と醜悪というイメージによる嫌悪感、そしてもちろん、感染症拡大のリスクにまで及ぶ、衛生問題とも結びついている。汚染への恐れと暴力への恐れは、それぞれ異なる論理のなかにあらかじめ《ア・プリオリ》属していると思われる。しかしながら、調査をつうじ、貧困層にたいして同じ身体的嫌悪の感覚を抱かせることがあるほど、これらの論理はしばしば結びついていることが明らかとなった。

1 自堕落、汚れ、汚染

自堕落、汚れ、汚染という強迫観念が、集合的想像力《イマジネール・コレクティフ》のなかにステレオタイプ化されたかたちで具体化している。インフォーマルで逸話的なものとなることもあるこうしたイメージは、結果として日々の会話のなかで構築され、伝播され、都市における相互行為の構造化に寄与している（＊3）。貧困層に想定される「不潔さ《サルテ》」は、とりわけ、かれらとの距離化とかれらの排除や、かれらにたいする予防規範と回避戦略の増加だけでなく、貧困層を隔離し、そこから身を守ることへの懸念と結びついた、かれらの生活様式を改良し、「文明化する」意思をも正当化する。

こうした両義性は、衛生学者たちの運動に象徴的である。フランスでは、公衆衛生の発展が、まさしく国家の（生）政治をもたらした（＊4）。そこでは、都市の衛生化を中心に、衛生問題の予防と管理が、「社会的なものの生産」と、身体検査をつうじた「健康で、保守的で、望ましい」（＊5）人びとによって成り立つ民主主義の制度化を目的としていた。パストゥールの発見につづく時代では、都市に定着した貧困層、すなわち使用人や労働者、産業プロレタリアのふるまいを標準化《ノルマリゼ》するために、こうした政治が医療統制《ポリス・メディカル》を業務の基本としていた。

ブラジルにおけるこうした政治の導入と、現地のエリートによるその原則の再適応化は、独自の布置を生み出した。インドでは、上流階級にいる衛生学者たちの懸念が増大し、かれらの分離主義への欲望を強化している。そして、現地の現実にあわせて調整され、再開され、再適応化された衛生問題が、それぞれの大都市において、社会的不平等を正当と認め、自らの空間的解釈を正当化するエリートのニーズとの関連のなかで問われてきた。公衆衛生にかんする問題提起が生み出す表象が、イデオロギー的性格を獲得するのはこの点においてである。

◉——パリにおける抑制された嫌悪

一九世紀フランスにおける衛生思想は、人びとの衛生習慣を変え、病気の蔓延を避けるための都市計画に影響を与えることを目的としていた。「粟粒熱《ぞくりゅうねつ》の猛威とたたかうために、たとえば、家屋の清潔さ、空気の入れ替え、水の浄化が奨励される。次に、流行病の蔓延を防ぐための技術が発展する。そして、コレラの脅威とたたかうために、流行病防止のための医療統制措置がとられる」(＊6)。しかし、衛生学的な考えは、労働者階級をしばしば遠ざけたり規律化したりすることの正当化によって、アルコール中毒や身体的退廃、病的状態と結びつけられた、かれらをスティグマ化する表象をつくりあげることにもなった。

しかしながら、一九世紀後半以降、連帯主義の影響のもとで、衛生学的な教義が、フランスにおける公衆衛生改善の包摂的かつ普遍的な概念を支えた。その支持者たちは自由主義者たちと対立し、労働衛生と非衛生的な住居の消毒にかんするおもな法律を採択させることになる(＊7)。こうした変革は権威主義的に、あるいはときおり異なる意図によって動かされたり、道具化されたりしながら推し進められたかもしれないが、それでもやはり、それが二〇世紀の社会国家および賃労働社会の発展に道をひらいたことに変わりはない。公衆衛生にかんするこうした大きなプロジェクトの成果は明白なものである。それは、この分野におけるフランスの当初からの遅れを取り戻したのであった。

とはいえ、公衆の衛生管理はすぐには普及しない。二〇世紀に、破壊された住居の再建が、戦後数年間をつうじて浴室や汚水放流装置の一般化の機会となり、ろ過され、処理された水道水が徐々に農村に届くようになったが、非衛生的な住居の問題は数十年間残されたままであった。ナンテールがそうであるように、スラム街《ビドンヴィル》の解消は一九七〇年代の後半まで待たねばならなかった。しかし全体としては、医療エリート、ついで政府の指導者層が一九世紀のはじめから取り組んできたプログラムは完了した。感染症の大部分は克服されたか、少なくともコントロールされている。身体衛生にかんする規則の尊重、都市の公衆衛生への投資、生活水準の評価、一般化された社会・医療保険、抗生物質の使用のいずれもが、医師や公権力によって取り決められる進歩の構成要素を成している(*8)。こうした全般的なコンテクストが、他の二つの大都市と比較した、パリ都市圏における貧困層にたいする富裕層の衛生上の不信を緩和することになった。

したがって、ブラジルおよびインドとくらべて、イル゠ド゠フランスのインタヴュー対象者のほとんどが、汚染の恐怖を強調しながら貧困層との相互行為、あるいはかれらがよく行く都市空間における貧困層の存在に言及することがない。そうした恐怖は、回答者のごく一部とのインタヴューでしか登場しない。そこでかれらは、とりわけ季節性の伝染病の時期、あるいは、身のまわりのものに触りたがる幼い子どもたちと移動する際の、風邪をひいたり、インフルエンザにかかったりする可能性のある感染源とみなされたメトロやRER〔首都圏高速鉄道〕にとくに触れる。しかし、かれらはこの問題を都市生活に固有のものとして、また、ふつうはきちんと手を洗うだけで避けられるようなリスクとみなしている。

かれらがそこに公衆衛生上のリスクをみていないとはいえ、イル゠ド゠フランスのインタヴュー対象者の一定数（居住する自治体《コミューン》や区によって異なるが、三分の一から約半数のあいだ）はそうした空間、とりわけ、大勢の乗客同士がひしめき合い、夏の気温が車内の環境を蒸し暑くする、ラッシュアワーや混雑する路線での、清潔さあるいは雑然さの問題を指摘している。しかし、だからといって、ごく一部の例外を除けば、そのことがかれらの公共交通機関の利用を制限してはいない。そうした不都合を避け、快適に移動できるようにするために、かれらがそれに順応するくらいのことである。たとえばかれらは、列車やメトロよりもバスを使ったり、最も混雑する時間帯を可能なかぎり避けたりしている。そのうえ、病気にかかるという恐怖や、場合によっては汗ばんでいたり、悪臭がしたりする他の乗客と接触せざるをえないことにたいする嫌悪について言及されるにもかかわらず、労働者階級が、他の社会集団よりも問題がある存在として述べられることは一度もない。概して、われわれの回答者の一部を不快にしているのは、（デリーとサンパウロで確認されたこととは反対に）とくに貧困層とまざり合うことではなく、身体的に触れ合うことである。

私は公共交通機関を毎日は使いません。朝も晩も利用して、ありえないにおいがするRERに毎日閉じ込められる人たちとは違うので。それは、RERが臭いからなんですよ。猛烈な悪臭です！（…）私は不定期に公共交通機関を利用しているので、たしかに、それに耐えるのがよりたやすいのは事実です。（…）私が言いたいのは、それが毎日だと耐えられない、そう、耐えられないんです！（…）けれども、それが耐えられないと思うのは、密集していて、臭くて、暑くて、汚くて、みんなが感じるあらゆることがあるから……ですが、私は害をこうむっているとは感じません。

［マリー＝カロリーヌ、女性、五七歳、画家、配偶者は弁護士、五五］

反対に、労働者階級および一部の貧困層にたいするスティグマ化は、まざり合いではなく、公共鉄道網に特有とみなされた不潔さと悪臭が非難されるときに、とくに、そうした不快さが多少なりとも意図的になされた不作法な言動の結果としてしばしば語られるだけにより明らかである。結果として、何人かのインタヴュー対象者は特定の乗客が列車内の環境を悪化させていることに不満を述べる。それは多くの場合、労働者階級の男性あるいは少年とみなされており、車両や駅構内の床に唾を吐いたり、座席に足を乗せたりしている（のちにみるように、この態度もまた脅威とみなされることがあり、高級住宅街に住む上流階級の人びとからは、都市生活における最低限のルールをあからさまに拒否するものと理解されている。このことは、かれらには相互行為の際の凶兆にうつるようだ）。しかし、清潔さという意味で最も厄介かつ不快とみなされているのは、とりわけ、メトロの閉鎖空間にいる家屋喪失者《サン・ザブリ》の存在である。すなわち、（とりわけ、大半の時間を同じ床に座ったり横になったりし、ごく稀にしか体を洗わないために）不潔であることを非難され、駅の片隅で小便をし、うっかりかれらの隣に座った人に体臭を放ち、そのうえ、そこでよりいっそう我慢できないものとなる、ひどい酩酊状態による悪臭が重なることではっきりと非難されるSDF〔住所不定者〕のことである。

メトロはひどいです。パリにたくさんのホームレスがいることは本当に残念です……。（…）一つのホームで三人の浮浪者を目にするなんて、ふつうではありません。ふつうじゃないんです。フランスの遺産が十分に守られていないと言いたいんです。北駅は薬物依存者の治療施設のようです……。メトロはひどいですね。襲われますし……。浮浪者が多すぎるんです。たぶん、酔っぱらった浮浪者がいれば、うんざりすると思いますよ。私は被害をこうむってきました。

［リディア、女性、二〇歳、学生、独身、三〇］

それにもかかわらず、インタヴュー対象者が公共交通機関の状況だけでなく、都市や、自分が住むいくつかの地区全般の清潔さについて言及する際にみられるように、貧困層が、他の社会階級よりもいっそう清潔さを害するものとして表象されることはあまりない。何よりもそれは、そうした表象が珍しいものであること、そしてとりわけ、（おもにロマなどのように）逸脱者とみなされていたり、逸脱や身体的な衰えが、（ホームレスや麻薬中毒者のケースのように）慢性的あるいは一時的な精神的混乱状態によってしか説明されえないような特定の個人や集団をスティグマ化するからである。


それは、以前はとても良かったのですが、本当に汚くなってしまった（五区の）地区です……。人びとは……、小瓶を投げ捨てます……。たとえば、春と夏には公園でピクニックをしますが、そこはごみ箱です……。冬でも若者たちがいます……。あちこちにごみ箱があるにもかかわらず、かれらは小瓶やペーパーを地面やベンチの下に捨てます。それは嘆かわしいことです！　そして、いまは――大惨事《カタストロフ》なので、それが最悪なのですが――（…）そうした物ごいだらけです。ロマたちはみな、夜中にごみ箱を漁ります。かれらはごみ箱を漁り、［ごみ］袋を破り、地面に全部ほったらかしにします。つまり、それが最悪なんです！

［アニック、女性、六四歳、元営業幹部、離別、三七］

いつも物ごいがいます。自宅の窓の下の通路で寝ている人を何度か見ました。（…）けれども、一人いたのですが、私がもう疲れ果ててしまって、警察署に行かなければならなくなったことがありました。彼は体をいっさい洗いませんでした。地区では知られていましたね。その場で用便するんです。悪臭がしていたので、夏は窓を開けようとはしませんでした。そこで、私は彼に言いました。「近くで無料で体を洗えるのをご存じかと思います。着替えることもできますよ」。でも、心に病を抱えているので……。何も変わりませんでした。少ししてから、彼は出ていきました。

［ジャンヌ、女性、七三歳、元専門医、独身、二］

衛生とにおい、とりわけアラン・コルバンが、一九世紀まで階級間の関係と相互行為を構造化するものだと指摘した身体および家庭のにおいの問題は（＊9）、社会的な距離を表現するために、このように例外的に言及されるのみである。過去に訪問した国外のいくつかの都市ほど良くないと明言する人も一部にはいるものの、大半のインタヴュー対象者は、パリを概して清潔であると述べている。もっとも、こうした大都市間の比較はつねに国際的なものであり、フランスの他の都市がけっして対象とならないことは指摘しておきたい。

そのうえ、富裕層が語る地域の清潔さの問題は、公共交通機関とくらべて、自分たちの地区ではさらに、労働者階級の存在とほとんどの場合結びつけられない。不平を述べる五区の何人かの住民たちにとって問題なのは、何よりも、週末にコントルスカルプ広場周辺を汚す学生たちの酒盛り（と吐瀉物）の跡である。一方で、一六区の住人たちの多くは、自分たちの地区の歩道のあちこちに犬の糞があることを問題にしている。つまり、インタヴュー対象者たちが、極度の激高とともに非難することが多いのは排泄物である。それほどまでに、かれらにとっての排泄物は、苛立ちと嫌悪を何度も催させる原因であるようだ。それとくらべると、労働者階級の男性や、（われわれのインタヴュー対象者の一部とときどき会うことがあり、庶民とみなされた）パリ北東部の〔階級が〕入りまじった空間に住む人びとに浴びせられる、通りの地面に唾を吐くことにたいする非難は、いくつかのインタヴューではみられるものの、はるかに稀であり、それほど激しいものではない。

みんな蓄えがあります。かなりの額になるはずです。ここ一六区を散歩してみると、どの区域も快適だということがわかるでしょう。そこでは美しいものや、非常に身なりの良い人たちを目にするでしょうし、かれらは一〇メートルごとに歩道に唾を吐いたりしません。そういうことも、犬〔の糞〕と同じくらい耐えられません！

〔ギー、男性、六二歳、航空業界の技術職幹部、配偶者は医師、三五〕

しかしながら、これらのインタヴューをみてもわかるように、（スラム街を除く）「庶民」地区がとりわけ公衆衛生および保健上の脅威の原因とみなされているのは、しばしばそこが見苦しく、雑然としているとみられているからである。そして、そうした地区の実際の、あるいはそうみなされた（より深刻な）不潔さにたいする批判は、しばしばこうした象徴的経済にかんするものである。つまり不潔さとは、何よりもだらしなさと、ある程度の美的な懸念のしるしであり、浄化《アセニスマン》というよりも、美化《アンベリスマン》のための政策あるいはイニシアティヴによって取り扱われるべきものなのだ。ここでは、都市の清潔さにたいする不安とその尊重という要求が、文化的、道徳的卓越化による象徴的境界のマーキングによって混同されており、衛生の問題と道徳的秩序の問題が――イル゠ド゠フランスのインタヴュー対象者の語りのなかでは――完全に切り離せないことが明らかになっている。一方で、交通機関における相互行為にかんしてすでに述べたように、高級住宅街の住民たちは、地域の不潔さおよび雑然さを、さまざまな特徴を体系的に結びつける、危険とみなされた都市空間で一般化したフレーム(*10)にしたがい、身体的暴力という意味でリスクのある状況のあらわれだと理解することもある。

悪化させたくないんです……。それが些細なことでも。だから、紙が散乱していれば拾い集めます。馬鹿げたことですが、ちょっとした行動、ちょっとした配慮の積み重ねによって、それなりにちゃんとした人でいられます。でも、みんながこんなふうに歩いたり、帰宅したりする治安の悪い地区にいると……、やはり、良い環境はつくれないと思います。

［シルヴィ、女性、四八歳、技術職幹部、配偶者も同職、五八］

（一六区では）みんなふつうです。かれらはあまり……、攻撃的ではありません。きちんと教育を受けています。礼儀作法を心得ていると思います。あちこちで起こっているケースとはほど遠いです！ たとえば、誰もがそうするサン゠ドニとは違い、地面に唾を吐く人はいません！（…）私が会いたいのは……、社会でのふるまい方をそれなりに知っている人たち、他人を尊重する人たちです……。また、清潔さもですね。そうです、通りは清潔であってほしいです。

［クレマン、男性、三五歳、営業技術職、配偶者も同職、三三］

安全な地区？　それは清潔な地区です。私が（サン＝ドニで）住んでいたところは、清潔ではありませんでした。（…）多少は予断《ア・プリオリ》かもしれませんが、清潔な場所では気分が良いですし、だから、清潔ではない場所とくらべると、治安の悪さや気分の悪さはあまり感じないかもしれません。

［オロール、女性、三六歳、営業職幹部、配偶者は技術者、四四］

このケースでも、個人間の予想のレベルでは、特定の地区に清潔さの欠如をもたらす「不作法」が、かれらに身体的な不安の可能性を示しうる、住民間の都市的なふるまい（とそれによる最低限のお互いの尊重）の欠如と必然的に相関しているとみなされている。

しかし、貧困層にたいする身体的嫌悪は、パリ都市圏でおこなわれたインタヴューの大部分において、全体的に抑制されたままである。そこには、すでにみたように、国家《ナシオン》に啓蒙されたエリートだけでなく、すべての人びとにたいする公衆衛生上の保護を強化することを目指す連帯主義的な精神のもとで考案された、一九世紀以降の衛生学的な政策の結果をみることができる。状況は他の二つの大都市とかなり異なるといえるだろう。

◉——ブラジルのエリートによる回避という衛生思想

ブラジルの公衆衛生システムは、一八〇八年におかれたポルトガル王室によって導入された（＊11）。この時代に、都市の発展とエリートのブルジョワ化が同時に起こる。当時の衛生学の医師たちは、ブルジョワの家庭に多大な影響力をもっており、そうした家庭は、私的領域のより厳密な定義と、奴隷にたいするより著しい距離化と結びついた、衛生という近代的な概念にしだいに魅了されていった（それ以降、世帯の維持と管理を確実におこなうために、欧州系白人が指導者に選ばれるようになる）（＊12）。そのうえ、エリートは、ブルジョワたちが衛生と洗練について優れたとみなす規範をとりいれることで、社会のそれ以外の人びととの接触をよりいっそう断ったのだった。

当時の社会問題は、リスクのある人びとの管理に集約されていた。フランス同様、こうした衛生学的な政策は可視的――街路の消毒、汚水放流装置、ろ過された水道水、日々の衛生習慣の変更――であったが、それらの進展の大部分はエリートの地区に利するものであった。サンパウロ郊外では〔政策〕プロセスはほとんど進まず、場合によっては、展開されることさえなかった。すでにみたように、基本的な公衆衛生上のインフラを欠いていることが多いファヴェーラ〔スラム街〕は、都市のより高級な住宅街と驚くほど隣接していることがある。伝染病とのたたかいがやむことはないが、それは都市のより豊かな空間においても同様である（＊13）。

衛生思想という連帯主義的概念は、フランスとくらべると、ブラジルではそれほど存在感がないようにみえる。インタヴューのなかで得られた語りは、衛生問題および公衆衛生問題と結びついたこうした連帯という思想が、今日のブラジルのエリートたちの思考体系のなかでは全体としてまだ無縁であることを証明している。

衛生とは、何よりも社会的区別の指標である。以下のインタヴューでは、モルンビ地区に住むある女性が、貧困層が（バスやメトロのような）公共スペースを尊重せず、衛生規範を知らないために、自分たち特有のにおいに注意を払っていないとみなしている。

かれらは何も守りません！　外国だったら、こういう公共スペースは尊重されると思います。ここでは違うんです。ここでは、何も守られません。だから、(ある人は) 悪臭がしてもどこにでも入っていきますし、おかまいなしです。本当に不潔だというのに、ほったらかしなんです。何もわかってないんです！

［カリーナ、女性、三九歳、建築家、夫は広告業、一三七］

ファヴェーラに住む人びとは、こうした批判のおもな対象となっている。住民たちが個々に衛生管理をし、自分の健康に留意する能力を疑いながら、また、この見方をつうじて、病気の拡大の責任をかれらに負わせることで、サンパウロの上流階級は貧困層の無責任さを二重にスティグマ化し、証拠もないままに、都市が経験する公衆衛生の問題の社会的要因を否定している(*14)。これとは異なる意見を耳にすることもあるが、多くの人びとは、こうした語りを完全に支持するだけでなく、貧困層とのあらゆる接触から身を守ろうとしながら、そこからの影響を日々見いだしている。

上流階級はとりわけ自動車で移動するため、住所不定者から身を守る必要性を感じていない。多くのインタヴュー対象者が、かれらを伝染病をもたらす人びとと認識しているにもかかわらず、住所不定者たちは本当の脅威とはみなされていない。あるインタヴュー対象者は、かれらに話しかける必要がないことに安心している。そのうえ、バスで移動することが、住所不定者と通りですれちがうよりもはるかに健康に有害だと考えている。

それよりも、上流階級はファヴェーラの住民たちの衛生状態をより不安視している。あるインタヴュー対象者は、家の使用人からファヴェーラのスラムの一つで暮らしていることを告げられたときに、自分が絶望したことを告白した。彼女は自分の使用人たちに話しかける習慣がなかったため、かれらが貧困地区の質素な家に住んでいるといつも思っていたのだった。彼女が大変驚いたのは、使用人たちの多くがファヴェーラから来ていることであった。次に引用する別のインタヴュー対象者の語りが示唆しているように、一般的には、とりわけ衛生観念を欠いていると疑われているのは、貧困層ではなくファヴェーラの人びとである。

中流階級の人びとはみな毎日体を洗っていると思います。(…)みんな良いにおいですし、清潔ですし、みんな……。でも、ファヴェーラに住んでいる人たちは、……そうした人たちは体を洗わないと思います。(…)もしかしたら違うかもしれませんが、かれらに水道水がないからなんです……。(…)貧困地区の小さな家で暮らしている貧しい人たちでさえもです。ブラジルの衛生習慣は良く、人びとはきれい好きで、身だしなみは良く、みんな清潔だと思います(…)。反対に、スラム街に住む人たちはそうではありません。

［ソフィーア、女性、五五歳、エコノミスト・デザイナー、夫は不動産仲介業、一二五］

このように、ファヴェーラの存在はサンパウロの上流階級を無関心にさせない。外国人がブラジルから受けうるイメージを気にするある女性は、自宅とグアルーリョス空港のあいだを移動する際に、ブラジル人であることを恥じたことを認めている。彼女によれば、大通りと川の不潔さ、におい、そしてファヴェーラが、国のイメージを嘆かわしいものにしている。「ある日、アメリカの大統領がここに降り立つことを想像してみてください……」と。この点について彼女が推奨する解決策は、ファヴェーラの大きな看板のイラストに「もう少し色を加える」ことである。

衛生学者たちの語りは、とりわけ労働者階級を対象とするものである。というのも、ファヴェーラの住民、バスの利用者、ブルジョワ家庭の使用人たちが、この社会的カテゴリーに当てはまるからである。それは階級の境界を目立たせる手段の一つであるが、社会的支配を永続させ、再確認する巧妙な方法でもある。

バスに乗るのを拒否する理由や、バスほどではないにしても、メトロを拒否する理由はさまざまである。何人かのインタヴュー対象者はそれらを利用する必要がないと断言しているが、多くは都市ネットワークが保全されていないこと、不作法さ、泥棒に遭ったり(女性の場合)付きまとわれたりするリスク、あるいはさらに、伝染病から身を守ったり、悪臭を避けたりしなければならないことへの不安を問題視している。言い換えれば、公共交通機関の回避は、上流階級がにおい、不作法、危険、伝染病の保菌者と表象する、より貧しい階層の乗客とのあらゆる接触から逃れたいという意思にとくに起因している。一部には、かれらが「豚」のようにふるまうと、ためらわずに言いきる者もいる。実際、インタヴュー対象者たちは、とりわけバスの乗客にたいして、自らの嫌悪を隠そうとはしなかった(メトロとくらべると、バスにたいする価値づけが低いが、パリ都市圏では一般的にそれと反対である)。

メトロはとても良く整備されていて、とても清潔だと思います。安心してトイレを使うことができます。けれども、バスには不満があります。(…)朝、出庫したばかりのものに乗れば、完全にきれいです。一方で、一日の終わりに乗ります。そうなると、問題は車内清掃ではなく、利用者です。床には紙片や果物の皮が落ちています。人びとがあまりに不作法なのです。

このように、不作法さはバスのメンテナンスの悪さのおもな原因になっているとみられ、会社経営者たちは、利用者のふるまいに落胆している。［ライース、女性、五四歳、栄養士・主婦、夫はエンジニア、一四四］

かれらが消毒をしているとは思えず、それができるとも思えません……。各自が自分の仕事をしていればまだましなのですが……。もちろん、会社を経営している人間は、バスを清掃する手段をもっているでしょうし、それをしているとも思いますが……。でも、［かれらを］落胆させていることもあるんです。「豚みたいなやつらが乗ってきて床に唾を吐くために、数千レアルも払って毎日バスを清掃するんだ……」と。一つひとつのことがつながっているんです。［パウロ・エンリケ、男性、三八歳、エンジニア、妻は医師、一〇六］

多くのインタヴュー対象者は、伝染病への不安を理由に、とりわけ帰宅ラッシュで混雑する時間帯において、公共交通機関が保健行政上の問題を招いていると考えており、咳をする、あるいはくしゃみをする際の最低限のルールを守れない利用者たちを非難している（シラミをもらうことを恐れる者さえいる）。多くは、公共交通機関には人びとの不快なにおいが消えずにしみ込んでいるとみなしさえするだろう。

バスは臭いです。メトロはそれほどではないと、あまり乗るわけではないですが思います……、でも、バスはありえません！　バスのあのにおいはぞっとします……。（…）そういう人たちのにおいだと思います！　消えないんです。こうやって話すのも恐ろしいですね（笑）……。しみ込んでいるんです。

［レアンドロ、男性、五二歳、建築家、独身、八二］

モルンビ地区に住んでいる女性は、長いあいだバスに乗っていないにもかかわらず、基本的な礼儀作法に欠けているとみなされている北東部［ブラジル北東部九つの州。アフロブラジル文化の中心で、貧困層が住民の約四割を占める］の人びとによってサンパウロが「侵略」されているために、今日、においの問題が悪化してしまったと思っている。

そこは、滅茶苦茶です……。私が（バスに）乗っていたころすでに、ひどい、ひどいにおいでした。いまもきっとそうでしょう……。北東部の人たちがたくさんここに来たからです。侵略されたんです。私のころは、ここサンパウロには（…）北東部の人たちはいませんでした。かれらは……完全に違う人たちなんです。文化、衛生……、何もかもをかれらに教えなければなりません。

［ハファエーラ、女性、五一歳、国家検事、夫は公証人、一三四］

悪臭の問題は、バスやメトロの利用者の一部の香水の問題でもある。あるインタヴュー対象者は、くすんだ肌をした（モレーナと呼ばれる）貧しい階層出身の女性たちがあまりに大量に使うデオドラントや、常用している香水に迷惑していると述べている。

ブラジル人の大部分は褐色の肌をしています。私がそのルールからはずれているのは、私が……、私がここで生まれたイタリア人だからです。(…)父と母のどちらもです……。毎朝、かれらが自宅を出るころ、地下鉄やバスに乗ると……、香水のにおいが少しするんです。というのも、ブラジル人は、とても貧しい人たちでも、たとえ品質の悪いものであっても……、デオドラントや香水をつけるのが好きなんです……。

〔カリーナ、女性、三九歳、建築家、夫は広告業、一三七〕

ブラジルの上流階級の衛生問題への感覚は、〔他の〕国民と距離をおくことへの関心と強く結びついている。歴史的にみると、この問題が進歩主義的かつ連帯主義的な観点から検討されることは稀であった。今日でもなお、高級住宅街の富裕層がそのことに言及する場合、貧困層との接触や、病原菌や伝染病の感染が疑われる場所をかれらが回避する必要性が語られる。十分な公衆衛生対策や施設を国全体の規模で一般化できず、また、衛生学的な問いを、社会全般の利益や社会的凝集に属する試練として解釈しなかったこの国のエリートは、かれらと貧困層とのあいだに実際的かつ象徴的な障壁をおくことで、いまだに自分たちの身を守ることを余儀なくされている。

◉――インドの上流階級の分離主義的衛生思想

デリーの高級住宅街の住民にとって、都市の衛生と清潔さの問題は日常的な関心事の一つである。この問題は、自分たちの居住地を離れるやいなや、たえず明らかなものとしてかれらにのしかかるくらい大きなものである。そのことに慣れているとか、さらには「支配され」てしまったと認める者がいるのは、清潔さの欠如が、かれらの大多数にとっての強い包囲感覚の基盤《マトリックス》となっているからである。そこで語られる、ごみが散乱した通り、荒れ果てた建物、スラム街、野ざらしの掃き溜め、あるいは車がかろうじて通れる道路という日常の光景は、ごみ、汚物、質が貧弱な都市インフラに文字どおり包囲されているという感覚をかれらに抱かせている。ガウリはこのことに触れている。

インドの首都には、まっすぐ一気に歩ける歩道はありません。存在しないんです。どの歩道も穴だらけです。かれらがそれを解体しても、そこに瓦礫を放置します。契約外だからです。瓦礫は建設中もそこに残されたままで、やがて〔歩道が〕完成したときに、かれらは傾いていることを理解して、そこで新たに〔工事を〕発注し、歩道をふたたび解体します。汚職だらけなんです。システムは機能していません。私はショッピングセンターで買い物をするようにしています。清潔だからです。少なくとも、車で出かけても鉄くずやごみの上は走れないですよ。（…）カーン・マーケットですら、不動産価格の市場はアジアで一番高いです。（…）下水管渠《かんきょ》に直接流れ込み、側道に山積みになったままのごみがあります。あそこのレストランなんて……。
〔ガウリ、女性、四六歳、企業経営者、離別、二〇一八〕

それゆえに、自動車は特別な交通手段となっており、ショッピングモールやエリートの地区だけが、実際に出入りできる場所とみなされている。発言のなかで用いられる表現《フォルミュール》は、数少ない「清潔な《プロープル》」場所と、周辺の「無秩序《カオス》」とを切り離す、わかりやすく、明白で、際立った境界という考えを強調している。くつろぎが感じられる場所を語る際に、「繭」「泡」「島」のメタファーが決まってもちだされる。インタヴュー対象者によってもちだされる話の多くで、「あなたが外に足を踏み出すと……」といった表現がほのめかすように用いられる。スレッシュは、都市の数少ない「洗練された《シヴィリゼ》」公共スペースの一つと考えているメトロについて話す際、まさしくこの表現を使っている（一方で、地位や快適さを理由に自動車を好む彼が、メトロを利用することはきわめて稀である）。

> メトロの〔駅の〕境目の外に足を踏み出せば、そこはカオスです。不潔なんです。街頭には、そこらじゅうに物を捨てる物売りがいます。そして、そこは非常に汚い三輪タクシー（リキシャ）やぼろぼろのスクーターであふれていて、かれらはみなメトロの駅の出口で待っています。ですから、あらためて言いますが、本当にとても、とても汚いんです。メトロのエリア内に入れば、そこははるかにきれいです！
>
> 〔スレッシュ、男性、五二歳、病院経営者・管理者、妻は病院勤務、一九六〕

しかし、たとえばマナヴのように、こうした表現が最も頻繁に用いられるのは、家やコンドミニアムの外が語られるときである。

> コンドミニアムは島です。そこは泡なんです。そう、泡です。私たちはよくそのことを話します。内側にいるかぎりは、すべてがきれいですし、緑があり、どんなこともことごとく完璧です。水があり、電気があり、行政機関があり、清潔さがあります。でも、外に足を踏み出せば、都市

のカオスに直面するでしょう。

［マナヴ、男性、五四歳、管理職、離別、二〇七］

デリーにおける衛生問題が、不快かつ不潔で、病原菌の潜在的な保持者とみなされた人びとのスティグマ化をとおして語られることは稀である。〔かれらの〕語りはより間接的に、とりわけ、貧困層がおもに占める空間や、非衛生的で、出入りがためらわれ、嫌悪を催させると描写される空間に向けられている。つまり、デリーで記録された衛生にかんする語りの中心にあるといえるのは、個人よりも空間なのだ。そうした空間は明確に特定されている。すなわち、非常に限定された一部の貧困地区、一部の市場、そして公共スペース全般である。反対に、十分に清潔とみなされた「快適」なゾーンはより限定されており、概して、上流階級の地区や高級ホテル、エリートの〔会員制〕クラブ、富裕層だけで利用できる一部のごくわずかな「公共」スペース〔非常に有名なローディー・ガーデン、カーン・マーケット、世界的な高級ブランドが売られている一部のショッピングセンターなど〕にかぎられている。

したがって、貧困地区や公共スペースへの言及は、貧困層の換喩《メトニミー》として読みとるべきである。実際、ここでは中身を容器で指し示したり、厳密に言うと、貧困層を、かれらが住んでいる場所やよく行く場所で指し示したりできる、そうした文飾による定義がなされているといってよい。そして、貧困層に汚された空間における衛生の欠如を糾弾することで、分離主義《セパラティスム》を選ぶことに道理があると感じているインタヴュー対象者たちの極端な離脱主義《セセショニスム》が正当化されている。ドゥルーヴはこうした考え方を強調する。

私たちはとても孤立《イゾレ》した生活を送っています。私たちは別世界との接触を断ちたいんです。だから私は車のなかにいるのがとても好きです。そこではひきこもれますし、他人よりも自分自身といられるからです。(…)私たちが、汚らしさ《スクワラー》、醜さ、攻撃性、そして街では好まれないあらゆることから距離をおこうとしているからなんです。
［ドゥルーヴ、男性、五八歳、出版グループの社長、妻は弁護士、一八八］

カースト制度が背景にあるインドのコンテクストにおいては、こうした社会的分離主義を、慣習的な純潔の証を汚さずに守ろうとする意思と、カーストの境界の空間的延長をそこに見いだそうとする意思から説明したほうがよいのかもしれない。実際に、〔語られる〕言葉のなかで、最も不潔な空間の非衛生さが特定のカースト集団と結びつけられることがある。とりわけカヴィタのケースがそれで、彼女は、地元の市場の汚さを説明するのに、ウッタル・プラデーシュ（ノイダ15－A地区がある州）出身のグジャールの不潔さを引き合いに出している。

ノイダでも、たくさんの……。ご理解いただけるかわかりませんが、たくさんのグジャールがいるんです……。(…)そして、ウッタル・プラデーシュの住民たちは少し攻撃的で、不良なんです。また、かれらはあまり清潔ではありません。ですから、ノイダ15－A地区を除いて、ノイダのなかを歩けば、本当に汚い集団を目にすると思います。もちろん、(ノイダの各集落の)区域《セクトゥール》が汚いと言っているのではありません。住民たちの団体が、清潔さをきちんと維持してきたからです。けれども、市場がある一帯は……。セクター18の市場に行けば、それでも高級な区域ではあるのですが、「うえぇっ、本当にむかつく！」と感じます。

［カヴィタ、女性、五〇歳、主婦、夫は繊維業グループの社長、二三二］

いかなる疑いもなく、特定の空間の清潔さおよび清浄さと結びついた表象において、カーストは中心的な役割を果たしている。しかしながら、それだけでは、分析の枠組みを単純化してしまうだろう。衛生問題は、カーストの底辺が保持するとみなされた汚《スイユール》れと接触するという単純な恐怖のはるか外にある。そのうえ、この問題はすでに多くの議論を巻き起こしており、スディプタ・カヴィラージも、インドのコンテクストにおいては、（西洋にその起源をもつ）衛生という概念と、（ヒンドゥー教のイデオロギーとの関係から考察できる）浄《プロプレテ》と純潔《ピュレテ》という概念を区別することが重要であると指摘している（＊15）。慣習的な純潔という観点からみると、バラモンの重要な区別の一つとして、家の内と外の区別がある。実際、たとえばバラモンには自宅の内部を完璧に清潔にしておく義務があるにもかかわらず、ごみがしばしば家の目の前に捨てられる。スディプタ・カヴィラージもこの点について、ごみが概念上の境界の外に捨てられ、そこでは、通りが内にとっての無意味な裏面とみなされていることを理由に、重要なのは衛生問題ではないと強調している。

スディプタ・カヴィラージ〔の分析〕にとって、内と外とのこうした静的な対立は必要不可欠なものであるが、より動的なもう一つの対立、すなわち私的空間と公的空間との対立を理解するには不十分である。実際、コルカタの公共スペースが、おもに貧困層やホームレスが占有する空間（つまり、公共スペース以上に非私的な空間）となった原因を探りながら、彼はそれがこれまでにはみられなかったケースであること、また、植民地時代にはコロニアルな審美観のもとで、公園だけでなく通りまでもが美しいものとして高い価値を与えられていたことに触れている。当時、そうした空間を誇りに感じ、自由に頻繁に行き来していた中流階級と上流階級は、そこが居住空間と直接的に連続しているとみなしており、その清潔さに気を配っていた。それにもかかわらず、国家独立後の二〇世紀後半の特徴は、こうした場における貧困層の存在が拡大したことであった。何よりも、インドとパキスタンの分離独立は、住居を持たず、一夜を明かすための公園や他の公共スペースを占有しはじめた難民たちの大量流入をもたらした。当時、そうした空間における最貧層の存在は日常的なものとなっており、その一部は仮宿泊施設を受け入れるバラック街にさえ変えられ、そのことにより、すぐ近くで暮らす最富裕層からの忌避を招いた。このロジックは、急速な都市化と離村の影響による人口圧力のもとで顕著になった。公的な用途に充てられた空間の〔最貧層による〕独占的な利用がしだいに定着していくのは、こうしたかたちによってである。スディプタ・カヴィラージは、公園が貧困層の「集合財」になったことを示唆しており、彼によれば、民主主義と、植民地的規制が放棄されたことの直接的な結果である公共スペースのそうした「大衆化《プレベイザシオン》」は食い止めることができない。

カヴィラージの言葉を例証することになった、ノイダ15－A地区の住民であるヴァイバーヴは、貧困層が公園に出入りすることの影響を次のように心配している。

〔貧困層は〕本来の目的のために公園を利用していません。かれらはそこにごみくずをまき散らすんです。ブランコなどもみんな壊してしまいます。それでも、公共の公園はみんなのものです。なぜなら、公共の公園だからです。集落の公園ではありません。つまり、全員にそこを利用する権利があるために、かれらがそこを使うんです。かれらには子どももいます。かれらは読み書きができず、そのような公共施設を適切な方法で利用することを教えられても、躾けられてもいません。地区の質に悪影響を及ぼしはじめているのはこのようなことです。

〔ヴァイバーヴ、男性、五九歳、報道機関の経営者、妻は舞台女優、二四二〕

デリーの高級住宅街の住民たちによって表明される、社会的分離主義と公共スペースの回避の急進性は、まずこうした力学によって理解すべきである。公園や通りを取り戻すためのあらゆる希望を断念したかれらは、清潔さや衛生にかんする自分たちの考えを認めさせることができる、閉ざされ、高度に管理された地区に閉じこもることを選んでいる。しかし、きわめて入念に監視されたそうした地区においてさえ、複数の住居を分け隔てる通りや公園が、つながりのない貧困層ではなく、家主と十分に面識があり、その存在が規制されている貧困層が利用するために、住民たちによってしばしば放置されている。こうして、自身が住むスンダール・ナガルの地区についてアンビカ（一六六番）〔女性、四一歳〕が言及するように、使用人たちがかれらと付き合う唯一の存在となる。「使用人たちは公園を利用しています。そこには犬もいます。けれども、かれらを除くと、誰も公園を利用しません」。

つまり、スディプタ・カヴィラージによれば、上流階級による回避の態度の源泉にあるのは、内と外との差異というまさしくヒンドゥー教的な概念ではなく、むしろ、強い人口学的圧力により、最もブルジョワな地区に近接した公共スペースに影響を与えた民主化のプロセスと結びついた歴史的な力学である。反対に、内と外との対置は、周辺の無秩序にたいする上流階級の無関心——あるいは順応——を説明することができる(＊16)。多くのインタヴュー対象者が、都市的なカオスにたいする高い寛容を示しているが、残りの人びと、とりわけ海外での生活を経験したことがある人びとは、それを糾弾しがちである。

それは、インドに帰ってきた私にとっての最大の問題の一つでした。いつもこのことを夫に話していますよ。私はMBA（経営学修士）を取得したんですよ。ですから、彼に「数年間、外国で働きましょう！」と言っています。けれど、彼は私に「だめだ、だめだ、だめだ！ 私はインドが好きで仕方ないからここにいる」と言います。おわかりですか、というのも、インドは……。インドの人たちは……、公共スペースの……清潔さにあまり注意を払わないんです。つまり、私は自宅のバルコニーには何も捨てませんが、一方で、道路の上に落ちるように〔自宅の〕外に捨てることはできます。それが私にとっての問題なんです。冗談を言っているわけではないんです。真剣です！ そして、それはすごくまちがったことですし……。私たちを〔まちがった〕方向に……。通りを歩けば、水が入ったプラスチック製のボトルを人びとが道路に捨てても誰も止めないことに気づくでしょう。すぐ近くにごみ箱があるとしてもです。たしかに、ごみ箱の数は多くありませんが、ごみくずを通りに捨てるよりは、近くのごみ箱まで待ったほうがいいでしょう！ こうしたことに私はますます頭を悩ませるようになっていますが、代わりに私たちが行ける場所があるのか、適切なアイデアはまだありません。

［スィムラン、女性、三一歳、保健行政コンサルタント、夫はマッキンゼー社のコンサルタント、二〇〇五］

ジャイディープは、同国人たちの衛生とのかかわりに批判的であり、彼の語りは、スディプタ・カヴィラージの分析に答えている。

人びとのふるまいを見てください。言ってしまえば、インドの人たちは自宅の外の清潔さに注意を払わないんです。かれらは自分の体と自宅を何度も洗い、それらの清潔さに気をつけることしかしません。しかし、外に出ればそこはひどい散らかりようです。これは、貧困層にとっても富裕層にとっても同じことです。

［ジャイディープ、男性、四七歳、観光業グループの社長、妻は繊維業グループの社長、二〇二］

アムリーシュは、周囲の無秩序に慣れてしまい、デリーの現実を意識するのは外国に行ったときだけだと説明する。

どこかで暮らすと、身のまわりのことに慣れ、やがて、何も気づかなくなります。においにも注意を払わなくなり、牛《ヴァッシュ》たちがうろついていても気づきませんし、何の組織もないことや、質の悪いインフラも気にならなくなるでしょう。「あっ、停電している。まぁ、いいか、発電機を動かそう！」と。そして、しばらくすると、何も感じなくなります。こうしたことに気づくのは、旅行し、外国に行き、異なるものを目の前にしたときです。パリやロンドン、ニューヨーク、ドバイ、香港に行けば、突然気づくでしょう。「あぁ！　私たちには問題が山ほどある！　嫌なくらいたくさんの問題が！　自分たちが住まなければならないのはここなんだ！　なぜここに住んでいないのだろう？」と。ショックを受け、しなければならないことがまだたくさんあり、それがなかなか進まないことに気づくのはそのときです。そのときになってショックを受けるんです！

［アムリーシュ、男性、四二歳、政治家、妻は主婦、一九〇］

インタヴュー対象者の多くが、こうした力学の明らかな不可逆性を強調する。プレルナは、目を背けることと、生まれの良いことを天に感謝することが、彼女が貧困地区の汚らしさとして説明するものに直面したときの最初の反応であると認めている。

サダール・バザールのようなところに行くと、その場所がまったくもって汚らわしいことにぞっとするでしょう。つまり、あなたが何かのリーダーかパイオニアで、そのことにたいして何かをしていようと、ただ目をつむって「神様ありがとう、私はこの世界に生きていません！」と言おうと同じなんです。

［プレルナ、女性、七五歳、退職した元経営幹部、夫は建築家、二二四］

このように、貧困層に汚された空間における衛生の欠如を糾弾することで、インタヴュー対象者たちの急進的な離脱主義が正当化される。かれらが極端なセグリゲーションという形態を実践しようとするとき、自分たちには理があると感じている。しかしながら、そうした空間を回避しようという意思の裏にあるのは、かれらが目にしなければならない貧困層との接触をまさしく回避することである。病原菌やウイルス（結核や腸チフス、あるいはデリーでしばしばみられるその他の疾患）（＊17）に感染するという恐怖や、公共交通機関における貧困者のにおいによってもたらされる不快感は、衛生にかんする表象の背景にあり、一部のインタヴュー対象者によって詳述されることがある。スワミニは、ごく稀に列車で移動する際、吸入軟膏を携行し、鼻孔に塗っていることを打ち明けている。

私がインドで本当に厄介だと感じる唯一のことは体臭です。あぁ！　列車に乗ると、人混みには何の問題も感じませんでしたが、においは問題でした。（…）ですから、いまはハンドバッグにヴィックスを入れていて、列車に乗る前に、それを鼻に塗っています（笑）。本当です！　香水じゃだめだからです！

［スワミニ、女性、四五歳、企業家、離別、一八三］

汚れと感染の強迫観念は、ブラジルのエリートと同じくらい、あるいはそれ以上に、インドのエリートたちの衛生的な実践と表象を支えている。しかし、これまでみたように、そうした強迫観念は、日常的な分離主義がありふれたものとなっているため、それが問題にされることがほとんどないデリーに特有の形態である。ほぼ自然のものとなった分離主義、すなわち離脱主義の正当化はしばしば目に見えない。内と外の境界、富裕層が密集する空間と都市のそれ以外の空間の境界は、それ自体が明白なかたちであらわれているのである。

三つの大都市間の比較によって、グラデーションが明らかとなった。すなわち、パリでは身体的嫌悪が全体として抑制され、サンパウロでは回避と社会的区別という衛生思想のなかに感染の強迫観念が根を下ろしており、デリーでは目立たないかたちでの分離主義的衛生思想がみられる。これは、セキュリティにかんする考え方についても同様であろうか。

2 治安の強迫観念から差別へ

治安にたいする富裕層の強迫観念は、本書の序章でみたように、かれらが住む大都市で起こる殺人率から説明できる部分もある。そこには、論理的な順序があると考えられる。つまり、犯罪統計がリスク要因として理解され、特有の予防措置の展開が正当化されるのである。さらに、暴力行為を抑制するうえで市民が国家や警察を信頼していないとき、かれらは自分たち自身で治安に責任を負う。グローバルな現象とも理解できるこうした懸念は、三つの大都市でインタヴューを受けた人びとの語りにおいて、類似したかたちであらわれているのだろうか。この問いに答えるため、われわれはそれを二つのサブ・クエスチョンに分ける。第一に、何をそして誰を恐れているのか。第二に、そこからどのように身を守るのか。

◉——何を、誰を恐れているのか

治安が良くないという感覚は、三つの都市の上流階級のあいだで同じかたちでは共有されていない。そうした懸念を明らかに強化しているのは、窃盗や襲撃を受けた経験、あるいは家族や友人にその被害者がいることである。たとえば、サンパウロではインタヴュー対象者の約九〇パーセントが、身近にいる人が直面した都市暴力の状況についての話をしている。治安が良くないという感覚が最もあらわれているのは、犯罪率が極端に高いこの都市においてである。回答者たちはそれを何よりも貧困問題と結びつけている。貧しく危険な階級から身を守ることが、かれらにとっての日々のたたかいとなり、そのためつねに警戒しつづけている。

しかしながら、上流階級がこうした恐れを同等の強さで抱いているわけではない。街のいたるところが危険であると感じる者もわずかにいるが、それでもなお、その他は自分たちの地区や、少なくとも自宅にはある種の平穏を見いだしている。治安が良くないという感覚は、ほぼすべてのインタヴュー対象者が抱いているが、かれらそれぞれの語りからは、とりわけ年齢や職業カテゴリー、体験ごとの差異が浮かび上がっている。他の二つの都市と同様に、最若年層、文化的職業〔従事者〕、また貧困状況にある空間によく足を運んだり、そこで仕事をしたりしたことのある人びとは、それ以外の人びとよりは治安が良くないとは感じていない。一方で、こうした感覚に男女差はみられない。

サンパウロでは、住所不定者がインタヴュー対象者たちの多くに恐怖を与え、公共スペースにおけるかれらの存在が望ましくないものとみなされている。治安という意味ではどのような地区が理想的かを描写するために、ジャルジンスの住民の一人は、何よりも住所不定者がいないこと、そして、通りや地区レベルでの立ち退きを管理するためのより適切な体制を警察が整えることが必要であると主張する。また別の住民は、とりわけ麻薬中毒者や、薬物を手に入れるためにかれらが犯すひったくりに恐怖を感じていると述べている。

サンパウロの上流階級は、貧困が集中する区域であると同時に危険とみなされた場所を自ら引き合いに出す。回避すべき場所は、どのインタヴューにおいてもほとんど同じである。すなわち、サンパウロの中心部（クラコランジア、ルス駅、サン・ルイス、ボン・ヘチーロ、ジョゼ・パウリーノ、市立劇場）や郊外、とりわけカンポ・リンポ・パウリスタ、ジャルジン・アンジェラ、イタイン・パウリスタ地区、またモルンビのファヴェーラである。一部には、イジエノーポリス地区とコンソラソン地区にあるパウリスタ大通りにいる住所不定者たちの、不都合とみなされた存在に触れる者もいる。また他の者は、治安が悪いという評判から、東部地域のどの場所へ行くことも避けていると述べる。同様に、サンターナのような中下層階級の地区が挙げられることもある。つまり、上流階級は、自分たちが暮らしたり移動したりする場と、徹底的に回避する場とを対置するマッピングを内面化しているのである。そうした場が名指されることで、そこに住む人びとは徹底的にスティグマ化される。

いくつかのケースにおいては、治安の強迫観念が限界を超えているようにみえる。そこでは、高級住宅街の住民たちが、家事手伝いのような日常的に接する人びとを含む、あらゆる者を警戒している。先述したように、庶民層の人びとの入場をコントロールするために設置されたセキュリティ・システムが非常に精巧であるせいで、自分の住居で窃盗が発生すると、上流階級はまず自分の使用人を疑う。ジャルジンスの住民の話は、この点にかんして象徴的だろう。

ここでは、二軒のアパートが強盗に遭いました……。（…）そのうちの一軒で働いていた家政婦の息子が、もう一軒のアパートの家政婦の娘と付き合いはじめていたこと、彼が彼女に合鍵を作らせていたこと……、彼が強盗に入ったことを知りました……。（…）彼は〔彼女の〕母親のところを訪ね、好き放題にしていました。全部盗ったんです……。どこに金や宝石があるかを彼は知っていました……。このことを警察はいつも言っています……。（…）使用人は誰にたいしても扉を開けないよう、指示を受けています……（*18）。そこには、外にはインターホンが設置されていて、アパートと警備員をつないでいます（…）。入る人も出ていく人も見ることができる、ビデオ監視システムがあるんです……。誰でも中に入れるわけではありません……。通話中、ガレージはエアロックのように閉じられます。つまり、一つの扉が開き、それが閉じるともう一方の扉が開きます……。

［カロリーナ、女性、七四歳、元弁護士、亡夫も弁護士、一一九］

このタイプの話はかなり一般的である。アルファヴィーレでは、家事手伝いにたいする警戒心が、サンパウロの他の地区と変わらない。それどころか、あらゆるコンドミニアムが高度にセキュリティ化されている街では、窃盗はつねに使用人やその周囲の人びとの責任とされる。庭師から家政婦まで、いかなる人びともそうした嫌疑から逃れられない。使用人たちは、小さな盗みを働くために互いに情報交換ができると住民らは説明する。実際には、こうした要塞化された飛び地のような場所においてさえ、脅威の感覚はつねに存在し、身近な者同士の信頼感に悪影響を与えている。

次の証言では、あるインタヴュー対象者が、脅威が遍在しているという感覚、その近さ、そして、それを実感する非常に決定的な理由を同時に打ち明けている。

実際の強盗の顔というのは、つまり、建物の管理人や警備員の顔と同じです。強盗特有の顔をしているわけではないのでわからないんです。強盗たちはみなそうです。なぜでしょうか？　それは、かれらが同じ出だからです。ですから、強盗かどうかを知るのは難しいです。恐ろしい表情をしているわけではないんです。誰がわかるでしょうか？　かれらはスラム街のほうにもいますし、そのあたりの、近所にいたりするのかもしれません……。どこにでもいるんです。特定の場所はありません。かれらは私たちを見ますが、私たちからは強盗たちは見えません。見て、追いかけてきて、あなたのことを知っているのに、あなた自身にはわからない、それが強盗なんです。なぜこのような建物に泥棒に入るのでしょう？　それは、かれらが人びとの日常をすでに知っているからです。

〔パウロ・エンリケ、男性、三八歳、エンジニア、妻は医師、一〇六〕

この引用では、使用人にたいする不信が繰り返されているわけではなく、日々の人間関係に存在する人種化《ラシアリザシオン》のプロセスが明らかにされている。管理人の顔をしているかもしれない人間を「強盗」と特定することで、このインタヴュー対象者は、管理人が黒い肌をしていることをほのめかす。彼が個人の見た目と強盗のリスクを控えめに結びつけるのは、実際のところ、婉曲化されたかたちでの犯罪行為の本質化である。

次に引用する女性の語りでも、危険とみなされた人びとの人種的フレーミングという、同様の婉曲化がなされている。彼女は、最も周辺的な地区を移動する際、自身が「おかしい」《ビザール》と呼ぶ人びとをとりわけひどく恐れている。そうした人びとを非常に独特なものにする特徴が何なのかを理解しようとすることに固執するこの回答者は、最後には、かれらの表現型《フェノティープ》〔生物の複合的で観察可能な特徴や形質をあらわす遺伝学用語〕の問題であると言葉半ばに認める。

ふだん、私はそこ〔郊外〕へ行きません。でも、頑丈な車を持っています。なので、どんな地区でもそれなりに安心します。郊外じゃないとしてもです。そのなかには、カンポ・ベーロ〔の地区〕がありますが、そこでは昨日、〔車が〕炎上しました。空港へ行くのにときどき通る地区ですが、車が頑丈でないと恐ろしいことになります。そこにいる人たちがあまりにおかしいからです。ああいう人たちさえ見かけます……。ドラッグとかを使っている連中です。(…)

――そのおかしさ《ビザルリー》をどのようにお考えですか?

私が言うおかしさというのは変《エトランジュ》だということです。私たちが習慣とする規範に合っていません。何人かの人たちが座っていて、ビールを飲んでいるバーを見ても、おかしくはありません。でも、そうした変わった顔をした閉鎖的な集団を見たらどうでしょうか? よくはわかりませんが、たぶんおかしいと思いますよね? でも、いずれにしても、信号で止まると恐怖を感じると私は思います。

――かれらが違《ディフェラン》っていると?

違っています。身だしなみが悪く、顔つきも、なんて言うか、より攻撃的、そう、より攻撃的な目つきをしていて、そこが違うと思います……。

――〔肌の〕色の問題ですか?

いいえ、〔色は〕……まざっ《メランジェ》ていて、混血《メティス》だと思います。言い換えれば、白人、真っ白な人たちを目にしたことは一度もありません……。〔それは〕混血の人たちじゃないですかね?

〔ファビオラ、女性、五九歳、企業家、夫は企業弁護士、一二四〕

公共スペースで出会う人びとを特定し、名指し、レッテルを貼る際に根拠とする人種的カテゴリーを明らかにすることを避けるためにこの人物が展開する努力は、サンパウロの高級住宅街の住民たちが、自らのレイシズムを覆い隠すための試みとしてとくに示唆的である。曖昧さは最後のひとことまで残り、彼女が「おかしな人たち《ジャン・ビザール》」という言葉で言おうとするものはいっさい明らかにならない。われわれがおこなったインタヴューのように、録音されるやりとりのなかでは、ふだんより自由に発言するというのはリスクが大きすぎるとみなされる。

次章でより詳細にみるように、このタイプの発話は、それが否定されうるとしても、やはり現実にあるレイシズムの話題を認めざるをえない、ブラジルの上流階級のとまどいとして特徴的である。

本質化はまた、上流階級が郊外の住民たちについて語る際にもあらわれる。いくつかのケースでは、潜在的な犯罪者は仕事をもたず、必ず貧困地区出身であり、悪さをする以外にすることがなく、金がないために必然的に犯罪行為に走るとみなされている。

私が治安の悪さを感じるのは、郊外にいて、昼からずっと何もしておらず、サンダルとTシャツでいる男たちを見たときです。良い印象をもちませんね……。(…)一度、グアルーリョスを通ったとき、郊外の真ん中を通過しなければなりませんでした。当時、ウニバンコ銀行で働いていたので、そこをしょっちゅう訪れていました……。(…)あぁ！　真っ昼間ですよ。その男はビリヤードをしていて、もう一人は何もしていません……。すると、何か良くない、治安が悪い感じがします。なぜでしょう？　男が金をせがむんじゃないかと……。彼は何もしませんが！

［マリーナ、女性、四〇歳、デザイナー、夫はM&Aディレクター、一〇八］

パリでは、治安の悪さはインタヴューにおいては本質的な懸念ではない。われわれが調査した上流階級は自ら、そうした危険性の欠如を、自分たちの地区およびよく足を運ぶ空間の社会的選択性としばしば関連づける。

イル＝ド＝フランスの四つの地区の住民にとって、――かれら自身やかれらの近親者によって――危険とみなされており、かれらにたえずあるいはときおり「気分が悪い《マル・ア・レーズ》」と感じさせるのは、何よりも、庶民的《ポピュレール》とみなされた空間と、そこを通過する公共交通機関の路線である。もちろん、かれらによるそうした空間の表象は、かれらが頻繁に、少なくともときどきは会う（あるいは会わない）人びとに依存している。こうして、かれらの大半が、とくに五区や一六区で数年あるいは数十年暮らしている人びとのほぼ全員が、リスクのある場所として自ら引き合いに出すのは、パリ市内の「庶民的」な空間、すなわち、とりわけ一〇区、一八区、一九区、二〇区――しばしば明示される地区は、ラ・グット・ドール、バルベス、ストラスブール＝サン＝ドニ、ベルヴィル、サン＝ブレーズ、ラ・ヴィレット、あるいはシャトー・ドー、ジョレス、スターリングラード、ポルト・ド・ラ・シャペル、北駅、東駅といったメトロや鉄道の駅――である。

パリの一八区と一九区のあいだ、一二区の一部などです。そこには、誰かに殴られるかもしれない場所があります。本当です。

［モーリス、男性、六三歳、大学の研究者、独身、三］

ストラスブール＝サン＝ドニは、明らかに私が夜に行かないところです。絶対に一人では行きません。この前も、一九時にこれくらいの――三〇センチくらいの――ナイフを持って誰かの跡を追いかけている男性を見ました。ストラスブール＝サン＝ドニやシャトー・ドーはもうたくさんです。ありえませんよ。ですから、ときどき思うんです。「ところで警察は何をしているんだ?」と。はっきり言ってしまえば、そこには売春婦がいます。メトロのストラスブール=サン=ドニ駅を出ると、そのあたりにたくさんいます。お店やモノプリの前です。そして、後ろにはその情夫たちがいます。(…)いかがわしい界隈《クール・デ・ミラークル》ですよ! 気が滅入っても仕方ありません……。

［エルサ、女性、四〇歳、プレタポルテ業の営業部長、配偶者は会社社長、八］

私は、パリのなかでは完全に安心しています。まあ、一八区や一九区、ちょっと微妙《サンシーブル》な地区には絶対に行きませんが。

［ジャン=ミシェル、男性、六七歳、技術職の元上級管理者、配偶者は文書係、四八］

イル=ド=フランスのインタヴュー対象者の大半がパリ北東の空間に強く感じる、こうした治安の悪さと不快の感覚はどこから来るのだろうか。そのうちの何人かは、治安の悪さと庶民階級が多く存在していることを、また反対に、かれら自身の地区の人びとの社会構成と、そこで治安の良さを感じていることを、明示的かつ自発的に関係づけている。実際に、イル=ド=フランスのインタヴュー対象者の大部分は、自分たちの地区を、またかれらが定期的に会う人びとのほぼ全員のことをかなり、さらには完全に信頼できると感じとっており、それゆえに、評判の悪い地区や郊外とのコントラストを——とくにヴィル・ダヴレーやル・ヴェジネでは何度も——強調している。したがって、大半の人びとは、身体的な不安は自分には関係がなく、例外的な問題だとみなしている。というのも、かれらの地区や、かれらがよく足を運ぶ空間の社会的選択性が、それを回避することを可能にしているからである。

お金をたくさん持っている人しかいない地区は安全だと思います（笑）。馬鹿げていますが、本当ですよ。お金がある人たちは、干渉しようとしないですし……、そういう通りではお互いに出会わないからです。あまり顔を合わせないと思います。かれらには十分満足できる生活空間があるんです。

［ジョフロワ、男性、三二歳、建築家・土木技術者、配偶者は医師、六一］

ここには、〔そうした〕人びとを引きつけるものは何もありません……。裕福でない人たちはここでは暮らしてゆけず、かれらは何も……。一時的に滞在する場所ですらありません。かれらはここでは何もできないんです。それだけは確かです。

［カロリーヌ、女性、五二歳、会計士、配偶者は公認会計士、四一］

他の区とくらべて、私はなぜ安心するのでしょうか？　それはやはり、ここには否が応でも社会的混合《ミクシテ・ソシアル》がないからです。

［ミカエル、男性、三四歳、コンサルタント・レストラン経営者、配偶者は教師、一九］

それにもかかわらず、とりわけ一六区においては、大半のインタヴューにおいて、また、退職者か退職年齢に近い回答者ではほぼつねにみられるように（一方で、より知的かつ進歩主義的で、さらには自らを左翼と自任する五区のブルジョワジーたちのケースではほぼみられない)、パリ北東部や、それ以外にかれらがときおり足を運ぶいくつかの場所の強いエスニックなまじり合いが、そうした空間の他者性と、そこでかきたてられる治安が悪く、不安という感覚を説明するためのフレーミングとして自発的にもちだされている。そうしたマイノリティの貧困層の地区には、人口が過度に集中していると考えられており、それが社会問題とみなされている。こうして、社会問題に一歩踏み込んだ、あるいは、そこにとりわけ際立ったかたちで交錯した「人種問題」はまさに、都市空間において潜在的に脅威をもった集団を名指す必要が生じる際に言及されている。

私はレイシストではありません、でも……、移民や、貧しいだけでなく、私たちと同じ習慣をもたない人びとがそうやって集中すると、その地区では気分が悪くなります。シャンゼリゼを散歩するのが不快なのと同じように、バルベス〔パリ一八区の移民街〕へ行くのも不快です!(…)以前は、私はパリ北郊の家に帰宅していましたが……。正直に言って、ドアカーテンは閉めなければいけませんし、急に襲われないことを祈ることになりますよ! ラ・クルヌーヴ〔パリ市北部の郊外〕に行かれたかどうかわかりませんが、そこはなんていうか、ラ・クルヌーヴなんです!

〔ギー、男性、六二歳、航空業界の技術職幹部、配偶者は医師、三五〕

たしかに、ラ・グット・ドール地区〔パリ一八区の移民街〕にいると……、そこでは、つまり、私たちは見かけがコーカサス〔白人〕ですし、私たちのほうが不信の目で見られますね。

〔ダニエル、男性、六二歳、元情報処理技術者、配偶者は無職、二一〕

リヨン駅に行くと、まったくもって信用できないやつらがたむろしているんですよ！　北駅に行けばもう！　まあ、私はある時期そこを利用しなければならなかったのですが、現在の北駅には気をつけています。(…) 住んでいる人たちのせいです！　まわりにいる人たちをご覧なさい！だから、私は……、レイシストにはなりたくないですが――私はまったく違いますが――、少なくとも言えるのは、そこかしこで不審な様子の有色人種《コロレ》を見れば、あまり安心しないと、つまり注意すると思いますよ。(…) いま、顔つきの悪い人たちが半分もいることはあまりないです。時間帯によりますが、ふつうは有色人種が三分の一くらいで、五〇パーセント以上なこともたびたびありますね。なかには、まったく穏やかな人や、誰かに悪さをしようとしない人もいますが、それ以外は、明らかに誰かに言いがかりをつけようとしているんです。

「フランソワ、男性、九〇歳、退職した大企業の元人事部長、配偶者は元教師、四二」

夜の八時か、八時から九時のあいだにシャトレ〔パリ市地下鉄網の中心〕にいたのですが、そこでは本当に居心地が悪かったです。白人は私一人だけだったんですよ！　混雑したホームにたった一人の白人！　人でぎっしり、大混雑です。そこでさらにこう思ったのを覚えています。「私は何をしているんだろう？　どこにいるんだろう？　本当にパリにいるのだろうか？」と。でも、レイシズムだと非難しないでくださいよ。うちの婿はアルジェリア人で素敵な人ですし……、私のルーツはユダヤ系です、だから……。わたしは……、完全に国際的なんです……。でも、白人は一人しかいなくて、黒い、黄色い、赤い、そんなふうな人の波のあいだにぽつんと白い顔があるという感じです……。とても息苦しい、そう、息苦しいんです。シャトレの外に出るのは息苦しいですね。こんなふうに息苦しくなったのははじめてでした。ふだんは気をつけているからです。

［モニック、女性、七二歳、主婦／退職者、別居中、五九］

私はというと、レイシストです。ひどいレイシストですが、それでも、メトロに乗っていると恐ろしい気持ちになると思います。いまや、こういうことを言うのは私だけではありません……。私は正直にお話ししているんです。

［アンヌ＝ロール、女性、六六歳、主婦、配偶者は会社社長、一］

つまり、ここで引用したいくつかのインタヴューにみられるように、また、他の多くのインタヴューにおいても、貧困層とマイノリティを治安上の脅威とみなすこともまた、われわれの回答者の大部分にたいし、「白人」集団(＊19)への帰属感覚を明示的に、あるいは、ある程度婉曲的に言いあらわす機会を与えている。このことにより、かれらが語る状況の人種的フレーミングがいっそう強化されているといえる。何人かのインタヴュー対象者は、いくつかの地区や、そこに民族的マイノリティが極度に集中していることにたいする恐怖を正当化しようとするために、自生的社会学《ソシオロジー・スポンタネ》〔ピエール・ブルデューの用語で、非専門家による社会問題の解釈〕を打ち明けてさえいる。たとえば、そうした人口集中は、白人にたいする「攻撃性」と呼ばれるものの直接的な原因であると考えられ、そこでは、民族的マイノリティが招かれざる者《アントリュ》とみなされることがある。

パリ北東の庶民地区はまた、民族的他者性の空間としてしばしば語られ、非難されることに加え、他のインタヴュー対象者からは、ドラッグ密売がはびこり、予測できない行動や反応をする麻薬中毒患者や、同様に、暴力を自制できない常習者（ディーラーたち）が——実際にあるいはおそらく——出入りする場としても指摘されている。

インタヴュー対象者たちは、パリ北東の地区よりも、庶民的な郊外《バンリュー・ポピュレール》には（さらに）行かない。そこが言及されるインタヴュー（五区と一六区では稀だが、ヴィル・ダヴレーとル・ヴェジネの人びとには多い）では、「箱型の建物（大規模公営住宅の建築形態の一つ）」や「郊外」は、（そこにいることにはリスクがあるが、通る機会がありうるために）回避する地区ではなく、より理論的に理解された「社会問題」として、また、とくにテレビ（＊20）やその他のメディアを通した、あるいはごく稀に移動する際の（場合によってはそこでのネガティヴな経験とともに）、非常に評判の悪い空間としてほぼつねに言及される。そこでは、とりわけ暴力的で、危険で、憂慮すべき場として、また、ドラッグ経済やその他の密売を支える組織化された犯罪行為がはびこる場として——少々感情的に——郊外が触れられることがある。

人びとがいつ密売をしているのか、それだけがわかりません……。パリで暮らすのには理由があります。私は郊外へは行きませんし、そこで暮らすこともないでしょう。その世界のことを知りませんし、子どもたちや私に恐怖を与えるのではないかと想像してしまうからです。

［ミュリエル、女性、五一歳、ジャーナリスト、配偶者は歯科医師、一七］

それでも、他よりも不安を感じさせる場所が私にはあります。（…）いつもニュースになるのは、特定の場所ばかりです。ですから、私はそこでは何もできませんし、いつも同じ噂ばかりを耳にします。もっとも、そうした場所での個人的な経験があるというわけではありませんが。

〔クロード、男性、三九歳、文書係、独身、四三〕

インタヴュー対象者のなかには、ごく一部、庶民的な郊外に行ってもなんら問題ないと断言する者もいるが、その場合、かれらは青少年期にそこで何らかのかたちで社会化〔を経験〕している。デリーでは、治安が悪いという感覚は、盗みや襲撃を直接体験したことがほぼ例外なくほのめかされるサンパウロほど強くない。それにもかかわらず、そうした懸念はかなり存在している。語りのなかで最も頻繁に言及されるのは、とりわけ女性にのしかかる脅威であり、そこでは、彼女たちにとってデリーがとくに危険な都市だという見解の一致がみられる(＊21)。実際に、性的な暴行の恐怖が繰り返し述べられている。ニーダによれば、デリーは、夜になると女性に安全な場所がない。

デリーでは、夜の八時か九時以降は、どんな女性も散歩しないほうがいいでしょう。プリヤ市場〔広場と映画館を中心に、一街区に中流階級向けの商店が並んでいる〕や、周囲にあらゆる国の大使館が集まっている非常に高級なヴァサント・ヴィハールであってもです……。

〔ニーダ、女性、二九歳、芸術企業家、独身、一九二〕

こうして、多くのインタヴュー対象者が、脆弱な状況に陥ることを避けるために日々とっている予防策を詳説する。たとえば、タクシーには絶対に一人で乗らない、故障や問題が起こっても見知らぬ者にはけっして助けを求めない、あるいは、公共交通機関の利用を控える、などである。同様に、男性がデリーにおける治安問題に言及する際、かれらがまず不安に感じるのは、かれら自身ではなく、かれらの配偶者や娘たちが身体的に傷を負うことである。男性として家族の女性を守る責任があると理解しているかれらは、デリーで最も危険と考える区域にしばしば言及し、「絶対に妻や娘をそうした場所に行かせません」と説明する。

デリーの高級住宅街の住民たちにとって、女性の安全の次に不安なのは道路である。かれらが街を移動することは、ある者の言葉を借りれば「島から島へ」行くことであり、そうした横断はかれらをある種の高い社会的混合に晒す。概して快適で高級なかれらの車は、本人たちではなく運転手が運転しているにもかかわらず、かれらはそうした「通過《トランジット》」の瞬間に脆弱性を強く感じとっている。そして、その行程はあらゆる不測の事態への服従として経験される。ナミタにとって、偶発的な事件と、彼女が言う予測不可能なあらゆることにたいするこうした強い恐れは、とりわけ、彼女の車の窓ガラスを叩きに来る物ごいへの不安である。

運転していると、何が起こるかわかりませんよ。それと、物ごいもすごくたくさんいます。夜中に運転すると、かれらは窓ガラスを叩きつづけます。恐ろしいです！

［ナミタ、女性、六七歳、繊維輸出会社社長、夫は流通企業グループ社長、一九八八］

しかし、都市の道路にのしかかる大きな脅威は、とりわけ、あおり運転《ロード・レージ》のエピソードのなかにあらわれている。これは、ドライバーの攻撃的な運転と、その結果生じる口論からなる事故のことを、インドの人びとが一般的に形容する言葉である（＊22）。道路の危険性へのそうした言及のなかでは、特定の集団がとくに問題にされている。それは、とりわけ事故の原因とみなされている（また、事故を起こすと運行を禁じられる）三輪タクシーの運転手、あるいは、土地を売ることで富を得ていて、多くのインタヴュー対象者によれば、やがて絶対的な権力を感じながら巨大な車を運転することになるとみられる人びとがいるジャートやグジャールである。都市の作法にまだあまり馴染《アキュルチュレ》んでいないのではないかと疑われているこうした人びとは、デリーの豊かな住民たちから最も恐れられている集団の一つである。そのため、スラーニは自分が行く場所を注意深く選んでいる。

都市の周辺で暮らし、いまではお金がたくさんある人たちが多くいて、かれらはいわばそこまで来ています……。いまや境界線はとても曖昧です。ですから、かれらは都市の村《ヴィラージュ・ユルバン》で生活しながらお金をたくさん稼ぐことができるので、私たちと同じ場所にやって来て、買い物をするんですよ。かれらは同じレストランで食事をしますが、まだあまり都会的ではありません。そういうことを実感すると思いますよ。ときどき、かれらから奇妙な目で見られたり、場合によってはそこでふざけられたり、また、からかうためだけに追いかけられることがあるでしょう。こうしたことはとても不快です。ですので、いまは夜遅くに出かけないようにしています。外出する回数を減らしました。どうしても出かけなければならないとき以外は、たいてい控えるようにしています。

［スラーニ、女性、三二歳、企業家、夫も企業家、二一四］

パリとサンパウロのように、デリーの高級住宅街の住民たちも、かれらが安全とみなす区域の輪郭を頭のなかで地図化し、境界を明確にすることになる。スリンダールにとって、その輪郭ははっきりとしている。

治安について言えば、ヤムナー川までです。(…)それより向こうではもう、自分以外に信じられるものはありません。ガズィヤバードやウッタル・プラデーシュでの噂を聞いていると思います……。そこでは、食うや食わずの生活です。ぎりぎりの、一か八かの、そんな生活です。でも、少なくとも、ここスンダール・ナガルでは(違います)。かれらは、この近くで暮らしている政治家たちのおかげだと言います。ですから、政治家たちにとっての治安は、偶然にも私たちにとっての治安でもあるんです。

［スリンダール、男性、七五歳、ビジネスパーソン、妻は主婦、一六七］

インタヴューをつうじ、南デリー(「サウス・デリー」)が都市でほぼ安全な唯一の空間であることが明らかになる。語りは断定的で、いかなる迷いもみられない。つまり、他の場所には足を踏み入れないほうがよい、というものだ。しかし、安全とみなされたこの内部でさえ、かれらは比較的限定された区域のなかでしか移動せず、自らが赴く場所をつねに注意深く選んでいる。そのように、かれらは南デリーで安心して出入りできると考えている地区の、非常に細かい境界画定をおこなっている。こうして、「ミドルクラス」あるいは「アッパーミドルクラス」とさえ簡単に形容される多くの場所は、回避すべき場所が触れられる際に自発的に言及される。居心地がよいと感じる場所を挙げるために、アントニーもまた、ためらわずに自身の「快適な区域」について話す。この示唆的な表現は、快適さを独占するための、都市空間の象徴的な領有をあらわしている。

北デリーのほうへはほぼ絶対に足を踏み入れないよう注意しています。東デリーへあえて行くなんてありえません。私の快適な区域は南デリー、デリー中心部、グルガオンです。（…）北デリーやアショーク・ヴィハール、またそうしたあらゆる地区に最後に行ったのがいつだったか。一〇年前に行きましたね。東デリーへは五年か七年前。ですから、私は街のこうした地域ではほぼ外国人です。

［アントニー、男性、五二歳、旅行代理店経営者、妻は主婦、二〇一〇］

自宅にいる際、高級住宅街の住民は使用人たちに用心している。自身と使用人たちの生活水準の極端な違いを自覚するかれらは、そうした隔たりが誘惑の源だと考えている。インタヴュー対象者の多くが、家政婦や運転手、料理人の月給の四、五倍ほど高い（あるいは、多くの場合それよりはるかに高い）費用をかけたパーティーを月に何度も催すのをかれらの家事手伝いたちが目にしていることに触れており、そのため、かれらはそのことがかきたてうるフラストレーションを心配している。大半の者にとって、家事手伝いが自分たちの財産にとっての主たる脅威であることにいかなる疑いもない。アールティもその一人である。

たくさんの盗みが……、少なくとも、デリーの個人宅で起こっていることは、私たちのために働いているスタッフと結託してつねにおこなわれていると思います。ですから、スタッフににらみを利かせ、不満があって不幸な者がいなければ、そこそこ快適だと思いますよ。

〔アールティ、女性、四四歳、主婦、夫は多国籍企業のインド子会社社長、一三八〕

使用人なしで生活するという考えは、デリーの高級住宅街の住民にとっては想像もつかないことであり、それゆえに、パターナリズムが、盗みや犯罪行為のリスクにたいする特権的な回答につながっている。したがって、家庭のなかで〔使用人たちが〕特殊な地位にいることをかれらに気づかせながら、かれらのフラストレーションのレベルが限度を超えないかをたえず注視する必要があるのだ。こうして、プリヤンカー〔次にみるインタヴュー対象者の女性〕と同じく、多くの人びとが、子どもの学費を代わりに支払うなど、使用人のためにしている努力は、かれらが「卑劣な行為にふける」のを目にするのではないかという不安に直接関係していることに触れている。同様のこうした不平等の強い自覚が、一〇人以上の回答者たちに、反乱や革命の恐怖を述べさせている。このことをいっさい疑わないアショーク〔男性、六五歳、企業グループCEO、一七〇〕は、インドは時限爆弾の上に立っており、反乱がいつ何時も勃発する可能性があると言う。他の者たちも、不平等の水準が、都市における犯罪行為をまちがいなく増加させることになると主張している。

上流階級にとって、使用人の次に最も疑わしい人びとは、国内の他の州やネパール、バングラデシュからやって来る移民労働者であり、かれらは高級住宅街で盗みを働くとみなされている。プリヤンカーは、こうした恐怖を繰り返し述べている。

デリーは犯罪の中心地とみなされています。犯罪、ひどい渋滞、過剰な人口、過度の混雑がなくならない大都市です。ここにはあまりに多くの人が、移民労働者たちがいます。生活費を得るために、誰もがデリーに来ようとします。映画界で有名になるためにムンバイに行きたい人たちがいるのと同じです。ですから、人びとは、デリーに来れば仕事が見つかると考えています。ここには、バングラデシュやビハール州、あるいはその他の場所から来る人びと、つまり、移民労働者としてやって来る人びとがたくさんいます。そして、そのことが、状況をほんの少し変えています。あまり安全じゃないんです。治安は悪くなりました。移民労働者がそうした治安のリスクの原因です。私たちの地区でも、建設現場があるときは、そこにいる労働者たちに厳しく接します……。現場の労働者のふりをしてやって来て、夜中にあちこちの家を襲い、強盗やそれに近いことを犯しうるのはそうした人びとだからです。（…）労働者の地区にいたことがある人が、家に侵入しようとしたという小さな事件がありました。地区での私たちのセキュリティのレベルは非常に高いですが……。

［プリヤンカー、女性、五〇歳、夫の企業グループの経理部長、電気通信部門の代表取締役社長、二二八］

全般的にみて、富裕層が抱く治安が悪いという感覚の強さは、三つの大都市ごとにヴァリィーションがあり、サンパウロにおいて頂点に達しているが、インタヴューの比較分析からは、恐怖を生み出すメカニズムのなかに、類似したロジックを見いだすことができる。三つの都市においてわれわれがインタヴューした人びとは、潜在的な危険性のある場所や区、地区を特定しており、そこには足を踏み入れないことを認めている。かれらは実際に、そうした場所の境界を画定することで、かれらにとって好ましくなく、身を守る必要のある人びとを名指している。用心すべき人びとを名指しする際にいち早く引き合いに出されるのは、移民たちの様子、たとえば、自制できない麻薬中毒者、あるいはまた、多くの不安をかきたてる住所不定者などである。また、使用人たちや、かれらに定期的に仕える労働者たちは、たえず不信の対象となっている。

◉——そうした脅威からどのように身を守るのか

サンパウロの上流階級が都市暴力に最も晒されていること、またかれらがこの分野における国家の怠慢を非難していることを踏まえると、かれらは、都市と自分たちの居住地区における治安を強化することがきわめて重要であると考えているといえる。こうして、都市景観を構成する最先端の保安技術とは別に、サンパウロの上流階級は、他の都市とくらべるとはるかに、監視対策と警察の出動が拡大することを望んでいる。大邸宅を取り囲むしばしば驚くほど高い壁、格子窓に覆いかぶさる威嚇的な有刺鉄線や電気柵、警報やビデオ監視システム、建物の前にいる武装した警備員は、かれらを完全に安心させるにはまったくもって不十分で、治安の要求には際限がない。

サンパウロにおける治安の感覚は、食事や医薬品を配達したり、マニュキュアのサービスや建具工事をおこなうためにそうした「要塞化した飛び地」に来る人びとにたいして、多くの場合、守衛室での身分証明書の提示を要求するほどである。ジャルジンスのある住民による、自身の住居のセキュリティ設備にかんする記述は、高級住宅街に課せられた絶えざる警戒心を説明している。そこでは、アクセスが厳しく管理されている。配達物の受け取りと住人への引き渡しを担当するのは守衛である。そしてさらに、かれらは多くの防護対策をおこなっている。実際、あらゆる侵入のリスクを回避するために、配達人は邸宅のなかには入らず、入口の門におかれた小さなボックスに小荷物を入れる。さらに、エレベーターの使用には暗証コードが必要となる。（一フロアに一つのアパートしかないため）家政婦たちはそれぞれ異なるコードをもっている。ある者がまちがったコードを二回入力するとエレベーターは停止し、そのなかに閉じ込められ、ビデオ監視システムにより見張られる。今日、この種の手段や設備は、おそらく治安〔感覚〕のエスカレーションを抑制するものが何もないサンパウロの都市景観においては比較的ありふれたものである。

強い不安を乗り越えるため、サンパウロの高級住宅街の住民たちは保安技術だけを当てにするのではなく、潜在的なリスクの予測と、最も危険とみなされた地区の回避をもとに都市を移動するという戦略もとる。たとえば、おこなわれたインタヴューからは、自動車での移動には、次のような基本的な予防策が必須であることが明らかとなっている。それは、窓ガラスを閉じて運転する、停止する際は、誰かが近づいてきていないかを見るために、毎回バックミラーを注意深く見る、行商人を避けるために横断歩道の付近では停止しない、カージャックされそうになった場合にすぐに逃げられるよう、他の車とは最低限の距離を保つ、日没後は赤信号で停止しない、あるいはまた、駐車したらできるだけ迅速に車を離れるか、つねに監視されたパーキングに駐車するようにする、などである。同様に、徒歩で移動する際は――都市での移動方法は、ごく短い行程であってももっぱら自動車であるため、徒歩は稀である（そもそも、どの店やレストランの前にもパーキングがある）――、宝飾品や貴重品を所持することは避けなければならない。しかしながら、徒歩で出かける際のリスクにたいする懸念は、居住地ごとにはっきりと異なる傾向にある。イジエノーポリスとジャルジン・パウリスターノの住民の多くは、自分たちの地区の通りを歩きまわることを良しとする。反対に、モルンビでは、この広大な空間である場所から別の場所へ行くために歩くというのは、とりわけこの地区がパライゾーポリスのファヴェーラに隣接していることから、考えられないことである。同様に、アルファヴィーレにおいても、買い物をする際は要塞化された囲いから出る必要があるため、自動車で移動することになる。

パリ都市圏では状況が異なる。たいていの場合、インタヴュー対象者たちは自分たちの地区を安全だと知覚しているが、それでもやはり、イル＝ド＝フランスの人びとは、暴力的な犯罪に被害者あるいは目撃者としてかかわったことがあると述べることが非常に多い（たとえば、一六区に住む回答者の約半数が、凶器が用いられるか、ひったくりによる窃盗事件に言及している）。しかし、地区での強盗はしばしば運命として、ある種の無関心とともに語られ、そうしたリスクは、かれらの身体的な脅威という感覚をともなわない。

強盗に入られた家があちこちにあります！　でも、そういう雰囲気ではなくて……（笑）、とても閑静ではあるんです！　とても、とても静かです。

［マリー＝カロリーヌ、女性、五七歳、画家、配偶者は弁護士、五五］

みんなはいつも定期的に行き来しています。現在、私たちはみんな警報システムを導入していて、それが作動すればお互いに様子をうかがいに行きます。ここでは、通りでの治安の問題はなく、私たちのところに強盗に入るのは、ほとんどいつも中欧からの人たちで、かれらは子どもを窓と格子のあいだに通しているんですよ。危険ではないですが、まぁ、とても不快です！

［アラン、男性、七二歳、石油会社の元エンジニア、配偶者は写真家、五七］

二〇一一年一月のこと、たしかそこで寝ていて、(…)あまりに暑かったので窓を開けていたら、かれらはバルコニーを通って押し込み強盗に入り、私たちはそこにいたんです！　かれらを目にしなかったので、私たちは少しはラッキーだったと思いますが、私のバッグと夫の腕時計が盗まれました。(…)別のときは、まさに作戦的な手口でしたが、当時私たちは後ろの部屋にいて、息子たちとも一緒だったので、同じく窓は開けたままでした。ですから、同じようにかれらはアパートを通り過ぎるだけでバッグを盗り、最後には散らかったものを盗みます。(…)残念ですが、よくあることです！　いまは窓を閉めています！(…)いいえ、それほどトラウマにはなっていません。

［シルヴィ、女性、四八歳、技術管理者、配偶者も技術管理者、五八］

そして、一見すると犯罪のリスクにかなり無意識的なこうした引用は、通りや交通機関での窃盗にかんするものにもみられる。

通りでハンドバッグを二回盗られました。それ以上のことはありませんでしたが……。彼はハンドバッグをつかみ、走って行き、私はその後を追いかけ、それでおしまいです。

［オーロル、女性、三六歳、営業管理者、配偶者はエンジニア、四四］

窃盗未遂などを目撃したことがあります。何度も目にしましたが、私はかなり安心しています。

そういうことには十分注意していますし、用心深い子どもたちを信頼していますから。

［アレクサンドラ、女性、四五歳、大会社の人事部長、配偶者は企業の営業管理者、四七］

強盗はもう、あちこちで……、でもふつうのことです、ここには購買力があるので。（…）かれらが革のジャンパーで合図をすると、それが起こるかもしれません……。まあ、でも世界の終わりではありません！　かれらには何も起こらないのですから！

［ローランス、女性、四八歳、広報責任者、配偶者はコンサルタント、五四］

多くの場合、相対的なセキュリティ感覚は、インタヴュー対象者たちが身体的な攻撃や脅威を同じように考えていないことによるものである。概して、些細なことでも感情的に告発されることが多いが、一方で、暴力行為のない窃盗にほとんど懸念が表明されないこともある。実際のところ、かれらの大半は車上荒らしや車輪の取り外し、車内の貴重品を盗むための窓ガラスの破壊、強盗の被害者になったという話をしており、事件の犯人が近所の者ではなかったことをほぼ確信している。それにもかかわらず、高級住宅街で活動する強盗や泥棒の大部分は、直接会うことがなく、身体的な脅威とはならないプロたちであるとみなされている（かれらは、金品を奪うためにアパートの居住者を負傷させたり、暴行したり、殺したりすることもなければ、残忍な仕打ちも誘拐もしないとされる）。

［そこでは］上流地区《カルティエ・ユペ》と、とりわけブルジョワ的な空間と庶民的な空間の両方を通る公共交通機関が、必然的にプロの窃盗のターゲットになりうること、そして他の社会集団とくらべて、貧困層――選択肢がより少なく、経済的なフラストレーションに晒されている――が必然的に金銭的な資産を奪う犯

罪者になりうることが、いずれもある種の確証とともに、不可避の困難として言明される。

　五区においても、多くのインタヴュー対象者が暴力事件を経験したことに触れている。かれらは事件を目撃したり、近親者や知人が被害者になったりしているが、とりわけそれが容易に予測しうること、また、回避戦略によってそれを逃れられる（「注意する」だけで十分である）ことを理由に、地区には治安が悪いという感覚が生み出されないと断言している。たとえばアルノー（男性、四一歳、一八）は、パリ中心部に二〇年いて、一度も襲撃や窃盗に遭ったことがないと説明したにもかかわらず、最後には、東駅のＡＴＭで預金を引き出していた際に、殴打されて一〇〇フランを盗まれたことを思い出している。しかし、この事件は彼にとってとくに重要ではないか、あるいは、自らの行動を変えたくらいのことである（「直感的なことです。ちょっと怪しい人たちを目にしたら、歩く道を変えます」）。ナタリー（女性、四五歳、一七）は、五区にある彼女が住む地区ではいかなる治安の悪さも感じず、この問題に触れる隣人たちにとってそれは「笑わせる」ものだと述べたほんの数分後、自分の若い息子が、彼がよく行くアレーヌ・ド・リュテス（円形劇場）で「喧嘩を売ってきた」「輩《バンド》」に何度か脅されたことや、そのうちの一度は、ある若者がナイフをもちだしたという話をしはじめた。しかし、こうした事件は深刻な脅威の兆候とはみなされていないか、せいぜい、当該の場所に出入りする時間帯にかんする注意を喚起する程度である。

　結局のところ、（ブラジルで観察されたものとは反対に）パリのインタヴュー対象者のなかに、火器の恐怖――それによって暴力の水準が急激に上がる可能性がある――に触れる者は一人もいない。こうして、乱闘を目撃した、さらにはそれに加わったと述べる人びとは、それが武器を用いた攻撃に変わることはないと自信をもって表明する。

デリーでは、高級住宅街の住民たちのセキュリティにたいする強迫観念と、かれらから語られる襲撃や窃盗にかんするエピソードの数が非常に少ないこととのあいだにギャップがあるが、インタヴュー対象者たちはそこにいかなる矛盾も見いだしていない。反対に、かれらにとってこのことは、大都市の住民を脅かすおもなリスクからの保護を可能にする、自分たちのセキュリティ戦略の有効性の証明である。かれらは、重大な危険に晒されうるのは、自分たちの生活様式がほぼ一様であるからだと確信している。襲撃や盗難に遭った友人から稀に耳にする話や新聞の三面記事をつうじ、かれらは自分たちを脅かす潜在的な危険を認識する。こうした漠然とした潜在的な不安によって、かれらは多くの予防策をとるようになるが、その一つが地区の選択である。

実際に、地区は治安を保障するうえで最も重要なものとみなされている。治安に値段があるとすれば、それは何よりも不動産相場と結びついている。一平方メートルあたりの価格、居住者の特徴、行政当局が近くにあるかどうかが、かれらの安寧を保障する指標とみなされている。そこでは、住民の社会的プロフィールが高まるほど警察が有能に働くという考えがしばしばもちだされる。こうして多くのインタヴュー対象者が、デリー市当局（MCD）ではなく、ニューデリー市当局（NDMC）に管理された都市の中心部（一般には「ラッチェンス・デリー」と呼ばれ、植民地政府の首都がコルカタからデリーに移転した際にイギリス人たちが居を構えた複数の地区を指す）のほうがきわめて治安が良く、警察官の数も多いと主張する。同様のロジックで、チャッタルプールの住民の多くが、自分たちの地区には「VIP」が極度に集中しているため、警察による非常に特別な警戒がなされていることを強調している。

しかしながら、地区の評判は治安を保障するのに十分とはみなされず、それ以外の多くの措置が動員されている。居住空間に囲いを設けることが絶対的に必要となり、それは地区ごとに異なった形態をとる。スンダール・ナガルやノイダ15－A地区は囲いで閉ざされており、地区の警備がしばしば厳しいものとなる。そこでは、ときとして弾薬の入った旧式の銃で武装した民間の警備員によって、個人の住居までもが警備されている。グルガオンでは、コンドミニアム〔全体〕のレベルでセキュリティが保障されており、より近代的かつ目立つ手段（テレビカメラ、自動化された柵、赤外線探知器など）がとられている。チャッタルプールでは、〔警備〕対策は非常に多様である。一部のファームハウスが小さなゲーテッド・コミュニティを形成するために統合されている一方で、その他は孤立したままであり、多くの民間警備員を必要としている（インタヴュー対象者の一部は、最大六名の警備員をフルタイムで雇用している）。ガウリにとって、グルガオンのコンドミニアムは都市圏を快適にし、彼女がよそでは見いだすことのないセキュリティ感覚を提供するものである。都市中心部の旧家の出であるにもかかわらず、彼女が〔グルガオンに〕居住する理由は次のようなものである。

セキュリティには三つのレベルがあります。（警備された）正面玄関。次に、（同じく警備された）建物の入口。そして、エレベーター内に〔監視〕カメラがあることです。デリーでこれらを得られるでしょうか？〔そこでは〕晩にパーティーから帰宅すれば、通りに車を停めなければならないはずです。夕食会から帰ると想像してみましょう。二三時か午前零時ごろに車を停めると、高級住宅街であっても、車から降りればまわりにどんな人たちがいるのかわかりません。そして、車から歩く一瞬に……。スンダール・ナガルでは、友人たちが車を盗まれました。スンダール・ナガルのど真ん中です。高級なＶＩＰ地区で、かれらは通りに駐車して……。（…）ですから、外に車を停め、夜中に歩き、午前零時に、財布を持っていて、宝石を少し身につけていても、誰もやって来ないでしょうし、何も盗みません。新聞を毎日読めばわかりますよ。つまり、ここでは、運転しながら構内に入れるんです。ここはセキュリティ化されたゾーンで、地下駐車場に車を停められますし、まわりには警備員がたくさんいて、安全な環境で（車を）外に出せて、安全に家に戻れます。

［ガウリ、女性、四六歳、コンサルタント事務所の経営者、離別、二〇一八］

それにもかかわらず、多くのインタヴュー対象者にとって明らかなのは、警備員の数が多いだけでは地区の安全は保障されないということである。同様に重要なのは、住民間の結びつき（＊23）が非常に活発であり、隣人との関係がきわめて濃密で、近所でお互いに監視し合う場所に暮らすということである。こうして、相互扶助、相互承認、地区の凝集性がしばしば決定的な要素とみなされている。

人びとは民間の警備員を雇っています。でも、私にとって、それは治安を保障するものではありません。というのも、かれらが警備するのは家屋だけだからです。そのまわりで起こることには何もしません。ですから、安全な地区にするためには、とりわけ治安問題に注意を払うすごくしっかりとした住民団体をつくる必要があります。私たちの住民団体は実際にとても強力です。人びとが隣人たちの利益にさらなる注意を払えば、セキュリティ化されたコロニーができるでしょう。人びとが他人に何もしなければ、安心はできません。お隣に警備員が一〇人いても、夜中に誰かがあなたの自宅に侵入すれば、誰も何もできません。だから、必要なことはより共同体的《コミュノテール》であることです。

［カヴィタ、女性、五〇歳、主婦、夫は繊維業グループの社長、二三一］

したがって、治安にかんしてデリーの裕福な住民たちのあいだで支配的な考えは、高級住宅街の外に踏み込もうとしない、晩に（とりわけ女性一人で）外出しない、特定の時間以降は一人で運転しないなど、いくつかの最低限の予防策をとりさえすれば、平穏に、リスクから免れて暮らせるであろう、というものである。つまり、回避と分離主義が治安の鍵であり、サイーフはそのことに満足している。

私たちのような人間はいつも乗り物のなかにいます。A地点からB地点へ行くときも、高級ホテルに行くときも、レストランに行くときも。危険かもしれない層《ニヴォー》とは付き合いません。

［サイーフ、男性、六五歳、政治家・ビジネスパーソン、妻は主婦、一九一］

一般的に、治安にたいする強迫観念は貧困層にたいする差別という形態をもたらす。上流階級の人びとは、貧困層が脅威であり、そこから身を守らなければならないという考えをつねにもっていることを調査は明らかにしている。極端な場合、治安にたいする強迫観念は、サンパウロのケースのように上流階級の人びとの考え方、感じ方、行動様式のなかに、日常生活や人間関係を構成する原則として、また都市生活者としてのアイデンティティの重要な構成要素として存在している。

富裕層が抱く、貧しい人たちから身を守りたい――あるいは、かれらと距離をおきたい――という要求は、二つのタイプの懸念にもとづいている。一つは、不潔さ、悪臭、自堕落さ、感染リスクにたいする不快感、もう一つは、治安が悪く、暴力、窃盗、襲撃が起こる環境［への懸念］である。これら二つの形態は、互いに共通の感覚、すなわち貧困層にたいする身体的嫌悪をあらわしているため、一つに結びついている。実際のところ、それらは同一のプロセスであり、他者――恵まれない人びと――の表情に暴力や汚れ、衰え、病を見いだそうとするものではないだろうか？　貧しい人びとが富裕層によって潜在的に危険だとみなされつづけるのは、富裕層には貧困層の日常的なふるまいの何もかもが脅威にみえ、それがかれらを動揺させるからである。

われわれがこれら二つの懸念の形態を、上流階級による好ましからざる特徴をもった貧困層という表象を補完する二つのおもな側面として扱ったのはそのためである。身体的な嫌悪感は、インタヴューのなかで、しばしばさまざまな形態による差異の本質化となってあらわれる。貧困層の近接性を原因とする潜在的なリスクのこうした知覚は、一部のケースにおいては、国家や公的制度だけでなく、とりわけ使用人などの、富裕層が日々の人間関係で接する人びとにたいする離脱主義や警戒心をもたらしうる回避プロセスにも起因している。これら二つの次元はどの都市においてもみられるが、これまでみたように、パリよりもサンパウロとデリーで顕著である。次章では、高級住宅街の豊かな人びとが貧困をどのように正当化しているのかについて論じる。

第四章　貧困を正当化する

高級住宅街の住民たちは、貧困の正当化を試みる際、論証のためにしばしば多大な努力を払う。マックス・ヴェーバーにおける幸福の神義論と苦難の神義論のように、かれらの論証のなかでは、自分たちの特権の正当化と、それ以外の人びとの不幸の正当化が同時になされる。とりわけ、収集された語りの二つの主要な側面は興味深い。すなわち、貧困を自然化させようとする試みと、新自由主義的、能力主義的イデオロギーにもとづいた言説である。

「貧困の自然化《ナチュラリザシオン》」からは、特定の社会集団の生まれつきの劣等性と、そうではない集団の生まれつきの優等性を公言するあらゆる言説とイデオロギーを理解しなければならない。そこでは、貧困層の運命は生物学的あるいは遺伝学的決定論、さらには神格化された決定論に属する定めに委ねられる。

新自由主義は、ミシェル・ラモンとピーター・ホールの業績（＊1）を敷衍すれば、経済理論、政治的イデオロギー、公共政策の哲学、そして社会的想像力を組み合わせた現象として定義できるだろう。こうした観点においては、能力主義のイデオロギーが新自由主義の重要な構成要素とみなされることがあるため、二つの側面を同時に論じる必要がある。実際のところ、社会的地位は個々人の能力に直接依存するという思想にもとづいた能力主義の考え方は、今日、既成の社会秩序を正当化するためにエリートたちが最も頻繁にもちだすものの一つである。

しかしながら、能力主義という概念が意味するものはつねに不確かである。実際に、それを標榜する諸々のイデオロギーは、先天的かつ後天的な構成要素の混合物によって特徴づけられた、能力《メリット》という概念にまさに起因する曖昧さに苦しんでいる（＊2）。そこでは「努力の意義」と「労働意欲」が主要な位置を占めているが、「生まれつきの才能」と「先天的な素質」もまた、能力主義と称されるシステムによって価値づけられることがある。したがって、不平等の自然化に属する言説と、能力の美徳を称賛する言説とを区別する境界は不明確かつ不安定である。このことの大半は、「受け継がれた」素質がある種の能力の欠如とみなされることがあり、同様に、未熟な社会化によって継承された素質が、「後天的」ではなく「先天的」な才能と同一視される傾向にあることに起因する。というのも、能力はつねに努力や勤勉さに規定されるとはかぎらず、それが継承されたものか後天的なものかを問わず、才能《タラン》という概念にもとづいていると考えられることがある。つまり、能力主義的イデオロギーは、それが価値づける素質《カリテ》の由来がまさしく何であるかを知ることに関心があるのだ（＊3）。そこでは、後天的か先天的かはほとんどたいした問題ではなく、素質が存在することが重要となる。そのため、「能力」にかんする言説が、ほぼ相矛盾するかたちで、才能や生まれつきの素質の結果としての成功を強調する言説ときわめて頻繁に結びつけられる。能力を定義するなかで、結果すなわち成功は、それを獲得する方法よりもしばしば重要である。

このような不確かな境界にたいし、それをより明瞭にするために、われわれはまず、貧困を自然化しようとする言説を分析することになる。次に、新自由主義および能力主義のイデオロギーにもとづいた発言を検討する。三つの都市でおこなわれた一連のインタヴュー結果は比較的類似しているが、とりわけ貧困の自然化にかんしてはヴァリエーションが顕著にみられる。パリでは、他の二つの大都市にくらべると自然化がほとんどみられず、インタヴュー対象者たちの多くが、自分たちの家族および地元における社会化の利点と長所を認めている。かれらが自然化の誘惑に屈する場合、一般的に、特権的な人びとの遺伝的素質と仮定されたもの、あるいは反対に、最も貧しい人びとを苦しめる文化的（および非生物学的）欠陥が強調される。発言のなかでは、人種への言及はどちらかというと婉曲的になされ、それがあらわれる場合も、どちらかというと生物学的というよりは文化的な形態をとる。サンパウロでは、遺伝的素質とみなされたものの重要性が強調され、レイシズムは存在するものの、しばしばきわめて公共的な文脈に覆い隠されている。デリーのインタヴュー対象者についていえば、カーストという基盤のうえにある貧困を自然化するための発言が、きわめて頻繁にもちだされるという点で特徴的である。そのために、かれらは一方では業《カルマ》の理論を強調し、他方ではカースト集団間の文化的差異を肯定する。

新自由主義的、能力主義的イデオロギーへの言及にかんしては、さほど顕著な違いはみられない。三つの〔都市の〕ケースでは、仕事《タシュ》を厭わないような富裕層の能力、貧困層の怠惰とみなされたもの、市場のバランスを乱しうる国家の過度な介入主義の告発が強調される。それにもかかわらず観察された差異は、何よりも、それぞれの国家に固有の介入様式および再配分政策の特殊性に起因している。高級住宅街の住民たちは、インドにおいては留保制度（すなわちクォータ制）を、ブラジルではボルサ・ファミーリアの影響を、フランスでは積極的連帯所得手当（RSA）を非難する。そうしたなかでも、フランスではRSAという措置への批判がほとんどみられないことが特徴的である。というのも、インタヴュー対象者の大半がその社会的重要性を認めようとしており、「被扶助者《アシステ》」にたいする告発は、他の二つの国ほど極端ではないようだ。それでも興味深いと思われるのは、資本の蓄積と社会的再生産という美徳が、三つのどの都市においても称賛されないことである。不平等の正当化がそこにあるとしても、それが特権の再生産戦略〔というコンプレックス〕から解放されて主張されることはけっしてない。むしろ、特権の正当化は、能力というレトリック、あるいは不平等の自然化のレトリックの背後に隠されることが多い。

1　レイシズムと貧困の自然化

多くの収集された語りでは、特定の集団の構成員（女性、黒人、ダリット、労働者など）を苦しめる貧困の「自然な」性質を正当化しようとする特徴がみられる。そうした語りのなかでは、レイシズムの次元に属するものが中心的な位置を占めている。すなわち、広い意味では、特定の社会集団に内在する劣等性と、それ以外の集団の優等性を専断するあらゆるイデオロギーを、レイシズムに属するものと定義することが可能である。レイシズムは伝統的に人種《ラス》という概念にもとづいているが、一方でエティエンヌ・バリバールは、脱植民地化と、ある一つの公共空間における人間性の分裂によって、ある文化にたいする帰属の決定論的な標識が人種にとって代わることだと指摘している。「生物学的あるいは遺伝学的自然主義だけが、人間の行動や社会的帰属の自然化の形態ではない。(…)文化もまた自然のものとして、とりわけ個人と集団を系譜学、すなわちはじめから不変かつ不可侵な決定のなかに閉じこめる方法として機能しうるのである」(＊4)。このような、「生物学的」というよりもむしろ「文化的」な側面の強調は、それゆえに、人間集団の序列化と本質主義的分類のあらゆる誘惑を明らかにするものである。たしかに、レイシズム的イデオロギーは、社会的ヒエラルキーの正当化を肯定するための強力な道具である。そこでは、特定の集団が特定の地位を占めることは「運命づけられて」いない一方で、それ以外の集団は、特定の社会的機能を果たすことが「自然に」必要とされる。

　したがって、レイシズムは、われわれが調査をおこなった三つの国で目にした、不平等の正当化の一つの形態であるが、それが根拠とするものはつねに異なる。インドの文脈では「カースト主義」を論じることができ、フランスでは、一連のレイシズムは植民地の経験のなかで非常に曖昧につくりあげられたものである。ブラジルにおいては、人種問題《ケスティオン・ラシアル》は異なった形態をとり、沈黙のヴェールの裏側にしばしば身を潜めている。そして、その他の「自然化」言説は、特定の性質の保持と、ある集団への帰属とのあいだの等価性にもとづいているのではなく、より個人的で、特定の性質はそれぞれの集団に偶然配分された遺伝子配列と結びついているという考えに集中しようとするものである。挑発的ではなく、婉曲的で、最も貧しい人びとの地位の恣意的な割り当てを正当化する、人間の性質の生物学的起源にかんするそうした言説は、反対に、才能の源泉を個人化しようとするのである。そこでは、才能はまるで無作為に割り当てられたもののようであり、そのため、「遺伝子的くじ引き《ロトゥリー・ジェネリック》」という考えが維持される。しかしながら、このような、諸個人の集団に素質を割り当てようとする明らかな意思が存在しないことは、人と人の間の平等は不可能であるという強い前提を根拠としている。したがって、切り離すことのできない遺伝的不平等性への信仰は、あらゆる平等主義的な狙いを根本から揺るがすことになるきわめて悲観的、運命論的、諦念的な人類学《アントロポロジー》をもたらす。今日においても、人種という思想に新たな意味が見いだされつづけているが、社会的《ル・ソシアル》なものについての遺伝学的考え方の通俗化が、その主たる基盤の一つとなっている（＊5）。それゆえに、このタイプの図式は、ブラジルやフランスで支配的なサイレント・レイシズムにとくに当てはまる。

いずれにしても、不平等の自然的性質にかんするこうした言説は、アルバート・ハーシュマンが分析した「反動のレトリック」（＊6）の三つの主たる構成要素の一つである「無益」のレトリックと無関係ではない。というのも、この議論は、講じられる対策が何であれ、根源的に不変的でありつづける世界の秩序を変えるものは何もないであろうという考えのうえに立っているからである。

◉——業《カルマ》とカーストの教義によって貧困を正当化する

パリやサンパウロと異なり、デリーの上流階級においては、インタヴュー対象者の約五分の一が、業《カルマ》の神義論を強調する言説を繰り返す（＊7）。業という教義は、個人の運命に違いがあることを理解するためにしばしばもちだされる。そこでは、運命は個人の責任と称されるものから生じるために、よりたやすく正当化されるものであるらしい。たとえば、インタヴューの冒頭で、現代インドにおいてはカースト制度が消滅しているという確信を表明していたヴァンダナは、それにもかかわらず、この教義にかんするある種の解釈に深く根ざした信仰をもっているようにみえる。

私たちがどのように生まれるかは、業と結びついています。私が嘘つき、泥棒、詐欺師で、そのまま暮らしつづけていれば、私の人生は悲惨に終わり、悲惨な家族のもとにふたたび生まれるでしょう。けれども、良い業、良いおこないを満たせば、……生まれ変わる可能性がとても高いのです。結局のところ、その可能性はないんです。私がそう生まれ変わる……。私は通りにいる貧しい物ごいにはならないでしょう。幸福な環境のもとにふたたび生まれるでしょう。

［ヴァンダナ、女性、五二歳、カルマカウンセラー・主婦、夫は化学製品取引会社社長、一二七］

そして、こうした信仰によって、富裕層は貧困層にたいして極端に運命論的な眼差しを向けるようになる。かれらはそこで、軽蔑をにおわせながら、貧しい人たちが自身の生まれの偶然性に悪戦苦闘していると指摘する。スリンダールが確信をもって伝えるのは、次のような、自らの過去の人生の結果とたたかう貧しい人びとの非情な「状況確認」である。

わが目を疑うほど、かれらはとても無垢で無知です。まったくもって目を疑います。非常に無知で、単純な人たちです。生まれたときから悲惨であることで、かれらは前世の悪行の代償を支払っているのです。

［スリンダール、男性、七五歳、ビジネスパーソン、妻は主婦、一六七］

つまり、デリーの高級地区に住む、大半がヒンドゥー教徒かスィク教徒の住民たちが、〔業という〕教義をこのように再領有《レアプロプリアシオン》する態度は、それが個人の状況の改善に可能性をひらきつつ、社会秩序

——道徳的あるいは非道徳的行為のしかるべき結果とみなされている——の自然化を可能にするということのなかにある。というのも、何人ものインタヴュー対象者が繰り返すように、業《カルマ》の理論は人生におけるある種の贖《あがな》いを可能にし、上昇不可能な地位を生まれながらに割り当てることを意味しない。したがって、業にもとづいた神義論は、おこない《アクト》と結びついているために、能力のイデオロギー、あるいは現在や過去のおこないによって獲得された徳《ベネフィス》のイデオロギーでもある。その結果、個人の責任という独自の概念が生まれる。貧困層の運命が哀れむに値しないことを暗示しながら、この理論は、哀れみ《コンパシオン》の柱の一つである貧困層の犠牲化を拒絶する。

そのうえ、業の宇宙論が伝播し、存続していること以上に、収集された言葉は、特定の社会集団に託されているとみなされた、素質の本質化の通俗性を物語っている。そこでは、インタヴュー対象者の大多数が、インドの社会空間を、根本的に異なり、相いれない諸集団から成るものとして理解しているとみられる。このような、根本的に異なるアイデンティティと文化的指向対象にもとづいた共同体を並置する、細分化された社会という他者化する表象は多種多様な形態をとり、語り全体のなかに浸透している。このことは、ノイダ15－A地区で暮らすビジネスパーソンであるサビータへのインタヴューのなかでうまく言いあらわされている。彼女は自身の長い海外経験を根拠に、インド社会の細分化にかんして客観的であろうとしながら意見を表明する。

インドは奇妙な国で、私たちは奇妙な国民《プープル》ですよね？（笑）（…）現在、カースト制度はそれほど強固なものではないでしょうが、それぞれが異なる出身なので……（…）。かれらの考え方、心理《プシコロジー》、社会的《ソシオロジー》なふるまい……。それらはみな大昔から違っているんです。つまり、かれらが近代的であると最初は信じることができるのですが、実際はそうではありません。私は少しずれているインド人なので、こうしたことに気づくことができます。ですから、私は出会う人びとによって自分のレベルを下げたり上げたりします。非常に柔軟でなければならないのです。

［サビータ、女性、五四歳、繊維産業のコンサルタント、独身、二三九］

インド社会についてのこうした解釈は、宗教やカースト、収入、地理的出身にかんする差異への言及をベースとしている。いずれにしても、そこでは、しかじかの集団への帰属を想定することで、非常に特殊な素質が個人に帰されている。デリー周辺の州の支配的な農民カースト（ジャート、グジャール）はしばしば、こうした本質主義的でスティグマ化される最大の対象となる。その理由はおそらく、かれらの一部が、宅地化可能な農地の売却から得た収入によって、エリートのテリトリーに出入りすることに成功しているからである（＊8）。チャッタルプールに住むアムリーシュの語りはこの点にかんしてきわめて明瞭で、豊か《エザンス》さによって階級やカーストによるレイシズムがもたらされうることを明らかにしている。

ウッタル・プラデーシュは好きではありません。正直に言うと、ウッタル・プラデーシュの人びとも好きではありません。（…）かれらはあまり洗練《シヴィリゼ》されていないと思います。あまり洗練されておらず、いかれていて《ヴォワイユー》、やかましく《ブリュイヤン》、むかつきます《デグタン》。とにかく好きではないんです。私たちの文化ととても違うので、ラージャスターン人として私はかれらにただひたすら嫌悪を抱いています。とても、とても違います。（…）ウッタル・プラデーシュは評判の悪い地域です。誰もそこへ行きません。夜に子どもたちや妻をそこへ行かせることは絶対にないでしょう。ジャナクプーリやカロル・バーグ、パンジャービー・バーグ（これらの地域は、ウッタル・プラデーシュではなくデリーにある）にも行かせません……。（…）不幸にも、デリーはヤーダヴ、グジャール、ジャート（農民カースト）、スィク教徒、パンジャーブ人に取り囲まれています……。全員ならず者なんですよ。あなたが目にするかもしれないきわめて闘争的な分子はみな、デリーの周辺で暮らしています。本当に最低です。かれらはデリーに押しかけてきて、デリーの近くで暮らします。グルガオンに降り立つと、ヤーダヴとジャートがいます。私が住んでいるほう（東チャッタルプール）に行けば、グジャールがいます。デリーの北部に行くと、ジャートしかいません。〔州〕境とヤムナー川を渡り、デリーの反対側に、そしてノイダのほうへ行くと、ジャートとヤーダヴだらけの地帯《サンチュール》です。ですから、デリーを取り囲み、デリーに潜り込む共同体は、ならず者の集団なんですよ。かれらは攻撃的な性格ですから。失業のせいで、非常に多くの金が流れ込むために、土地の売却によって……。突然、土地の価値がなくなったのは一五年前……。私が言いたいのは、ある男が一エーカーの土地を売れば、ロールスロイスを手に入れられるということです。だから、そうしたやつらは完全におかしくなります。シングルモルトを飲み、ジャガーを飛ばして動きまわる、完全な礼儀知らずです。いかなる文明も文化ももっていません。何もないんです。チャルパイ（編み物のベッド）の上で壊れたフーカー（水タバコ）を吸っていた身分から、莫大な金を持ち、自分たちがしたいことができると思える身分に変わったんです。そこでは、女性が最初のターゲットにされます。というのも、かれらはジーンズやスカートを穿く女性を見ると、フリーで騙されやすいと反射的に思うんです。家にいるかれらの妻はいつもブルカを被り、つねにパルダ（ヒンドゥー教とイスラームにみられる男女を隔離する規則で、南アジアの多くの共同体に存在する）の実践にしたがっているからです。かれらは自分の妻をそのような状態に抑え込みますし、そうしたふるまいを女性たちに期待します。けれども、ショッピングセンターやデリーの南部、ナイトクラブやレストランに足を踏み入れ、突然、肩をあらわした女性なんかを見た瞬間に反射的に考えるんです、「おぉ、ほっそりしてる、あばずれ《ガルス》がいる！」と。私が言いたいのは、かれらは、その女性が快楽のためにそこにいると考えているということです。かれらはそういうメッセージだと受けとめるんですよ。そうした状況に晒されたことがそれまでなかったせいです。それ以前は一度も目にしなかったんです。映画のなかで、おそらく、成人向けの映画やそのようなろくでもないもの《メルド》のなかで見たことがあるせいで、そんなふうにふるまい、そういう格好をし、タバコを吸う女性のすべてが尻軽だとかれらは考えています。

［アムリーシュ、男性、四二歳、政治家、妻は主婦、一九〇］

アムリーシュの語りは、生まれながらに暴力的かつ攻撃的で自制心がなく、文化的に遅れており、性の平等を認めることができず、不道徳、さらには背徳的であり、急激な富裕化によって首都の社会秩序を危険に晒す存在とみなされた、デリーのジャートにのしかかる偏見の総体を著しく反映している。この集団についての彼の理解は広く共有されているものと同じで、〔この〕カーストのアイデンティティの特徴は文化的自律であるという考えにもとづいている。アールティは、インド社会を異なる諸集団に細分化することが、分離主義に直接つながっていると述べる。そのうえ、彼女は個人間の平等という考えを完全に退けている（＊9）。実際に、貧困層や使用人とは対等に話せないというアールティの主張は決定的なものである。

インドに特有なのは、ここでは人びとが階級の違いを強く自覚しているということです。(…)ある種の社会階層《ストラット・ソシアル》に属していると、その層の人びとが足を運ばない場所には行かないでしょう。まったくもって何もすることがないからです。スノビスムとか、そうした類のものではありません。たんにそうしたことはしないというだけです。(…)まさしくそれが社会的条件づけ《コンディショヌマン・ソシアル》だと思います。人びとは、階級の違いにきわめて注意するよう条件づけられているのです。たとえば、私のところで働くスタッフは非常に貧しいです。私はかれらの面倒をみています。でも、かれらと対等に話すことはけっしてありません。おそらく、かれらが私たちとはとても違う階層の出身だからです。かれらが都市で生活していたとしても、かれらが住むことのできるような場所は、私が住んでいるところとは相当違うでしょう……。つまり、これら二つ(ママ)はまったくもってまざり合わないでしょう。まざることは絶対にありえません。それが現実なんです。

[アールティ、女性、四四歳、主婦、夫はインドにある多国籍企業の子会社社長、二三八]

◉——「急進的民主主義」の神話とレイシズムの婉曲化

今日、ブラジルのエリートのなかでレイシズムは強烈なタブーである。そのため、外部の観察者は、きわめて制度化した強いレイシズムを特徴とする状況があるにもかかわらず、エリートたちがレイシスト的考えを公に表明することは非常に稀であると証言する。このパラドクスは、数多くの研究によって明らかにされている(*10)。

このような、あらゆるレイシスト的信仰の形態や差別の現実的実践を認めることの困難は、この国における人種という概念の変遷と部分的に結びついている。ブラジルにおける人種カテゴリーの変遷を描き出したアントニオ・セルジオ・ギマランイスは、一九世紀後半に、奴隷の生物学的劣等化と優生学的理論の動員にもとづいたレイシズムから、アフリカの黒人を犠牲にして白人およびヨーロッパ人労働者の雇用を優先するポスト奴隷制の移民政策への移行がどのようにおこなわれたのかを明らかにしている（＊11）。この政策は、「人種の漂白」という希望、すなわち人種の混交《ブラサージュ・ラシアル》によるムラートと黒人の段階的消滅のうえに立っていた。

リリアン・シュヴァルツが主張するように、「混血（メスチーソ）たちの表情が、国の生物学的、文化的混合《シンクレティズム》を象徴し、サンバやカポエイラ、カンドンブレ〔アフリカの宗教に由来するブラジルの民間宗教〕、サッカーのような文化形態に体現される真のアイコンとして称揚され、仕立て上げられている」（＊12）。このような、完全な混血（＊13）という理想を目指す社会という神話は、ブラジル人たちの意識のなかにしだいに、ついには、レイシズムの現実を覆い隠すヴェールとなった。

しかしながら、今日のブラジル社会は、「急進的民主主義」が安定化したとはとうてい言えない状況であるため、「サイレント・レイシズム」（＊14）について論じることで、L・シュヴァルツの言葉を援用することがよりふさわしいであろう。実際に、人種問題は偏見の終わりと差別の弱まりを叫ぶ言説の影響力のもとで棚上げされている。奴隷制の終焉と権利の平等の宣言がレイシズムの終わりを告げたため、人種の調和を信じ、人種対立のあらゆる事例《アンスタンス》を余談の領域に追いやる上位中流階級ならびに上流階級のブラジル人が多くいる。したがって、L・シュヴァルツによれば、サイレント・レイシズムは法律文書の遂行的性質の確信や規範としてではなく、もっぱら規範からの逸脱としての差別というイメージの裏側に身を潜めている。レイシズムを極端なかたち《フィギュール》や罰せられるべきあらゆる自明性《エヴィデンス》に投影することで、そこにある偏見を特定する反省的能力が抑圧され、差別の日常性が不可視化される。レイシズムとは必然的に他者のおこないであり、自分自身のそれではけっしてないのである。

こうして、人種の平等性が支配的なブラジル社会への信仰は、ブラジルのインタヴュー対象者たちの表象に浸透するレイシズムの客体化の実践を困難にしている（＊15）。そのため、〔レイシズムは〕印象的な挿話によって、とりわけ北東部の人びとの移住が問題になるときにしか言及されない。実際に、サンパウロでは移住者、おもに北東部の人びとのことを中傷し、国内の移民現象を断罪する言説が一般的である。国内で最も黒人が多い北東部《ノルデステ》の地域は、直接名指すことなく、換喩《メトニミー》によって人種化された集団について語らせつづけているのである。ジャルジン・パウリスタの地区に長いあいだ住んでいるイタリア系のカロリーナは、彼女にとって、北東部の人びとは生まれつき怠惰で、イタリア人や、さらには日本人に特徴的な仕事にたいする情熱を欠いていると包み隠さずに語る。

> 北部やとりわけ北東部では、雰囲気それ自体が人びとを怠惰でだらしなくしています。文化的なものですね。サンパウロはそうではありません。サンパウロでは、人びとは走りまわっています……。（…）以前のサンパウロのほうがずっと良かったです。暴力行為が増加しました……。（…）不幸なことですが、仕事が見つからない人びとが暴力に頼るんです。（…）使用人たちにそのことを指摘します……。何度も、何度も、何度も繰り返さなければなりません……。難しいですね。彼女たちはサンパウロに来ても、私たちのライフスタイルをとりいれられません……。かつての移民たち、たとえばイタリア人や日本人、ここにやって来たヨーロッパの移民たちがサンパ

ウロをつくりました……。かれらがサンパウロを大きくしたんです。そして日本人やアラブ人も。（…）ここサンパウロで北東部の人たちについて話すときは気をつける必要があります。かれらは私たちの言葉の意味をねじ曲げるかもしれません。ですから、私は率直に言います。かれらには何も反発はありません。そうではないんです……。なんて言うんでしたっけ？　偏見のある人のこと。いいえ、偏見ではないですね……。そうではなくて、各州の政府、とりわけ連邦政府は、誰もが自分の出身の州で、つまり地元で生活できる手段をもてるようにしなければならないでしょう。

［カロリーナ、女性、七四歳、元弁護士、死別、一一九］

パウリスタの人びとには、北東部の人びとよりも日本人移民とアラブ人移民とのあいだに強い文化的近接性があるという考えを主張することで、カロリーナは、北東部の人びととの他者性の根源にあるものに不信を抱いている。それは、北東部の人びとの大衆的、農村的出自と、かれらが、それ以外に言及された集団よりも多くの場合、あるいはそれ以上に「黒人」または混血であるという事実に由来するとみられる。ピエール・ブルデューが「モンテスキュー効果」（精神《エスプリ》形成にかんする環境《クリマ》の役割についての哲学者の問いに準拠したもの）（＊16）と呼ぶものを隠れ蓑にすることで、カロリーナは、この点で彼女の隣人たちの多くを模倣しており、断言することを慎重に回避しながら、パウリスタの人びととの語りのなかで非常に一般的な換喩の背後に自身のレイシズムを覆い隠している。

こうした見解は他のインタヴュー対象者にもみられる。たとえば、イジエノーポリスに住むユダヤ系商人のカルロス・アウグストがそうである。彼は、日本に出自をもつ顧客の一人から教えられた、バイーア州に住むある日本人〔日系人〕家族の物語を根拠に、北東部の人びとにたいする自身の偏見を強固にしている。この家族の子どもたちは、学業を修め、イスラエルの灌漑技術をとりいれることで開拓事業を発展させたという。つまり、この家族は、自分たちの慎ましい境遇を我慢するためにタバコを吸い、コカ・コーラを飲みながら、不潔さのなかで生きる北東部の怠惰な隣人たちとは異なるという話である。

貧しい《ポーヴル》という言葉は、本当に分析しにくい言葉です。誰が豊か《リッシュ》で、誰が大富豪《ミリヤデール》なのでしょうか？ それは、自分が持っているものに満足している人のことです。ですから、お金というのは相当おかしなものです。（…）二つの事例をお話しします。日本人を相手によく商売していた時期がかつてありました。私は日本人のフクシマさん、ドイさん、マモロさんと友達になりました。（…）フクシマさんは私に、ある日本人の一族《ジェネラシオン》が、サン・フランシスコ川に近い〔北東部の〕バイーア州に居を構えたことを話してくれました。〔当時、〕政府は一区画を二一九区分の耕作地に分割しました。そして日本人たちにはそのうちの一つを、二一八〔区分〕を自国の人びと〔「同胞《パトリシアン》」〕に同じ条件で割り当てました。四、五年後、日本人たちは協同組合を設立し、何もかも担います。子どもたちは、かれらが自ら購入したバスに乗って街の学校に通っていました。最年少の子どもたちもそこで学んでいました。プランテーションは緑でいっぱいでした。かれらはそこにイスラエルの灌漑技術を導入します。〔一方で〕「同胞《パトリシアン》」の土地では、非常に汚い片手鍋を使って料理をしていました。そうした家族のなかでは、誰も成功しませんでした。何もかもうまくいかなかったのです。（…）かれら〔北東部の人たち〕は国家を、ボルサ・ファミーリア、ボルサなんとかというやつを父親のように考えます。だから、頭の良い人がやって来て、スーパーマーケットを開業し、かれらの金をみんな召し上げます。かれらは一杯のコカ・コーラを飲み、一箱のタバコを吸えば、裕福で満たされていると感じるんです。（…）だから、そのせいでこうした人たちは援助を必要としているという話です。

〔カルロス・アウグスト、男性、六二歳、商人、妻も商人、九二〕

このように、サンパウロの高級住宅街の住民たちの多くが、北東部出身者の人口がサンパウロで増大していることの影響を懸念し、大都市における諸問題の増加をかれらと結びつけている。このタイプの言説は、北東部の人びとにたいするレイシスト的偏見を、国家の放任主義《ラクシスム》の告発の背後に隠そうとするイザベーラの語りのなかにもみられる。彼女の語りの一番の対象は公権力の対応の欠如であるが、その言葉にある強固な前提は、北東部の人びとの人口学的ヘゲモニーという幻影にとらわれている。そこではかれらが、人口増加によって、自分たちの文化に刻まれた逸脱的実践《プラティック・デヴィアント》を通俗化することで大都市を腐敗させているとされる。こうした人口学的脅威の強調は、「大置換《グラン・ランプラスマン》」〔フランスの作家ルノー・カミュによる、エリート層の陰謀によって白人人口が減りイスラーム系移民に置き換えられると唱える極右陰謀論〕というフランスの外国人嫌悪的恐怖《ゼノフォビア》の遠いこだまのごとく鳴り響いている。

北東部の人びとがたくさんここに来ました。雇用や適切な賃金があるからです。かれらは仕事と住居を得ました……。そして、きょうだいや子ども、妻たちを呼び寄せはじめました……。こうして、北東部出身者が増加したんです。非常に多く。増加したことで、何が起きたでしょうか？　殺到して……。かれらには子どもがたくさんいて、どんどん増えました。異論があるわけではありません。かれらには移動する権利があります。さらに、サンパウロには雇用がありましたから……。だからかれらはここに来たんです。それで何が起こったでしょうか？　街は非常に大きくなりました。なりすぎました。パウリスタの人間である私自身が街の地区のことを知らなくなるくらい、あまりに大きくなったんです……。（…）では、何が起こったのでしょうか。貧困が非常に増えました。（…）パウリスタの人間はいまや北東部の人間だと……。（…）中流階級の家庭には子どもがほとんどいません。かれら〔パウリスタの人間〕にはいます。これはレイシズムでもありませんし、偏見でもなく、現実なんです。（…）貧困が増え、犯罪が増え、何もかも増えています。（…）政府は何もしない……、何も統治していないと思います。

〔イザベーラ、女性、七四歳、元心理学者、元夫は医師、一一四〕

多少とも巧妙に隠されたレイシスト的偏見の向こう側で、パウリスタのインタヴュー対象者たちは、とりわけ個人の才能の源が問題となる際に、不平等をきわめて明白に自然化する。たとえば、アルファヴィーレの住民であるヴァレンチーナにとって、何よりも人間の遺伝的遺産《パトリモワンヌ》が人生における成功を決定するということは明白である。彼女からすれば、状況は明らかである。

人類は生まれながらに不平等です。ある人の成長過程に最も決定的なものは何か？　生物学的要素や、その人が生きている階層です。それはＤＮＡであり、次に生きている階層だと私は思います。社会階層は、整《タイエ》えられ、磨《ポリ》かれえますが、ＤＮＡを埋め合わせることは絶対にないでしょう。遺伝子、つまり生物学的な部分が最も重要なのです。

［ヴァレンチーナ、女性、六五歳、元教授、夫は医師、一六二］

同様に、遺伝的次元と占星学的次元からの説明を組み合わせることで、金融業界で長く働き、ジャルジンスに住むルイス・ホベルトは、人間の平等を前提とすることは無意味だと考えている。

先天的だと思います……。人には固有の素質《プレディスポジシオン》があります。それが細胞レベルのものなのか、生物学的レベルのものなのか、それとも力の……、星のレベルなのかはわかりません……。そうです、星の力のことです。それが生物学的な部分に影響を与えるのは当然ではないでしょうか？　女性の周期は潮の周期と同様です。そこには、同様に否定しがたい生物学的な影響、つまり遺伝的な負荷もあるのではないでしょうか？　そうでなければ、たぶん、アスリートの息子がアスリートになることはないですよね？　要するに、遺伝的な負荷が重要で、人間をつくるのはそうしたことの組み合わせだと思うんですよ。個人の成功はそれしだいなんです。そして、階層がそうした成功の要因を規定するのでしょう。

［ルイス・ホベルト、男性、三八歳、企業家、妻も企業家、〇七］

はっきりしているのは、才能の生物学的起源にかんするこうした語りには、特定の社会集団と遺伝的特徴とのあいだの明確な方程式《エクワシオン》がほとんどみられないことである。しかしながら、それが根拠とするのは、とりわけL・シュヴァルツが分析する「サイレント・レイシズム」と非常に一致した思考図式である。

◉——社会学の影響を受けた説明と重なり合う生物学的説明

パリ都市圏でインタヴューを受けた人びとは、デリーやサンパウロの人びとと比較すると、より頻繁に、ある者たちの成功と別の者たちの挫折を社会学的メカニズムによって説明しようとする。フランスのインタヴュー対象者が社会的資質の自然化に身を投じる場合、一般的にかれらは知性をもち努力をする性向、そして社会・経済的成功を促進しうる才能《ドン》や生まれつきの能力《カパシテ》、あるいは遺伝的《ジェネリック》、ほとんどの場合は先祖伝来《エレディテール》の素質に言及する。一方でこれらは、かれらによれば、教育、慣行と価値観の継承、育った環境にくらべると影響が限定的であるため、そうした成功の二義的な原因であると説明される。こうしてダニエルは、無益《イナニテ》というレトリックだけにとどめる誘惑と、不平等の構築的性質の自明性とのあいだで苦しんでいる。

人生は不平等《イネガリテール》を助長するもの、不平等《イネガル》なものだと思います。しかも、能力は生まれながらにしてみな異なります。そこには不平等、強い不平等があり、それはたんに社会的であるだけでなく、知的でもあります。強い人《コストー》がいれば、そうでない人もいます。素晴らしい人だっています。でも(…)それは生まれつきというだけではありません。インドやシリコンバレーにいても、可能性が同じというわけではないんです！

［ダニエル、男性、六二歳、元情報処理技術者、配偶者は主婦、二一二］

同様に、一部の特別な才能——とりわけ芸術的なもの——や並はずれた知性は先天的なものではあるが、一般的には、育った階層が各人の成功にきわめて重要な役割を果たすという見解もみられる（「ジョゼフ、男性、七八歳、フランス銀行幹部、九」）。

> 貧しいか豊かなのかはまぐれ《クード・シャンス》で、とりわけ生まれながらのものです。問題は生まれなのではないでしょうか、……八五パーセントは。加えて、チャンスをつかむ可能性のある人たちがいますが、それは誰にでも与えられるわけではありません。チャンスはすべての人に提示されるとはかぎらず、知的あるいは物理的にチャンスをつかむことができない人たちがいるんです。
> ［ラシェル、女性、六八歳、都市計画・整備研究者、配偶者は元行政官、一〇］

貧困の罪責化と自然化を交差させながら、（ごく）一部のインタヴュー対象者は、貧困層が見せる不品行《ヴィス》とみなされるものや怠慢あるいは無責任をつうじ、自らや自身の子どもに課せられうる、意気阻喪させるようなダメージを原因とする〔貧困層の〕生理的劣性の理由をつくりだしてさえいる。たとえば、次のインタヴュー対象者は、貧困層の知性が低い原因は、慢性的かつ反復的なアルコール中毒ではないかと推測する。

> 私は、（…）かれらが何を考えているのか、本当に理解できません。でも、かれらとは、よく顔を合わせ《コトワイエ》てきました。私はとても小さくて家庭的なクラブで乗馬をしていて、そこで、一五年前から子どもたちが大きくなるのを見ているからです。かれらと馬に乗り、かれらが順番に手綱

を握るのを見ます。そこには、知性にかなり乏しい子がいます。それが、私がそこで気がつくことです。親や祖父母たちのアルコール中毒の結果なのでしょうか……？

［ミシェル、女性、六一歳、美術画廊の経営アシスタント、配偶者は農業従事者（以前は企業の最高幹部）、三六］

何人かのインタヴュー対象者も、庶民階級や外国に出自をもつ女性たちの子だくさんと、両親による子どもへの暴力あるいはネグレクトを、そうした社会集団特有の貧困や教育の機能不全《デファイヤンス》の原因として引き合いに出している。そこにあるのは、貧困層は必ずしもマルサス主義的でなく、かれらが過剰に子どもを、ときとしてあまりに若いうちにつくり、そのため、きちんと育てることができない、という考えである。

そこには……かれらの生活様式、考え方、子どもの教育〔の仕方〕があるので、私が言いたいのは、親たちは教育を受け直す必要がある、ということです！　いずれにしても、そういった人たちはみな、かなり拒絶されてきました。両親たちがすでに……拒絶されたり、自分の家族に育てられず、かなり若くして、一四歳〔くらい〕で働きはじめたりした経験があるので、何も知りません。そして、かれらは子どもをつくり、子どもたちは一人でどうにかやってきました……。結局のところ、根っこ《スーシュ》に、根源《スルス》に行きつくしかないんです！（…）金持ちのなかで、通りなんかにいる子どもというのは、何も……。ともかく、かれらが通りを歩きまわるのは、一人でいたいからです。金持ち〔の子ども〕でもそうなんです！　でも、〔貧困層との〕違いは、五〇〇ユーロ札や一〇〇ユーロ札をテーブルにおいて子どもに言うんです。「ほら、これをあげるよ。自分が欲しいものを買いなさい。仲間にごちそうしなさい。どこかへ行きなさい」と。貧しい人たちは、〔子どもが〕少しでも何かできればこう言います。「まぁ、私たちは、何もないから、お前は、お前は自分でなんとかしなさい……」。そうなるともちろん、子どもたちはほぼどんな人の言うことも聞くので、どうなるでしょうか？　そうです、非行や盗みなどに走ります。

〔アニック、女性、六四歳、元営業幹部、離別、三七〕

こうして、アニックは社会的再生産のメカニズムを告発しようとするが、彼女にとって、貧困家庭のマルサス主義だけがそれに歯止めをかけるようだ。この点についても、ロマの人びとが深刻なケースとみなされている。それはとりわけ、怠慢のために子どもの発育をさまたげ、かれらと通りにいる若い物ごいの母親たちのケースで、彼女たちは子どもの面倒をきちんとみることができないと思われている。アニックがきわめて衝撃的なトーンでわれわれに語るのは、彼女が助けようとしていたことがあり、水と、そして賞味期限切れの生クリームを混ぜたものを赤ん坊に食べさせているとみられる、あるロマの母親の話である。

ごく一部のインタヴュー対象者のなかでは、機会均等がフィクションであるという認識が、ときとして社会のかつ階層的性質の自然化を、さらには、自然な社会秩序に同化した不平等の明らかに有機体論的な正当化を招いている。

誰も対等には存在できません。平等はないんです。（…）ですから、それが人生です。改善はできますが、けっしてそれが……平等になることは絶対にないんです。太っている人もいれば痩せている人もいて、美しい人もいれば醜い人もいて、おかしな人もいればまともな人もいます。要するに、あらゆる人がいるんです！　ですから、もう、生まれた時点で平等はありません。（…）そのように考えなければ、そして、平等にはけっしてなりえないと考えなければなりません。不可能なんです。絶対に無理です。お金の面であろうと、人間的な面であろうと、それから……どんな点であってもです！

〔エレーヌ、女性、六四歳、主婦、配偶者は上級管理者、三四〕

しかし、カースト制度がきわめて強固なインドで観察されたこととは反対に、フランスでは、自然な不平等という考えを支持する語りが、レイシスト的イデオロギーを根拠とすることは非常に稀である。実際に、前章で強調されたように、パリでおこなわれたインタヴューでは、レイシスト的なフレーミングはほとんどの場合、衛生問題および暴力問題の原因としての貧困層の知覚と告発にとどめられている。そして、不平等を自然化するためにそれらが用いられる際、問題となるのは「生物学的」というよりも「文化的」なレイシズムである。

貧困は病気や衰え、アルコールなどの問題から生まれると思います。あるいは、移民〔問題〕や、言葉の問題から。文化的な問題からもです。その結果、馴染めない人たちがいます。そして、統合のさまざまなレベルの変化……。子どもであれば、私が最初に……。私が社会的混合の強い公立学校に通っていたからです。やって来るのはポーランド人、イタリア人などで、目的は一つしかなくて、それはできるだけ早くフランス語を上手に話せるようになることでした。いまはそうではありません。そうではなくて、崩壊《カタストロフ》です！

〔レジス、男性、五九歳、インターネットプラットフォーム会社社長、配偶者は銀行幹部、二九〕

イル＝サン＝ドニで育ち、上昇的な社会移動という型には入らないクレマンは、あまり「まざって《メランジェ》」おらず、あまり「混血して《メティセ》」いない、「外国の文化」や「異なる宗教」、「移民に出自をもつ人びと」の影響がよりかぎられた、非多文化的な地区のほうに住みたいと率直に述べる。それは「静かさ」や「平穏さ」、そして自身の「文化」を見いだすためであり、そうでなければ「もはやどこにいるのかわからない」からである。彼は都市の貧困——何よりも、外国人の極端な集中に帰される——を、清潔さ、治安、道徳的無秩序の問題と密接に結びつけている。そして、彼によれば、問題の原因は「文化的」であり、それは、貧しい移民たちが物質的リソースをほとんどもたないだけでなく、さらに——フランス社会での文化変容《アキュルチュラシオン》を欠くために——、貧困から抜け出すためにフランスで講じるべき戦略を知らないという事実と関連している。

それでも私は、自分の地区にいる人たちに同一化する必要があります。みんなそうだと思います。だから、パリのまわりにはゲットーがあるんです。サン＝ドニでは、一瞬で（…）もはや誰とも共通するものがない気がします。人びとがフランス語さえ話さないからです！（笑）かれらのなかでもみな同じ言葉を話しません。それが何か、ある種の寄せ集め《メランジェ》になって……居場所がないんですよ！　そこに社会、不潔さ、さらには治安〔の悪さ〕を足してみてくださいよ。そこへ行く気がしません！（…）教育水準、つまり、学校での教育水準でもあるんです。というのも、どうしてもそれがうまくいかないからです！　フランス語を話せない親たちがいると、子どもたちはついていけません、本当です！　だから、クラスのレベルは低迷します。そして、教師たちは教育よりも子守りをします。そのため、サン＝ドニの公立学校へ行きたい人は一人もいません……。それ以外はみなふつうです！（…）それは文化のなかにあって……。（…）サン＝ドニでの問題は、人びとが移民に出自をもち、かれらが言葉をきちんとマスターしていないことです。そして、かれらは、自分がフランスで成功するために、また子どもが成功するためにすべきことを想像している場合ではないということです。

［クレマン、男性、三五歳、営業技術者、配偶者も営業技術者、三三］

アニックにも同様の考えを見いだすことができる。彼女によれば、旧フランス植民地出身の移民たちは、その文化的出自のために、統合と成功への意思がほとんどない。

教育［制度］があるので、子どもは教育を受けていますが、おそらく、親たちを再教育する必要もあります。（…）団地《シテ》には、アラブ人の親たちがいて、そこにやって来て、アラブの伝統などを保持しつづけていて、アラビア語を話し、ごちゃごちゃ言いますが、子どもたちのほうは変化しているらしいんです。つまり、かれらは親とかみ合わないんです！　うまくいかないのは当然です。

［アニック、女性、六四歳、元営業幹部、離別、三七］

これら二つのケースでは明らかに、過度の文化的衝突を理由とする、移民の文化的なずれ《デファサージュ》とかれらの統合不能性についてのまるで客観的であるかのような総括が、短期・中期的には乗り越えられない文化的非両立性を支える論拠として、そして、長きにわたりアメリカ合衆国の人種的セグリゲーションを正当化してきた分離すれども平等というレトリックにみられるような、回避とセグリゲーションの実践を正当化する論拠として動員されている（＊17）。

2　能力のイデオロギーと、特権を正当化する新自由主義的レパートリー

同様に、能力主義と新自由主義のイデオロギーも、高級住宅街の住民たちの語りのなかで中心的な位置を占めている。それらを一つの同じ教義の全体において関連づけることは、エリートが貧困層を知覚する際の二つの補完的機能を果たしていると思われる。一つは、エリートが貧困層にたいし、自分たちが享受する特権が不当に得られたものでも恣意的なものでもなく、自身の豊かさが最も貧しい人びとにも恩恵を与えていると認めさせることである。もう一つは、その境遇を受け入れるべきだと貧困層に納得させながら、エリートがかれらに自己正当化を促すことである。つまり、ある者たちの貧困の正当化《ジュスティフィカシオン》と、それ以外の者たちの富の正統化《レジティマシオン》は合わせ鏡のように機能し、とりわけ、高級住宅街で支配的な閉鎖性を正当化するために互いに結びついている。すなわち、貧困層には〔高級住宅街の〕住民たちの生活環境をともにする資格がない一方で、特権の存在形態は貧困層を傷つけることがなく、それどころか、かれらの存在を有益にさえする、というものである。

さらに、分析した三つの〔都市の〕ケースのあいだには、強いヴァリエーションを観察することがで

きる。そこでは、フランスの共和主義的能力主義から、インドにおける、能力と留保制度〔この制度の一部にクォータ制がおかれ、州によって割合が異なるが、大学入学や公務員の枠が定められている〕の矛盾をめぐる論争、そして、給付制度ボルサ・ファミーリアにたいする批判まで、能力という概念は国ごとに著しく異なっている。

たしかに、不平等の自然化はとりわけ無益という反動のレトリックを生み、そのなかに浸透しているが、福祉国家にたいする告発は、アルバート・ハーシュマンが提示した三つの側面のうちの残りの二つを根拠としている。彼が明らかにしたように、逆効果というレトリックは、進歩主義的命題を真正面から非難することを拒否し、その構想の純粋性の承認を装う。そして、改革には副次的で有害な、さらには期待される進歩に反する効果――たとえば、企業家精神を挫いたり、企業家たちを海外に逃げ出させたりするなど……――があることを明らかにしようとする。フランスの積極的連帯所得手当(RSA)やボルサ・ファミーリア、あるいは諸々の留保〔制度〕、すなわち、貧困層の責任を免除し、かれらに怠惰をもたらすために批判の対象となる多くの措置にたいする告発のなかにみられるのは、まさしくこうした論証構造である。最後に、危険性というレトリックについていえば、それは「あらゆる新たな『一歩』が、それまでに獲得されたさまざまなもの(権利、自由、保障)をひどく侵害してしまうほど、人間社会における進歩はあまりに問題を含んでいる」(*18)という考えを支持する。インドでは、とりわけこうした論証構造を、留保制度が機会均等の原則を問い直し、公共サービスの質の低下を招くという考えを提示する語りのなかに見いだすことができる。

すでに引用したように、貧困層の生まれながらのいわゆる「劣等性」への言及以外に、デリーの高級住宅街の住民たちは、貧困を正当化するために能力というイデオロギーにしばしば依拠する。かれらの語りはさまざまな形態をとるが、最もよく目にするものは、貧困層の怠惰と不誠実の告発である。主婦でカルマ施術者(*19)のヴァンダナは、自身の過去を振り返りながらきわめて深刻かつ辛辣に告発する。

◉――クオータ制と能力のレトリック

貧しい人たちがたくさんいるのは、かれらが怠惰で不誠実だからだと思います。かれらは怠惰と不誠実さという布で自分自身の首を絞めたんです。インドに成功するチャンスが少ないからではありません。チャンス《オポルチュニテ》についていえば、インドには多くのことがあります。ところで、どうして使用人が見つからないのでしょうか？　自宅に働きに来られる人たちがいなくなったことをご存じでしょうか？　かれらはさっさと大金を稼ぎたいだけなんです。ですから、すべては根の深い不誠実さと怠惰のせいだと思います。(…)ほとんどの人たちは、ただたんにきつい仕事をしたくないんだと思います。たんに大金を稼ぎたい、それだけです。そう、本当にそう、かれらはきつい仕事をしたくないんです。(…)かれらがすぐに金持ちになれると言うつもりはありませんが、そうです、かれらの境遇はまちがいなくより良くなるのではないかと思います。せっせと懸命に働けば、自分たちのライフスタイルを改善できるでしょう。

［ヴァンダナ、女性、五二歳、カルマカウンセラー・主婦、夫は化学製品取引会社社長、二一七］

ヴァンダナにとって核心を成すのは労働倫理であり、彼女は「成功するには働けばよい」と考えている。スウェターも、他の多くのインタヴュー対象者と同様に、最も貧しい人びとの努力の欠如を非難する。

デリーの問題は、多くの人びとが働きたがらないことです。（…）富裕層は何もせずに金をもらっているとかれらは思っています。（…）どんな仕事にも金と富がついてくることを知らないんです。人びとは仕事をする状態にありません。働かないんです。かなりひどいです……。たとえば、私の家政婦です。彼女は二週間出かけてしまいます。なので、一時的に代わってくれる家政婦を雇います。すると、通常の家政婦よりも二倍の給料を支払わなければなりません。さらに、それにもかかわらず、彼女はほとんど何もせず、二週間が過ぎます。臨時の手配ということで、二倍支払っているのにです。かれらは働くつもりがありません。（…）かれらはいつも搾取されていると感じています……。というのも、私が思うに、そうした人たちはこう考えているんです。「かれらは山ほど金を持っていて、私たちを働かせている。かれら自身は何もせず、働くのは私たちで、これは公平ではない」と。

［スウェター、女性、四七歳、大学教員、夫は職業訓練所の所長、二一二五］

このような、きわめて怠惰で甘い蜜を吸い、豊かな者たちが働いていることの価値を認められないという、貧困層にたいする表象は、社会的援助で生活することを非難される（レーガン政権以降、アメリカの新自由主義者によってスティグマ化されているウェルフェア・クイーンをモデルとした）「被扶助者《アシステ》」の姿という実にインド的な再発明の基盤を成している。しかしながら、こうしたコンテクストにおいては、福祉国家的な対策は制限されつづけ、農民階層の雇用保障にかんするマハートマ・ガーンディー全国農村雇用保障法（MGNREGA）のような社会的給付（ワークフェア）が受け入れられる代わりに、低賃金労働の甘受をしばしば強いるものとなる。結果として、インドラジットのように、多くのインタヴュー対象者は、デリーにおける貧困は熟考された選択の結果だと信じているとみられる。

デリーでは、他の国とは違い、貧しい人たちはとても少ないです。また、貧しい人たちは自発的な貧困という場合が多いです。（…）物ごいをし、誰かの後ろ盾で生きることを好み、働くのが嫌で、楽な生活を望む人のことです……。（…）赤信号のときに物ごいをする人たちの多くが、かれらの大半が、働くことのできる若者です。建設現場で、あるいはどこにでもいる労働者のように、どこかで働いているかれらと同い年の人はいます。（…）アメリカやイギリスでも目にする、世界共通のことでしょう。人びとを失業状態にとどめようとする公的支援や何かです。（…）デリーのような状況では、本当に貧しいのはほんの数パーセントの人だけです。一部の人びとは、自発的な貧困を咎《とが》められるべきです。なぜなら私は、商店《コメルス》、ショップ《マガザン》、市場、公職に、また工事現場ならどこにでも十分な雇用があるのを知っているからです。ビル建設の業界では、外から人がやって来て働いています。だから、デリーにいる、デリーの住民たちは、仕事が見つからないと働きたくないという結論を引き出すんです。楽な生活を望んで。

［インドラジット、男性、七七歳、上級公務員、妻は初等学校教師、二〇一六］

一方で、ヴェンカテーシュは、農村地帯に住む人びとを対象に、年間一〇日以上の無資格で有給の肉体労働を定めたMGNREGAを批判している。この措置は、最も貧しい人びとにたいし、労働と引き換えに最低賃金を保障するものである。ヴェンカテーシュは、ワークフェアの原則にもとづいたこのプログラムを援助《アシスタンス》の一形態として語る。

この措置はこれを受ける人たちを怠惰にしています。かれらは働きたくありません。ある種のメンタリティがつくられるんです。私が無職で何かを得ていたら、どうして働くでしょうか？それは国を悪くしています。賃金はつねに生産、パフォーマンス、人事の刷新と結びついていなければならないはずです。けれども、給付ではそうなるはずがありません。人びとの情熱をかきたて、かれらを奮い立たせ、納得させ、必要であればむりやりに働かせ、働かせ、さらに働かせることができるようにする必要があるでしょう。かれらが何かを稼ぐのはそのときだけです。

［ヴェンカテーシュ、男性、七九歳、講師・最高裁判所弁護士、妻は農産物加工業幹部、二〇一三］

一方で、インド流にアレンジされたウェルフェア・クイーンは、とりわけ便乗する物ごいという、これとは別の姿に体現されているとみられる。実際に、デリーの高級住宅街からみた極貧の最も可視的なシンボルである物ごいは、数多くの告発や幻想の対象となっている。物ごいをおこなう者たちは、毎日金を手に入れ、現地のマフィアに操られ、自らがおかれた状況の「快適さ」に満足しているなどと思われている。そのため、雇用の申し出を拒否した物ごいたちにかんする逸話が、収集された語りのなかできわめて頻繁に登場する。同様の視点をもったラジーヴは、デリーの物ごいたちの一時間あたりの収入を算定しようと躍起になる。

貧しい人たちを助けるために何かをするのは不可能ですが、たしかに、街で物ごいを見つけ、かれらのことを貧しいと思うのであれば、そのかぎりではありません。（…）デリーのどこかで、赤信号が点滅しているときに子どもが物ごいするのを目にしても、実際にはかれらは物ごいではありません。かれらに目を光らせているギャングにそうするよう強いられているのです。ギャングたちは信号の近くに座り、かれらをずっと監視します。信号の両側で二、三分ずつ待機するというサイクルで、およそ五、六〇台の車になるはずです。三分間に四〇台が通ると、そのうち一〇人ほどの車の持ち主や運転手がかれらに施しをするんですよ。五ルピー、三ルピー、二ルピーと……。三分ごとにほんの一〇台の車から金を集めると考えてください！　つまり、自動車と、スクーターやバイクといった乗り物の二〇パーセントが停まるというわけです……。この数字が一〇パーセントに下がったとしても、かなりの金にはなります！

［ラジーヴ、男性、五二歳、繊維業界の卸売商、妻は主婦、二〇一〇］

それにもかかわらず、能力の欠如という「カースト的」な告発が最も暴力的になるのは、留保制度にかんする語りにおいてである。八〇件のインタヴューのうちの一〇件弱を除けば、インタヴュー対象者全体がそうしたクオータ制に反対しているが、その理由はとりわけ、この政策がかれらの社会的再生産戦略をより困難にしているからである。そこでもちだされる一連の議論は、多くの場合において類似している。すなわち、当初はこの対策が一〇年以上継続するはずではなかったことが指摘されたのち、きわめて威信のある大学制度で学ぶ機会を、留保制度の受益者たちが他の学生からより奪っているという議論が展開されることが多い（ここでは、留保制度の有無にかかわらず、非常に評価の高い機関に入るために必要とされる成績は、インタヴューごとにかなり強いヴァリエーションがある）。つまり、留保制度はインドのエリートたちの退化をもたらしうるもので、かれらはいわば〔エリートの〕カーストの底辺部に入ることを認められた能力のない者たち《アンカパーブル》の寄せ集めなのである。そのため、可能なかぎりエリート主義的であるべき高等教育におけるクオータ制よりも、初等・中等教育のレベルでの平等を優先すべきという結論が導き出される。またこれとは別に、下位カーストの（なかのエリートの）「上澄み《クリーミー・レイヤー》」の子どもだけがそうした留保を享受しているのではないか、という批判もしばしば目にする。そこでは、カーストではなく、経済的な基準をもとにした留保を支持する主張が認められる（＊20）。たとえば、ある種の暴力性をどうにか隠そうとする口ぶりで述べられてはいるものの、留保政策を告発するためにアムリーシュがもちだす論拠は、この措置のあり方に向けられている。

人びとに特別な地位を与えれば、結局は何が起こるかというと、甘やかすことになるんです。他の人たちと平等になる機会を与えることにはならないんです。現在、指定カーストの人びと（伝統的に不可触民とみなされているカースト）は私と平等ではありません。なぜでしょうか？　私が試験で八五パーセントの成績をとる必要がある一方で、そうした馬鹿者《イディオ》はたった四五パーセントでよいのです。それなのに、どうして平等でいられるでしょうか？　平等にするためにかれらに何ができるでしょうか？　たしかに、最初の一〇年、一五年、二〇年、三〇年は難しいでしょう。一世代や二世代、三世代でも難しいかもしれません。けれども、それ以降は、統合によって、熱心に仕事をすることによって、協力し合うことによって、全員が平等になることができるんですよ。留保制度は私たちの社会をよりいっそう引き裂くことにしかなりません。そうすることで、カースト制度を永続させているのです。

［アムリーシュ、男性、四二歳、政治家、妻は主婦、一九〇］

このように、アムリーシュは反動のレトリックの三つの信条、すなわち逆効果（平等の奨励を望むと、それによって不平等が強固になる）、危険性（機会均等の原則がクォータ制に切り崩される）、無益（カースト制度を永続させる）をひとこと、ふたことで要約している。このような感情的な告発は、根本的に不公平だと考えるプリヤンカーの語りのなかにも見いだすことができる。

留保制度は、ふつうの人びと（制度の恩恵に浴さないカースト）にはとても厄介です。定員一〇〇名の大学への入学を例にとってみましょう。定員の五〇パーセントが留保制度に充てられているとすると、これらの枠については、医学部でも工学部でも、たった六〇パーセントの成績で入学できますが、指定カーストではない子どもは九〇パーセントの成績でも入れません。競争は一般階層にはきわめて狭き門で、一〇〇名中五〇名以上が試験に受かることはありません。つまり、あなたの子どもは九〇パーセントの成績でも合格しないですが、留保制度を利用している人は、たった五〇パーセントの成績でも入学できるんです。公平ではありません。不公平です。指定カーストのための、また、カーストの一部にたいするこうした留保制度は不公平なんです。一度でも教育を提供され、受けたことがあり、貧困から免れていれば、留保制度は利用できないはずです。留保制度をつづける唯一の理由は、選別的なえこひいきを維持するためです。私はこのことに完全に反対です。

「プリヤンカー、女性、五〇歳、夫が経営する企業グループの経理部長、二二八」

ヴァンダナの発言のなかでは、おかれたポストにふさわしくないとされる医師の例がとりわけ頻繁に言及されている。

神は私たちをお守りくださいます。でも、もし誰かが、たんに留保制度によって一枠を得ることで医師になるとしたら。本人の能力に応じてその枠を得たのではないとしたら。ＯＢＣ層（その他後進階級《アザー・バックワード・クラス》）に属しているためにそれを得たのだとしたら。そして、そこで誰かの頭蓋冠を自由に切開し、脳を手術しているとしたら……。その人物に手術をする資格がないわけではありませんが、医師になれたり、博士号を取得できたり、あるいは弁護士になれたのは、ただたんに指定カーストの出身だからです……。その座を得たとはいえ、適格で有能な弁護士でも有能な医師でもありません。ですから、やぶ医者《シャルラタン》が国を切りまわしているせいで、私たちはみなおかしくなってしまうでしょう。

「ヴァンダナ、女性、五二歳、カルマカウンセラー・主婦、夫は化学製品取引会社社長、二二七」

一方で、デリーの高級住宅街の住民たちが、貧困層が貧しいのはかれらが努力する意欲と働くことの意味をもたないからだという確信をつねに表明するのは、多くの人びとが、自分たちが築いた富が最後には少しずつ、数ルピーずつ下に流れ落ち〔トリクルダウン〕、結局のところ、最も貧しい人びとに恩恵をもたらしていると信じているからでもある。たとえば、このことはマダンの語りのなかに明確にあらわれており、特権の正当化と貧困の正当化がどのように関連づけられているのかを理解することができる。

土木工事の請負業者が十分な労働力を欠いているのを知っています。かれらは必要な労働力を見つけられません。そこに職はありますが、誰も志願しないのです。インド人は働きません。〔働く〕人びとはネパールやバングラデシュからやって来ます。ここでは、いろいろな〔国の〕人たちが職を得ているんです。仕事の募集があって、たくさんの人が応募するわけでありません。そうではなく、もしうち〔の会社〕で臨時で働ける人が必要になっても、見つけるのは難しいです。給与を支払おうとしてもです。(…) 金持ちが金を生み出しているということです。そして、それは最後には下に落ちます。本当です。人びとはそうではないと言います。けれども、実際にはそうなんです。かれらが必要以上に雇用しはじめるからです。かれらは運転手や料理人を必要とし、庭師を欲し、より良いライフスタイルを望み、警備員を要求します。そして、新たなビジネスをはじめ、より多くの者を雇い、秘書を必要とします。おかげで物事は形になり、あることが別のことをもたらし、仕事のこうした需要が雇用をつくりだします。人びとが旅行をしはじめるため、旅行代理店が必要になります……。（…）それが下に流れ落ちていきます。物事が改善されるのはそのためです。現在、貧しい人たちがさほど貧しくないのはそのためです。いまやもう飢え死にする人はいません。二、三〇〇年前のインドでは飢饉がふつうで、多くの人びとが死にました……。住民が全国で五〇〇〇万人もいなかった当時はふつうでした(＊21)。(…)私が富を築き、雇用を生み出せば、国を助けられると思います。そうすることが最良の方法です。私は数えきれないほど多くの雇用を生み出しました。多くの富もです。たくさんの、たくさんの、たくさんの人びとを雇っています。直接的には三〇〇〇人。間接的には一万人以上です。そして、税金をたくさん払っています。莫大な額の税金です。総額にすると相当な金額です。ちょっとやそっとではありません。ですから、私のような人たちが何をしているのかを知っています。おそらく政府に入ったり、権力を奪取するのでないかぎり、実際にはそれ以上のことはできませんが。

〔マダン、男性、六五歳、企業グループの社長、妻は主婦、一九五〕

いたるところで耳にするのは、全体的な経済成長の影響のもとで、貧困層の状況がつねに、そして徐々に改善しているという考えである。それが、インドのインタヴュー対象者たちを、不平等にたいするあらゆる罪悪感から免れさせているのは明らかである。プラモードにとって、ごく一部の人びとの極端な豊かさは、インドで最も裕福なビジネスパーソンの一人であるムケーシュ・アンバニのように、万人の幸福《ビヤン・エートル》を達成するために必要でさえある。

経済ゲームは差を効果的になくします。富が下に流れ落ちていくのを見てください！　一二億人の人びとのためには、それがたくさん流れ出る必要があることを知っています。ご存じですか。最も進歩的な国々では、貧困〔状況〕の差はやや小さくなりました。けれども、きちんと認めなければならないのは、一〇〇人を貧困線よりも上に引き上げるためには、何人かの大富豪が必要だということです。ムケーシュ・アンバニの一家について文句を言うことはできますが、彼は国のために富を築いたのです！　ですから、経済の原動力が回転しつづけているかぎりは、貧困が減少しているのだと認めなければなりません。（…）援助を与えながら貧困を小さくするのは困難です。慈善《シャリテ》はけっして持続的な解決策ではありません。ひと口の魚を与えるよりも、釣り方を教えるべきだという逸話をご存じでしょう。私が言いたいのは、それが持続的になされなければならないということです。人びとが自ら自由になるための手助けをする必要があります。私は、自分の車の窓を開け、物ごいに一〇〇ルピー札を渡したことは一度もありません。反対に、窓を閉め、その人が私の人生のなかに入ってこないようにします。

［プラモード、男性、四六歳、社長、妻はファッション・デザイナー、一八七］

◉——能力主義的レトリックから、ボルサ・ファミーリアの告発へ

インドで観察できたこととは反対に、ブラジルのインタヴュー対象者の語りには、トリクルダウンというレトリックはほとんど登場しない。それは、不平等の削減のための企業家の決定的な役割を強調するファビオラの話のなかで一度あらわれるだけである。

たとえば、企業家です。良い企業家というのは、誠実で、雇用を生み出す企業家です。かれらは、そのようになる（不平等が削減される）ための非常に重要な要因の一つだと思います。何もできない人が雇用されることがあるからです。そうした人はほぼどんなことでもします。とはいえ、かれらにやる気やポテンシャルが見えれば、能動的な従業員ということになりますから、かれら

に投資しますよね？　どれだけの人が成功するのを目にしたでしょうか？　私は、父も夫も企業で働いているので、それをたびたび見ます。下働きからはじめ、最後に管理職になる人がいますよね？　つまり、社会がこのような成功の機会を提供するのは、それがいわば優良企業のように、そうした自覚のある企業のように機能するときなんです。（…）要するに、株に投資するような企業家ではなく、四〇〇人、五〇〇人、一〇〇〇人の従業員とともに仕事を、猛烈に仕事をする企業家が、きわめて重要な要因なんです。一方で、政府はかれらのように一つにまとまらないことがありますよね？　それは、税金が非常に高く、税負担が莫大だからです。いつも〔立てるべき〕計画があり……、何か〔問題〕が起こっているために、企業家はつねに四苦八苦しています。

〔ファビオラ、女性、五九歳、企業家、夫は企業弁護士、一二四〕

このタイプのレトリックは、サンパウロで収集された語りのなかではかなり稀なものであるが、このことはおそらく、デリーとくらべて、サンパウロのインタヴュー対象者のなかに企業主や工場主がほとんどいないからであろう。つまり、本来の意味での資本家ではないことから、かれらの語りに新自由主義の影響が最もはっきりとあらわれるのは、どちらかといえば、国家の過度な影響力を告発するか、あるいは、労働をめぐる関係が問題となるときである。こうしたレトリックをつうじ、かれらは自身の特権を労働や努力の正当な報いとして表明すると同時に、貧困層の悲惨《ミゼール》をかれらの怠惰の結果として語る。イジエノーポリスで暮らす商人のカルロス・アウグストにとって、自身の商売が繁盛しているのは、疑いなく、実直に歩もうとすること以外の他の手段に頼ることを拒みながら、彼が社会的に成長するためにおこなった努力の直接的な結果である。彼の社会移動の軌跡は、労苦や廉直さがあらゆる成功の源泉であるという考えを極端なまでに擁護させている(*22)。

モオーカに住んでいたときは、簡素な家で暮らしていました。バスを利用したものです。一二歳で働きはじめ、食い扶持を稼いでいました。びっくりするような話をしましょう。ある会社で働いていたとき、一日一〇レアルの手当を交通費および食費としてもらっていました。〔自宅からの〕距離が短いということがわかってから、歩くようにしました。また、たくさん食べる必要がないと考えるようになってからは、りんご一個しか食べませんでした。そうして、一〇レアルを貯めておいたんです。(…)追加の給料だったこのお金を受け取り、すべて母親にあげていました。(…)母は、金曜日になると、シナゴーグで、週末に使うためのお金を私にくれました。母にはこう言えばよかったのかもしれません。「だめだ、バスに乗ったり、ごはんを食べたりするためにお金を使ってしまったよ」と。でも、貧困はそういうものではないと思います。公立高校で勉強し、目の前のチャンスをつかめるようにならなければなりません。あらゆることを学びました。(…)血眼になって勉強しました。どうしてでしょうか？　自分自身を裏切らないためです。おかげで、政府から奨学金をもらい、公立高校を卒業できました。お金は倹約しました。(…)お金はわずかでしたが、きちんと貯めていました。ここの人びとは、自らの評判を落としています。かれらと店で会いますが、いまは(このような、お金にたいする節度をもった関係は)存在しません。銀行から無担保で借りたり、(有利子で)借金したり。(…)ですから、貧しい人たちは、どうやって切り抜ければいいのかを知らないんです。清潔な場所で暮らすこと、衛生的な場所で暮らすこと、バランスの良い食事をとること〔を〕。(…)私たちは裕福ではありませんが、食べられなくなったことは一度もありません。（…）ルス駅で落花生やカシューナッツを売る仕事をはじめました。（…）考えていることは些細ですが、目指しているものは大きいです。誰のことも押しのけたりしません。

［カルロス・アウグスト、男性、六二歳、商人、妻も商人、九二］

国家の援助は、インタヴュー対象者が貧困層を表象する際のとくに中心的な問題である。たとえば、モルンビのある住民は、十分に勤勉な貧者にだけボルサ・ファミーリアを給付すべきで、努力しない人びとは、自分たちの怠惰のせいで「死ぬ」ことがあっても当然だと述べる。

（努力をすることを）望まない人に何かを与えても意味がありません。（…）そうした人たちと何ができるでしょうか？（…）なぜなら、結局のところ、そういう人は努力をしたくないのです。家に閉じこもるせいで、かれらはそうやって死ぬのではないでしょうか？　違いますか？　かれらが努力したくないのなら、何をしても無駄です。努力することはないでしょうし。ですから、私が思うに、そういうふうにすべきなのは……。

［ソフィーア、女性、五五歳、エコノミスト・デザイナー、夫は不動産仲介業者、一二五］

彼女はさらに、「悪い貧民」と「良い貧民」の違いを明確にする。

ボルサ・ファミーリアですか？　あれは人びとを……。（…）守衛が私に言います。「義理の兄弟は困っていないんです……。だから、私だって……。というのも、義理の兄弟はボルサなんとか、ファミーリアをもらっていて、私より稼いでいるんです！　ここで働く私は、バスで通い、何がなんだか！　彼はというと、家にいて、何もせず、政府からお金を稼いでいます」と。良くないことだと思います。あれは何の役にも立たないでしょう。どうしたらうまくいくのかはわかりませんけどね。(…)いろんなことを耳にしますが、貧困率はかなり下がったんですから、いいじゃないですか？　とはいっても、何ももたない、非常に貧しい人びともいるんですよね？　それなら、かれらを、かれらを助けるべきです。でも、全員にとか、いかなる差別もしないとか、そういうふうにじゃなくてです。なぜなら、そこにはおそらく職を得る手段をもっている人がいるからです。つまり、働ける人は職場へ行き、生産し、自分が働いている姿を子どもに見せるべきなんです。

［ソフィーア、女性、五五歳、エコノミスト・デザイナー、夫は不動産仲介業者、一二五］

ダニーロは、貧困層にたいする援助の逆効果を分析しながら、かれらの境遇にたいするある種の無感覚を表明する。彼によると、援助によって貧困層はたしかに食べられるようにはなるが、その代わり、中流階級が貧しくなるという。そのため彼は、中流階級の条件であり、不平等の機能的とされる性格にたいする擁護として読みとることができる再分配への批判に身を投じている。

やつらの生活の何パーセントが改善したのかと聞かれても……。そうしたパーセンテージは、悲惨《ミゼール》のタイプを明らかにし、そこからどんな貧困なのかが導き出されますが……。それでかれらの何かが変わったでしょうか？　もちろん！　かつては石ころ〔のように固い食べ物〕でしたが、いまやかれらはパンを食べていますし、パンのほうが良いのは明らかです。でも、重要なのはそこではありません。大切なのは、本当に悲惨から抜け出そうとしているかです。かれらに尊厳のある生活環境が与えられます。でも、現実には、実際には何が起こったでしょうか？　かれらは中流階級を、その購買力を潰したんです……。「そうか！　とはいっても、私たちは貧しい人たちの購買力を増加させたんだ！」。どのくらいでしょうか？（…）これは、おもに税金をつうじて最も貢献している階級である中流階級に損害を与えてしまった過ちだと思います……。誰の利益になると？　貧しい人たちですよ！

〔ダニーロ、男性、三九歳、企業管理者、妻は商人、一三二〕

多くの人びとが、貧困層の生活水準の向上を社会権の拡大と結びつけている。たとえば、金融業界で働くある上級管理者は、パターナルなブラジル政府を非難している。彼によると、〔政府の〕そうした姿勢は貧困層にネガティヴな影響を与えている。そこでは、社会権へのアクセスがかれらの責任を免除し、社会にたいする義務をおろそかにさせているという。彼にとって、きちんと働くことと、仕事における義務（労働時間、規則正しい出勤、ヒエラルキーの尊重）にたいする責任ある態度が、「待遇」が認められるために不可欠な代償である。

パターナリスティックで国家管理主義的な、お恵みを与える政府のもとで成長したのがその世代です。かれらにはたくさんの権利がありますが、いかなる義務もありません……。かなり前からすでにはじまっていた嘆かわしい状況です。(…)ですから、今日では誰もが、そうした価値のない資格をもった人びとを抱えています。悪いとは言っていません、価値がないんです《ニュル》。けれども、義務を果たしていると感じることがまったくないまま(…)かれらは権利で満たされているんです。

[ルイス・ホベルト、男性、三八歳、企業家、妻も企業家、一〇七]

サンパウロのインタヴュー対象者の語りへの新自由主義的イデオロギーの影響は、国家にたいするきわめて攻撃的なレトリックをとおしても明らかになる。実際に、大半のインタヴュー対象者が、とりわけ無能とされる「制度」と行政の犠牲者を自認する。国家が社会扶助措置によって怠惰な貧困層を奮い立たせようとするにつれ、かれらは、行政上の障害や過度の課税水準によって企業家精神や豊かな創造性を失うのであろう。たとえば、上流階級が繰り返す話題の一つを力説するカイオは、結果的に雇用の創出を困難にしうるブラジル政府の過剰な徴税を非難している。

貧困層は自身で責任を負うべきです。援助《アシスタナ》が無為を生み出していると思います。そうではなく、政府は、雇用者と貧困層に重くのしかかる税負担を軽減することで援助ができると思います。この国の税制度を知ると……、馬鹿げていますよ！(…)店を経営していて、在庫品があると、それにたいして税金を払わなければなりません。流通しなかった商品にたいする流通税です。在庫品ですよ！　表示した価格とは異なります……。ですから、おそらく(商品が店に入ると)、政府が過去の表示価格と課税額から判断するものよりも低い価格を表示しなければならなくなるでしょう……。だから、馬鹿げているんです！（…）雇用者にのしかかる税負担を減らすことで、かれらに雇用を創出させる機会を与えていけば、消費者や貧困層、賃金生活者たちが自分たちの収入にたいして支払う税金が少なくなるだろうと思います……。

［カイオ、男性、四七歳、広告業、妻も広告業、一三六］

同様に、ファブリシオも貧困問題にたいする政府の固定観念を非難しているが、それは、国家から見捨てられているかもしれない他のカテゴリーの人びと〔の存在〕を彼に失念させるほどのものである。

ブラジルの貧しい人たちは恐ろしい状況下で生活していて、そのために、最後にはドラッグに手を出すようになります。おれはドラッグを売るよ。だって生活が苦しいんだから、と。だから、扇動的な政府があらわれます。「私たちの最重要課題は貧困層です！」と。ただ、それもうまくいかないでしょうし、そうするべきではありません。みんな税金を払っているんですから。すべての人のことを考慮しなければいけません。

［ファブリシオ、男性、四一歳、弁護士、妻は医師、一五〇］

サンパウロのエリート層はしばしば、貧困問題を最優先する政府の間接的な犠牲者を自称する。こうして、かれらは不確かな象徴的逆転を実現することになる。すなわち、政治活動の真の犠牲者は貧困層ではなく富裕層であり、そのことが経済を刺激し、国をふたたび活発にする動きを抑制し、さまたげているのではないか、というものである（＊23）。その長い弁論のなかでファブリシオが告発するのは、まさしくこの重い税負担のことである。彼はそこで、国家は莫大な金を受け取っているというのに、サンパウロのエリートの規準にかなったインフラストラクチャーを提供する、公益事業という自らの使命を確実におこなう能力をもたないと述べている。彼によれば、国家は見かけ上は市場を信頼する態度を見せているという。

国家、国家、国家。そのためにかれらは多くの金を集めます。（…）私の妻はある会社で働いていて、賃金生活者で、いつも規則にしたがい、税金は源泉徴収されています。そしてさらに、彼女は超過所得にも税金を払っています。ひどいものです。これまでにどれだけ払ってきたでしょう。そして、代わりに何を得てきたでしょうか？　何もありません。私は私立の学校や民間の健康保険にもお金を払っています。家に帰るとき、道路には料金所があります。〔しかし、〕政府は何もしてくれません。両替屋の仕事を増やすくらいです。かれらがその金を有効に使っていれば、かれらに投票した人びとのために仕事をしていれば、私たちは天国で暮らしていたでしょう。実際に、税金を払っているのですし、みなが金を出し合っています。そうした貢献から人びとは利益を得ていないのです。問題なのは国家です。有能で、あらゆることが機能する国家があったとしても、そのことが、他の部門《セクトゥール》を妨害するわけではありません。とはいえ、すべてを企業やNGOなどの責任にするのはあまりに無責任です。それらは〔政府を〕補完するものであるべきです。（…）とんでもありません。私たちの〔国の〕企業やNGOがかかわっているのは基盤的な活動です。下水設備、学校、教育などの。馬鹿げていますよ。それらは国家の役割であるはずなのに。（…）たとえば、私が暮らしている複合住宅にはメンテナンスのスタッフなどがいて、私はある意味でかれらを援助しようとしています。でも、金銭的にではありません。そうではなく、具体的なお願い、特定の要求に応えています。かれらに関心を払い、尊厳を傷つけず、日常生活での、住宅内での自分たちの居場所に誇りをもってもらうようにしています。とにかく、政府が私たちに何もせず、責任を押しつけていることには少しうんざりしています。

［ファブリシオ、男性、四一歳、弁護士、妻は医師、一五〇］

ここで興味深いのは、国家の介入による過度な負担にたいする告発が、インドで実施されたインタヴューとくらべてはるかに徹底したものであるということである。インドでは、一九九〇年代に自由化の動きが展開し、〔その一方で〕経済計画がひそかに策定されて以降、上流階級は自らのことを、自由な企業〔活動〕をさまたげる国家の犠牲者であるとはみなさなくなっていった。そして、かれらの批判の矛先はさらに、国家が導入した就学競争（留保政策）にも向けられる。のちにみるように、フランス人は最貧層にたいする国家の援助を「正当化する」ことにより大きな努力を払うという意味でブラジル人とは異なるわけだが、この点についていえば、フランス人の語りはインド人ではなく、ブラジル人のそれにより近いといえる。

◉——援助行為の告発と「良い貧民」たちの労働の評価

能力が問題となる際、パリのインタヴュー対象者は、すべての子どもたちが同じリソースに恵まれているわけではなく、また、同じ機会を享受しているわけではないことを非常に気にしているようである。こうした社会学的観察によってかれらは、既得権、努力、生まれながらの社会環境にそれぞれ属するものが何なのかを推定しようとすることで、しばしば長々と自問自答することになる。つまり、そのような「不完全な競争《コンペティシオン・アンパルフェット》」という考えを擁護することは、一見すると、能力という指標がそれほど重要ではないことを暗示している。ミュリエルは、他の対象者同様、この問いをさらに押し広げ、そこから、学業面での成功（あるいは挫折）における、また、職業面での参入という意味での社会的再生産の優位性という結論を導き出している。

もちろん、中学校でも高校でも目にします。勉強しながらそれなりの能力を獲得できる良い機会をもつ人たちというのは、文化へのアクセスにきわめて恵まれた階層で育った子どもたちのことです。このような道は知られているものです。とても明らかなこと、少なくとも、私にとっては当然のことです。まぁ、成功を収める貧しい人びともいますが……。まさに、ここで働いている画家がいて、彼は息子さんが国際経済学の修士二年目を〔修めたことを〕祝ったところだと嬉しそうでした……。彼は、アフリカ人で、どんな人かまでは知りませんが……。でも、彼のように、汗水たらして働く人がものすごくたくさんいます……。チャンスが、チャンスが少ない学校には……教育へのアクセスをもたない、教育を受けていない家庭環境があり、――括弧つきの――「悪い」学校、そうした学校では、子どもたちの大半がフランス語を正しく話せず、まさしくそれが、そのことが決定的な原因になるのです……。手に負えません。（…）私にとっては、社会の責任が絶対的に重要なものです。それは本質的なことなのです。社会の責任があまりに大切で、重く、決定的であるため、その点から言うと、生まれつきのもの、あるいは個人の才能の役割はまったく無視できるものです。私にとって、個人の才能は、チャンスのあるときにはケーキの上にあるサクランボです。チャンスがないときでも、才能は何人かの人たちを救うことができるのかもしれませんが、私にとっては（…）社会の責任がそれよりも優位にあり、絶対的に重要なものなのです。

［ミュリエル、女性、五一歳、ジャーナリスト、配偶者は歯科医師、二七］

恵まれない子どもという観点からのこうした説明に付け加えられるのは、多くの場合、マクロ経済あるいは地区の影響への言及である。にもかかわらず、子どもたちに「挫折」や困難を認めるという寛容さは、貧しく、やはり同じく困難な環境でしばしば育った大人たちの状況を説明する際は、いっそう稀で控えめなものとなる。それどころか、子どもの脱罪責化と犠牲化はしばしば、かれらの親にたいする大っぴらな攻撃を準備する役割を果たしてさえいる。子どもを犠牲者におくことで、貧困層の怠惰をスティグマ化する言説がもたらされ、子どもの成功にはほとんど適切ではない習慣を伝達し強固にする家庭環境という姿がつくられることになる。

実際に、多くのインタヴュー対象者が、貧困は、努力する意欲や規律の遵守に十分な価値をおかない家族の文化や習慣によって（再）生産されるという議論を展開する。貧困層はこうして、貧困や怠惰の文化、あるいはそれ以上に、かれらの社会的上昇の可能性をさまたげる自然状態、怠慢状態という陥穽にはまることになるだろう（ただし、インタヴュー対象者たちの言葉のなかに少なくともそのどちらかはみられるこれら二つの解釈を、いつでも区別することができるというわけではない）。

個々人が才能《タラン》をもっています。でも、素質《カリテ》を磨きたければ、親たちが介入し、苦心しなければなりません。（…）責任を放棄した親たちが子どもをつくっているのは明らかです……。ごくふつうのことなのです。こう言うことが、ポリティカリーコレクトではないのは知っています。けれども、やはり本当なのです。かつては、あらゆる家族にもっと努力する力がありましたが、いまはそうではありません。「あぁ、貧しい、貧しい」と言うだけ、それだけです。子どもの王様《アンファン・ロワ》〔扱い〕、ここでは、そうしたものは……。すべきことをしても、子どもは王様ではありません。（…）生まれながらに平等でないのは明らかです。それなりに利発な子どももいるでしょう。でもそこに、子どもの面倒をきちんとみない……、躾をしない家族がいると、ハンディキャップにハンディキャップが積み重なることになるのです。とはいえ、出来の悪い子どもは存在しない、というのは本当ではありません。（…）私たちは行動することで、結果を得ることができます。そのために、私のまわりでは、たくさんの人たちが読み書きや、そうしたことを学んでいます。私たちよりも安定したたくさんの友人がそうしています。たとえば、読み書きがそうです。私でさえ、あるとき、ポルトガル人の管理人の子どもたちを毎晩勉強させていました。一緒に……、私の子どもたちが勉強を終えた後にです。でも、私が彼女に「ノエミア」と……、いえ、名前はノエミアではありません……、彼女の名前が何だったか定かではないのですが……。「オリヴィア、私は毎日学校帰りにあなたの二人の子どもたちを勉強させています」——当時、彼女は家政婦をしていました——「一時間無料で掃除をしてくれてもよいのではないですか？」と。あぁ違う、違う、違います。彼女は教会《パロワス》にお願いしに行ったんです。無料なので。制度を利用することだけを望む人でした。

〔ガブリエル、女性、六九歳、主婦、配偶者は元銀行家、二五〕

インタヴュー対象者の言葉の内側にある矛盾（自身の家政婦の子どもの勉強をみる――自分の子どもの後にではあるが――代わりに、そこで、何時間かの無料の家事を要求し、そのあとで、彼女を便乗者《プロフィトゥーズ》として扱う）からは、自然化のレトリックと能力のレトリックによって、貧困層のスティグマ化の別の形態がどのように生み出されているのかをよく理解することができる。これまでにみたように、自然化のレトリックは貧困層にたいする援助を欠如させうる。というのも、それは貧困層の自己改善能力《ペルフェクティビリテ》の否定のうえに成り立っているからである。一方で、能力主義的なレトリックは、改善能力という考えそのものにもとづいている。後者は、その点において「機会均等」という考えをとりいれることを強いるが、その代わり、貧困層を罪責化させうる反動的な謳い文句を構築することに著しく貢献することになる。

しかしながら、先に挙げた引用が示唆するように、そうした能力主義的なレトリックは、フランスで支配的な困難に直面する。そこでは、上流階級が、自分の子どもの社会・経済的な未来にとって決定的とみなされた教育投資という戦略を展開するために、家族のリソースを動員し、努力を重ねることにしばしば意識的なのである。そうしてかれらは、貧困層の社会的地位の大部分が、教育的および不平等な社会的競争に由来するものであることを無視しにくくなり、おそらくそのために、フランスのインタヴュー対象者たちはほとんどの場合、後述するように、積極的連帯所得手当（RSA）のような、誰の目にも異論の余地のないような不平等の補償措置を全面的に拒絶することに二の足を踏んでいる。かれらは、そうしたセーフティネットが、競争が公正ではなく不完全という状況下では必要不可欠であることをたやすく認めるのである。

もっとも、インタヴューをおこなったフランスの富裕層の大半は、世代間の継承と社会的再生産の重要性を認めてはいるが、そこでの結論は曖昧であり、場合によっては対立してさえいる。一方では、かれらの考えは、実質的に社会的不利を抱えていることが知られている貧困層のスティグマ化を拒否することになりうる。他方では、貧困層を他者化するあらゆる見方が結びつけられており、すなわちそれは、子どもの犠牲化、親の罪責化、あるいはまた、欠陥のある性質または文化による悪い教育実践という解釈である。いずれの場合も、語りの中心に位置づけられているのが教育実践という問題である。

たとえば、貧困層の家庭では、子どもたちがテレビの前に長時間放っておかれており、親やまわりの人びとがかれらと十分にかかわり合っていないということが、一部のインタヴューでは強調される。

> まったくもって推測ですが、私は、学校ではなくテレビを非難するほうです。実際、これは私のなかの偏見ですが、平均的なフランス人は毎日三時間ちょっとテレビを観ているわけですから、すっかり愚かになるのも当然です！　やる気もなくなります！　とにかく、こんなふうに言うのは感じが悪いですが、でも……活動《アクティヴィテ》と言うにはあまりに受け身的で、多くの時間が費やされ、完全に受動的なのです。(…)ですから、テレビを観ている人全員が愚かになるというわけではありませんが、テレビで子どもを育てるというのは、非常に危険なことだと思います！　どちらにしても、私はそうしたことはありません！
>
> 〔ミシェル、女性、六一歳、美術画廊の経営アシスタント、配偶者は農業経営者、三六〕

こうした非がある親と犠牲になる子どもとの対置について、ローランは独自の言い方で強調し、ルールを破る子どもの親にたいする処罰《サンクシオン》を論じている。

明らかです。親たちはもっと責任をもたなければならないはずです。まぁ、言うのは簡単だということ、また、仕事で忙しかったり、まったく働いていなかったりするとそうするのが必ずしも簡単ではないことはわかっていますが、親たちにはもう少し責任感をもたせるべきでしょう。またさらに、親を処罰するということには反対ではありません。(…)親は自身の責任を負うべきであり、それをしないのであれば、処罰されるべきです。子どもはきちんと見守らなければなりませんし、宿題をさせ、通りでうろつかないようにさせなければなりません。(…沈黙…)かれらを枠にはめるんですよ!(…)かれらが枠にはめられたがっていると言うつもりはありませんが、もしどこかに[そうした子どもがいれば]。枠にはめられ《カドレ》、助言を与えられ《コンセイエ》、親の経験から何かを得る必要のある子どもがいるのです。たしかに、ここヴィル・ダヴレーでは、言うのもするのも簡単ですが、他の場所ではなかなかそうはいきません。けれども、親たちに責任感をもってもらわなければなりません。

[ローラン、男性、四八歳、経営幹部、配偶者は企業家、五三]

つまり、貧困層にたいする富裕層の語りの大部分において、積極的連帯所得手当(RSA)という措置が話題の中心にどのようにおかれているのかは、労働による能力の価値づけと貧困層の困難の承認とのあいだのこうした緊張状態という枠組みのなかで理解しなければならない。実際に、この措置が全面的に拒絶されることはけっしてなく、質問を受けたインタヴュー対象者全員が、その基盤である連帯の原則を是認していることを指摘しなければならない。それでもやはり、かれらの一部にとっては、貧困は福祉国家に由来する「援助《アシスタナ》」の結果として生じるものでもある。それゆえに、個人のイニシアティヴの欠如は、結局のところ、国家の無能力と悪しき政治選択から生み出されるようだ。

「援助《アシスタンス》」、そのとおりです！　被扶助者《アシステ》はいます！　扶・助・を・受・け・て・い・るのです。でも、それはものすごく不愉快なことです！　実に不愉快です！　人びとはもはや自分自身で何かをすることができません。仕事を探しに行くのですら、誰かが必要なのです。猛烈に仕事をしなければならないのに、かれらは声がかかるのを待っているのです。「ここに仕事はありますか？　ここに仕事はありますか？」。いやいや(嘲笑)、声がかかるのを待っているって……。「あなたさまに完全にふさわしいと思われる仕事が見つかりました」と……。かれらは夢を見ているのですよ！　夢を見ているのです！　だって、かれらが何を期待しているというのですか？　頭上に月が落ちてくるとでも？　かれらは月が本当に腕のなかに落ちてくるのを待っているのです。

［リディア、女性、二〇歳、学生、独身、三〇］

このように、インタヴュー対象者の一部は、さほど扶助を受けておらず、そのうえ、正真正銘の悲惨に直面していたかつての貧困層には、多くの場合「抜け出す」気持ちがあったが、それとは反対に、社会援護《エード・ソシアル》は意欲を削ぐもので、無気力を促しているだろうという考えを展開している。そして、多くの場合、同じ人びとがここでもまた、フランスの社会的保護と非営利団体による援護の水準と数からは、実際のところ最も経済的に貧しいフランス人を「貧困層」と形容することはできないと主張しているのである（そこでは「貧困層」とは何よりも、さらにはつねに、一部の外国の住民のことである）。たとえば、アルノーはこうした見解を繰り返し、パリのＳＤＦ〔住所不定者〕は実際には貧困層ではなく、反対に、快適な生活様式をもっているという考えを述べさえする。

ある浮浪者《クロンシャール》のことを覚えています……。ある晩、明らかに、彼は完全に意気消沈していたので、声をかけられていました。「どうしたんだ、なぜ元気がないんだ。――あぁ！　ｉＰａｄを盗まれた！」。こんな感じです……。でも、〔浮浪者ではない〕私はｉＰａｄを持っていません！　たしかに……、食べ物、食べ物はタダです。数えきれないくらいの団体があるので、かれらはあなたや私よりもとても、とても……ましな食事をしています。とにかく、あなたや私よりもバランス良く。ですから、かれらはとても、とても良い食事をしているのです。吸い殻をもらうためにいつも誰かを探しています。受け入れ施設《フォワイエ・ダキュイユ》があり、ここは非常に寒いので、かれらは通りにいる必要がありません。ですから、結局のところ、ＲＭＩ（最低参入所得）や、いまでいうＲＭＡ（活動最低所得）は……一か月あたり手取り四五〇ユーロで、それはもう……ぜいたくなものです。つまり一年前なら、彼は自分のＲＭＡでｉＰａｄを買えたのです。

〔アルノー、男性、四一歳、ヘッドハンター、独身、一八〕

インタヴュー対象者たちはほぼ全員、社会援護措置の「逸脱《デリーヴ》」、すなわち「その名に値しない」にもかかわらずそれを受けることや、（普遍的疾病保障＝ＣＭＵを利用する多くの外国人同様に）それを過度に利用したり、不当な利益を享受したりする詐欺師による「悪用」を告発する。

労働、つまり苦労には報いなければなりません。（…）ＲＳＡ〔積極的連帯所得手当〕、それは本当に援助を必要とする一部の人びとには許されますし、不可欠なものです。でも、ときどき、そうではなく、逸脱が起こります。つまり、一生ＲＳＡを受け取ることに満足し、けっして働こうとしない人たちがいるのです。社会保障、それも同じです！

〔ギー、男性、六二歳、航空業界の技術職幹部、配偶者は医師、三五〕

同じかたちで、何人ものインタヴュー対象者が「本物の」貧しい人と「偽物」とを区別する。

貧しい人は二種類いるように思います。本物、そして偽物です。本物は本当にたいしたものを持たず、あえて姿を見せることがほとんどないか、まったくないこともある人たちです。そして、偽物と言ってもいいような……暮らせているにもかかわらず、便乗している人たちがいます。かれらが本当に貧しいのかをどのように測ればいいのでしょうか。（…）それでもやはり、全体的にみると、たとえば四〇年前よりも多くの援助があるからです。（…）理論的には、四〇年前よりも貧しくならないための手段がある一方で、今日、四〇年前よりもはるかに多くの要求がなされています。このことは、いまでも正当ではないと思います。だからといって、たしかに四〇年前はさほど深刻ではなかった、失業などの他の新しい問題までもがないというわけではありません。（…）本物〔の貧しい人〕がいて、それから、少し……利用するというか……それでも援助を受けていて、できるだけ、一部でもいいので少し便乗する人たちがいるのでしょう。（…）必ずしも実際の詐欺行為のことを言っているわけではありませんが、それも存在はしていますし……起こりうることです。でも、たしかに、本当に貧しい人たち、そうした人たちがまだいると思いますが、理論的に言えば、その数を減らすための手段があります。四〇年前の援助の水準とくらべればわかります。一方で、これからもずっとそうなのかは定かではありません。というのも、実際のところ、四〇年前の経済状況は現在よりも見込みのあるものだったと思うからです。

［クロード、男性、三九歳、図書館員、独身、四三］

貧困層のさまざまなカテゴリーを区別するための、しばしば目にするこうした努力は、「良い」貧民と「悪い」貧民という伝統的な区別を明らかに思い起こさせる（＊24）。一九世紀には「本物の」貧しい人と物ごい、および浮浪者が対置されていたが、二一世紀の現在においては、その境遇が関心や同情をかきたてうる、働く（あるいは働く意思のある）人びとと、仕事をしておらずそのために満足しているのではないかとみなされた人びとが対置されている。このことは、ジョフロワが述べた（仕事を積極的に探しているために）立派とされる失業者とそれ以外の人びとという区別に別ヴァージョンを見いだすことができる。

悪用されていると思います。そして、そのようなやり方で援助を受けている人たちがいると思います。つまり、悪用があるから、そうした人たちを援助するのをやめようとしているのではないでしょうか？　私が思うに、こうしたことはみな節度の問題です。ある者が懸命に仕事を探しているのかを判断するのはとても難しいです。仕事をしていたとしても、その人が全力を注いでいるのかを判断するのは難しいですし……。誰かが全身全霊で打ち込んでいるのかを確かめるのは簡単ではありません。というか、何より、その人が仕事を積極的に探しているのかどうかはきわめてわかりにくいものです。あらゆる原因はこうしたことだと思います。

［ジョフロワ、男性、三二歳、土木技師、配偶者は医師、六一］

ドニは、ワークフェア（失業手当とRSAの全受給者が、公益に資する仕事に従事することで、自治体《コレクティヴィテ》のためにある程度働くことが義務づけられる）的なものを厳密に当てはめ、すべての者にたいし、所得から最低数ユーロの税金を支払わせるといった象徴的な対策をおこなうべきだと主張する。その目的は、貧困層や失業者にたいし、とりわけ自らが認められ、価値があるという感覚を付与することで、かれらの尊厳や社会への帰属意識を守り、意欲をもたせ、行動を促すことである。国家の公的責任、個人の責任、そして国家による個人への責任転嫁が絡み合った彼の訴えには矛盾もある。彼はとりわけ、インドでおこなわれたインタヴューでよく言及される、魚と、釣りから得られる教訓についての格言を繰り返す。

国家の怠慢の代わりとなるのが民間企業だというのは残念なことです。もちろん、国家が何もかもできるというわけではありません。福祉国家については私も反対です。なぜなら、そのことでもう何もしない人たちがたくさんいるからです……。そして、お金を毎月受け取るというのは本来の目的ではないですし、まったくもって良いことではありません。貧しい人に魚を与えるくらいなら釣りを教えよという、孔子か誰かの、中国の古い格言をご存じですか？

［ドニ、男性、五八歳、弁護士、離別、二八］

ここには、「資本主義の新たな精神」（＊25）の二つの主要な価値である、自立と個人の責任を価値づけるためのレトリックを見いだすことができる。組合の動員を廃れた存在として告発し、それを、自身の職業人生に責任をもつ労働者のフレキシビリティに置き換えるべきとする二〇歳の学生、リディアがまさしく内面化しているのは、こうした語りである。

労働総同盟（CGT）やそのたぐいを抑えなければなりません！（テーブルをこぶしで叩く）かれらは非常に親切ですが、一つのことしか言いません。つまり、不満を言うのをやめさせなければならないのです。何かほかの仕事に就いてみるべきです。そうか、かわいそうに、一生自動車整備士だったんだ（ふたたびテーブルをこぶしで叩く）、一生ルノーであくせく働いたんだ……。それはとても気の毒だけど、いまはパン屋とかそういうものになれるんだ。そんなふうに。もう一度言いますが、自分の姿を思い描かなければなりません。誰もそうしないのです。（…）不満を言うべきタイミングというのはありません。（…）つまり、成功を望めば、成功するのです！　たしかに、情状酌量の余地はありえますが、私からすれば、望めばできるようになるのです。できます！　とくにフランスのような国では、それでもやはり教育の面で……まったくもって信じられないくらいのチャンスがあります。（…）根本にあるのは、善良さ《ジャンティエス》と共感《コンパシオン》だと思います。過剰に――あまりに多くの善良さと共感が――あるのですから、少し経てば、人びとは「なんだ、簡単じゃないか。簡単だよ！　何でも簡単にできたよ。悩む必要はないんじゃないか？」と考えるようになると思います。

［リディア、女性、二〇歳、学生、独身、三〇］

アンヌ＝ロールのような、右派であることを隠さない一部の者は、豊かさと能力が完全に等価であることを前提に、自身の親や有能な祖先の功績の結果を享受する相続者の権利を擁護しながら（とりわけブラジルでみられるレトリックである）、能力主義的な主張をエスカレートさせる。ここでアンヌ＝ロールは、そのことに加え、貧困層には意思と主体性が欠如しているとみなし、トリクルダウンというレトリックを根拠に、社会にたいする富裕層の貢献を賞賛している。

金持ちはその豊かさを自分で手に入れたのです。かれらは猛烈に働き、仕事をしました。私の父、決まって私の父ですが、彼の言うとおりでした。父は私に言ったものです。「ある日、ある時間、ある場所に一〇人を集める。それぞれに一〇〇ユーロ札を渡し、一年後のある日、ある時間、ある場所で会う約束をするんだ」と。かれらがやって来ると、おのおのが何を持っているのかがわかります。豊かさというのは、各人がつくるものなのです。一人ひとりの価値とはそういうもので、豊かさは与えるべきものではありません。自ら築くべきものなのが豊かさです。それなのにいまは、「おお、かれらは金持ちだ！　だったら他人に与えるべきだ」とされるのが金持ちです。そうやって、かれらから奪っていきます。そして、何もしない人たちに与えられます。大半の人たちがそうなので……。働いたのと同じくらいのものを得られるからといって、働こうとしない人たちがいるというのは驚きですよ！　ふつうだと思いますか？　私にはわかりませんが、もし自分の子どもがそうしたら、尻を思いきり蹴飛ばして追い出しますよ！ 働くのが人生です！ さらに言えば、働くというのは喜ばしいことです。（…）たとえば、プジョー家のことを考えてみてください。つまり、その後ろで奪い合いをしているということです。「なんてことだ!? かれらは金持ちだ、金持ちだ！ かれらが与えるのだ、与えるべきだ！」。でも、プジョー氏は自動車をつくった人たちの一人だったんですよ！（＊26） もちろん、他にもいたわけですが、彼もその一人です。さらに彼は工場をつくり、たくさんの人びとや家族に住む場所と食べるものを与えました。彼がお金を出してです。豊かさというものを彼は共有しました。与えたのです。でも、それではだめなのですよ！ かれらは金持ちなのですから、財産を投げ出すべきです！ それでも、金持ちは必要です！ 私はそうではありませんので、すごく単純化してお話ししています。でも私は言います。ハレルヤ、金持ちは必要です！ と。必要、必要、必要なのです。なぜなら、そうした人たちのおかげで、それ以外の人たちが働いているからです。ちゃんと働きたい人たちには仕事があるのです。

［アンヌ＝ロール、女性、六六歳、主婦、配偶者は会社社長、二］

ここでは、インタヴュー対象者の父についての話が、タラントンのたとえ（マタイによる福音書、二五章、一四―三〇節）に非常によく似ていることを指摘できるだろう。そこではこう述べられている。「誰でも持っている人はさらに与えられて豊かになるが、持っていない人は持っているものまでも取り上げられる」。社会学者ロバート・キング・マートンが名付けたこの「マタイ効果」（＊27）は、社会・経済的不公平と搾取にもとづく社会秩序を正当化するための最も有名なものの一つである。聖書のこの有名な一節は、能力主義という考え方が、それがとくにここ数十年で強く認められるものだとしても、最近になってつくりだされたものではなく、反対に、はるか昔の物語に深く根ざしていることを強く思い出させてくれる。

本章で分析した語りが明らかにするのは、能力主義的イデオロギーと、今日におけるその新自由主義的解釈への言及が——懸命な説明によって——、貧困、不平等、貧困層の地位を社会のレベルで正当化していることである。つまり、上流階級の閉鎖を直接的に正当化するのはこれらのことではなく、むしろ、高次で卓越したと言ってもいいほどの道徳的規範に訴えながら、すべての人びとにたいし、各人が暮らす都市の社会秩序が不平等や貧困を生み出してはいるが、公正かつ正当であるということを説得するイデオロギー的な背景のほうである。先に挙げたインタヴューの大半が、平等の否定を通俗化し、はっきりと異なる人間を巧みに定義している。実際に、そこでの語りは、そうした「他者への盲目」——より正確には貧困層への——をたやすいものにしている。これは、ジャン＝ポール・サルトルが「他者への無関心」と呼んだ、「他者の主観性を無効にすることで自らの主観性を確立する」ことを可能にする無関心のことである(＊28)。

貧困の自然化《ナチュラリザシオン》、罪責化《キュルパビリザシオン》、あるいはより論証的でない言い方をすれば通俗化、そのいずれもが、貧困層にたいする憤慨や共感の感覚を無力化するための原動力となっている。必ずしも論埋的な一貫性がないのは、インタヴューをした本人たちがそうした議論すべてをもちだし、並べるからである。貧困の自然化と、機会均等という考えにもとづいた能力主義的レトリックとのあいだに見え隠れする矛盾は、かれらを稀に当惑させる。収集された語りが、類似する部分がしばしばあるにせよ、アルバート・ハーシュマンが分析した「反動のレトリック」と異なるのは、まちがいなく、そうした内的な一貫性が欠如しているためである(*29)。実際に、ハーシュマンの視点は、反動的な陣営と進歩主義的陣営とのあいだの、十分に構成された論拠のうえでの規範的な対立を前提としている。一方で、収集した語りはまったく別の現実を見せており、思いつき、矛盾、貧困層にたいする嫌悪感の事後的《エクスポスト》な正当化がおこなわれている。そこでの見解は、あるイデオロギーによって別のイデオロギーを打ち負かすというほどのものではなく、むしろ、現状、すなわち慣習的に自明とみなされた社会的不平等と社会・空間的セグリゲーションの現状を正当化しまた正統化するものである。

第五章　差別の三つの側面

デリーであろうとサンパウロやパリであろうと、富裕層は何よりもまず、特権を与えられた地区に住むことが、自分たちと似ていて社交性や都市性についての同じ考え、同じ教育原則、同じ願望や関心、つまり道徳的秩序の同じ基準を共有できる人びとに囲まれることの保証であることを隠さない。かれらは、自分たちを他の階層の人びとと区別するだけでなく、より優れていると判断しているのである。したがって、富が集中している分断された地区に住むことは、上流階級が安全と安寧の点で閉鎖性の利益を享受し、かれらが望む社会的地位にしたがうことを可能にする。しかし、このような生活様式の生産や再生産は、これまでみてきたように、貧しい人びとに向けた特別な表象をともなっている。日常生活のなかで〔貧しい人びとと〕接していようといまいと、自身の地区が都市部の恵まれない地区から遠く離れていようといまいと、富裕層は、かれらが占める支配的立場に意味を与えることなしに、少なくとも間接的に生活に困窮した人びとの状況に言及することなしに、したがって不平等を合理化し貧困について考えることなしには、自らを定義することはできないのである。

これまでの章で、富裕層が貧困層についてどのように考えているかを、いくつかの側面からつづけて検討してきた。すなわち、より高い道徳的秩序の形成をつうじた社会的距離の確立、ときに危険で嫌悪すべき階級とみなされることもあるこの階層から自らを守ることへの関心、そして最後に、貧困層の自然なあるいはそれに値するとみなされた劣等性の正当化である。ここでは、貧困層にたいする差別の三つの側面と呼ばれるものを明らかにするために、これらの諸側面を要約したい。われわれは、貧しい人たちをスティグマ化する表象をそこで検討し、表象がもたらす距離化や社会的拒絶のプロセスと、差別を助長する承認の否定（ときにはシチズンシップの否定）を強調することによって、差別の概念を広い意味で参照する。

金持ちから貧困層への差別の形態が、構造化された謳い文句をつうじて直接的・体系的に言及されることはほとんどない。それらは、場所や状況に応じて、ある程度はっきりとしたかたちで散在している。しかしそれは繰り返し、そしてパリ、サンパウロ、デリーでも見られる。三都市圏と一二の地区でおこなったわれわれのインタヴュー調査で、このプロセスの三つの基本的な側面が確認された。それは、場合によっては相互に補強し合うこともありうる。すなわち、道徳的境界を築くプロセス、身体的嫌悪のプロセス、そして共感を無効化するプロセスである。

1　道徳的境界の構築

富裕層の多くは、自分たちの住む地域を島のようにして暮らしている。これは、保護されているとより容易に感じられる一種の社会的孤立である。ある場合には、それは強い相互承認にもとづく類似性の連帯である。そこでは、人びとは互いに知り合い同士で、同じ世界に属しているため、都市生活の危険や生活上の不測の事態に直面しても、互いに支え合う。しかし実際には、相互承認は表面的なものにとどまる。共通の帰属意識が消え去ることはないが、通り過ぎてもお互いに話をすることはない。地区は、住民間のつながりが仮想的であるのと同じように現実的な承認システムとして機能するからである。それは、ときには、同じ社会階層出身の他のメンバーが、自分がふさわしい場所、ふさわしい境遇にいることを納得させるのに十分であることもある。自分の社会的地位に合った居場所を共有することで、自分や他人と調和して生きることができる。これは緊張、誤解、日常の諍《いさか》いを避けるのに役立つ。三つの都市圏の対象者たちはみな、このように閉鎖することのメリットに敏感であり、なかには、この特定の地区に住むことを選択したのは、多かれ少なかれオート・セグリゲーションへの強い欲求にもとづいていることを自ら認める者さえいる。

この過程で、富裕層も自分たちの利益を守ろうとする。子どもがいる人にとって、一番の関心事は教育である。「良い」地区に住むということは、子どもたちに「良い」学校、ゆえに「良い」教育を提供するチャンスが増えるということでもある。しかし、学校の質は少なくとも部分的には学校の社会的構成によって判断される。親たちは、同じような社会・教育レベルの生徒たちに囲まれていれば、自分の子どもがより成長しやすいだろうという考えを内面化した(*1)。また、学校以外にも地区は社交の場でもあり、子どもたちは定期的に互いの家に招き合い、同じ関心や道徳的価値を共有している。このように、地区は親たちにとって、青少年が良い環境で友人付き合いができることを保証すると同時に、子どもたちをコントロールできることも保証し、その結果、かれらの望み《アスピラシオン》に最も合致したかたちで、子どもたちの家族外の社会化が保証される。地区における教育や交友関係の問題にかんして、デリーやサンパウロ、パリのエリートたちが似たような不安を抱いていることは注目に値する。地区への帰属はそれ自体が、自分が特権階級に属し、自分のあらゆる階級利益を守ることに腐心しているという信念に根ざした、卓越化と社会的再生産の戦略の一部なのである。

しかし、この一般的な状況だけにとどめることはできない。実際に、各大都市の高級住宅街のあいだには違いがあり、ある地区のなかにおいても、異なった社会的要因による違いがあることもしばしばである。すべてが同じ程度のまとまりをもっているわけではない。インタヴュー対象者たちは、自分たちの地区を、同じ大都市のなかで知っている他の裕福な地区と自ら比較し、しばしば自分たちに都合の良いように違いを強調する。三都市のなかでも、サンパウロはおそらく、豊かな者たちが物質的な成功のしるしを最もこれ見よがしに見せつける都市である。歴史的遺産や美しい伝統的建造物の跡がほとんど残っていない都市空間の単調さがもたらす影響を、少なくとも部分的にはそこに見いだすことができるのではないだろうか。都市景観は、しばしば非常に高層で、比較的最近の設計、すなわち歴史的特徴のないタワーでできている。そのため、エリートが自分たちの住む地区を選ぶことは重要だが、自分たちの建物を外部から見えるようにすることも重要である。このような建物はしばしば非常に凝っており、ときには、金箔や装飾品、広々とした玄関、豪奢な噴水(*2)といった貴族の伝統や、たとえば邸宅の名前にフランスの偉人の名を付けるように、世界中の威信の高い場所を派手に思い起こさせる。それはあたかも、ブルジョワジーによって継承されたり、再領有されたりするローカルな歴史的遺産がないために、威信ある伝統に象徴的に参加し、アンシアン・レジーム下の貴族社会と同じくらい独自の世界に属するという夢想を、自分たちの住まいをつうじて再構成しなければならなかったかのようだ。サンパウロのエリート地区の住民は、経済的なゆとりを遠慮なく誇示することによって、絶え間ない卓越化競争に巻き込まれているようだ。

この特徴はサンパウロでよく見られるが、それにもかかわらず、それぞれの都市には微妙な社会的卓越化によって巧妙に維持されている、富裕地区のあいだの階層性がある。しかしそれだけではない。この調査では、特定の地区の住民が自分たちを比較することに不安を感じていることも示されている。地区は、ブルジョワジーのなかの異なるグループのあいだの対立の場になることがある。三つの都市圏のすべてにおいて、「ニュー・リッチ」にたいする伝統的ブルジョワジーの側からの共通の敵意がみられる。かれらは、伝統的にエリートが支配していたこれらの地区の新参者であり、相続によってではなく、最近豊かになったことでそこにアクセスできたのである。パリでは「けばけばしい《ブリン・ブリン》」と呼ばれる派手なふるまいをすれば、趣味の良さと思慮深さに執着する旧住民が非難するのは避けられない。実際に、これら「ニュー・リッチ」の到来は、しばしば、旧住民には地区の社会的まとまりを脅かすものと認識されている。かれらは、ぜいたく品を見せて他の住人と差別化しているだけでなく、ブルジョワ的エートスを規定する行動規範を身につけていないので、伝統的な道徳秩序に反すると思われる習慣を地区にもちこむ危険がある。パリでは、このニュー・リッチの存在は、一六区の一部の住民には脅威として経験される。デリーでは、同じ現象がとくにグルガオンで見られ、ジャートの新しい農耕エリートの近接が多くの論争の対象となっている。後者は、新しいブルジョワ地区が現在建設されている農地を売って裕福になり、比較的低いレベルの教育しか受けていないにもかかわらず、数年で億万長者になった。デリーのブルジョワジーのよりエスタブリッシュな地区の住民の一部は、かれらが高級住宅街で不動産を取得し、高級車を運転し、最も高級なホテルを利用している一方で、農場で代わる代わる生活し農村のリズムに根ざした生活様式を維持しているのを見ることにとくに不快を感じている。かれらは明らかにそれを地区の道徳的秩序にたいする直接的な脅威だとみている。サンパウロのエリートは全体として非常に誇示的であるかのように見えるが、この現象はこの都市の二つの地区にもみられる。アルファヴィーレでは、とくにニュー・リッチが麻薬の密売をとおして違法に財産を得たと疑う住民もいるが、それはまた、新住民がぜいたくを見せびらかしているさまを、何世代にもわたってそこに住んでいるユダヤ人社会が批判しているイジエノーポリスでもそうである（＊3）。

価値という点からみても、地区は完全に同質と見られるべきではない。〔かれらの〕声がしばしば不協和音となることもある。住民のなかには、断固とした進歩的な価値を支持し、地区住民の大多数の保守的な傾向と明らかに反する価値を支持する者もいる。このことは、かれらがしばしば偽善的で、社会的に支配的だとみなす行動に直面したとき、かれらのあいだに嫌悪感に達しうるほどの感情をかきたてる。たとえば、パリ一六区でおこなわれたインタヴュー調査でその例が示されている。

言い換えれば、同じ階級への帰属――それは、優れていると判断された道徳的秩序を維持する傾向を与える――にもとづく価値と利害の共同体を隣人と共有するというエリートの広範な信念は、ブルジョワジーを成り立たせるさまざまな要因のあいだの社会的卓越化をめぐる争いを禁じるものではない。つまり、それぞれの都市圏には、オート・セグリゲーションの実践という形態をとる、富裕地区の社会的閉鎖という強い意思が多少なりとも存在する。それは、多くの場合、大部分の住民によって巧妙に練り上げられた戦略を引き起こすほど有効である。また、ある地区では他の地区よりも、とくに新参者が伝統的なブルジョワ的エートスにまったく一致していないとみなされた習慣をとりいれた際、下方に平準化するリスクを警戒する意思が存在する。

地区によって、また地区のなかでも、社会的に自らを卓越化しようとするこのような闘争のなかでは、貧困にかんする問題は、一見したところ、かなり遠い場所での話であるかのようにみえる。というのもその闘争は、富裕な（あるいは多かれ少なかれ豊かな）地区同士を、そして一部のブルジョワジー同士を対立させるからである。インタヴューで驚くべきことは、インタヴュー対象者たちが教育と特定の道徳感覚を備えた層に属していると自らを語っていることである。この段階では、貧困層が表象しうる脅威を考慮に入れる必要はない。貧困層は、かれらの世界から遠く離れているようにみえるので、道徳が衰退するかもしれないという脅威はかれらから直接来るのではなく、はるかに近い社会階層から来る。さらに言えば、調査された三都市でほぼ同様の傾向があるが、その大部分はこうした理由によるものである。しかし、階級の卓越化の仮説がこのように検証されたとしても、だからといって、このことは、高次の道徳的秩序の産出を、社会の包括的な表象を参照せずに済ますことができるというわけではない。その社会のなかでは、社会的・道徳的に自らを守り一線を画さねばならない絶対的に対立した極を貧困層が構成しているのである。富裕層は、パリ同様にサンパウロとデリーにおいても、財産と安全だけでなく衛生面にかんしても不安を抱いている。それとは反対にパリのインタヴューでは、他の二大都市圏とくらべて、道徳教育や教育の達成による社会的卓越化の必要性を住民が強調している。多くの対象者の強迫観念は、かれらの子どもたちがグラン・ゼコール〔高度な職業専門知識を有するエリートを養成するフランスの高等教育機関〕に入学することにある。それは、共和制エリート主義の名のもとに、階級の優越性が立派な学位や地位へのアクセスをつうじて是認されることを保証する。共和制の機関によって価値づけられたこのエリート主義は、ある程度は、そして原理的には、民主主義的ルールが少なくとも部分的には社会的境界を消し去ろうとする、ピエール・ロザンヴァロンが「平等者たちの社会」(＊4)と呼ぶものと一致しうる。しかし実際には、この両立は相対的なものでありつづけており、富裕層が自分たちの利害を守り、とくにかれらの地区において、「道徳的」汚染のリスクから自らを守ろうとすることが、よりいっそう必要なことであるかのように、あらゆることが起こっている。

2　嫌悪のプロセス

これまでみてきたように、貧困層から距離をおきたいという意思を正当化するために引き合いに出される理由はおもに二つある。一つは、こうした人びとの危険性と、それによって都市空間に行き渡る治安の悪さという環境である。もう一つは、それが伝達すると思われる衛生状態の欠如、つまり汚《スイユール》れである。

これはいわば、パリ都市圏の富裕層はこの二つの理由にほとんど言及しないということである。パリのエリートがかれらの安全を気にしないと言っているのではない。パリでも、住宅の玄関口だけでなく、都市空間全般のなかでのビデオでの監視の強化への期待が高まるとともに、治安にたいする不安感は高まってさえいる。店や公共の場では、警備員がたえず増えつづけている。結果として、パリでの治安をめぐる論議は、他の都市と同様に、サービスや設備の供給――セキュリティ業界が儲かっている――をつうじて、また左右問わず政党の施策をつうじて、広がっている。パリのエリートがこの傾向から免れているわけではないにもかかわらず、かれらが基本的な懸念として治安に言及し、移動の自由を制限するような予防策を要求することは稀である。もし今日調査がおこなわれるとすれば、二〇一五年と二〇一六年のテロの後では、治安の悪さは貧困ではなくむしろテロの脅威につながる可能性が非常に高い。パリの調査対象者は、バス、地下鉄、RER〔首都圏高速鉄道〕を問わず、公共交通機関を定期的に利用しているが、ブラジルやインドの対象者の大半にとってそれはありえないことだ。異なる社会階層出身の人びとが絶え間なく行き来する公共の場は、パリでは脅威としてみられておらず、むしろすべての人びとがアクセス可能な共通財として、そしてそれ以前に、典型的な都市生活を象徴する場として考えられている。〔ただし〕当然のこととして、とくに女性は夜遅くに公共の交通機関を利用することを避けていると指摘しており、とくに彼女たちがドレスパーティーに行くときや、地下鉄で高価な宝石を身につけていないときでさえ、これらの予防策は初歩的でどこにでもみられることのようで、多くの社会階層で広くおこなわれているほどである。

パリのこの比較的平穏な日常生活は、だからといって、対象者がパリ市内の「庶民」地区とそこにつうじるメトロの駅の特殊性を無視しているわけではないが、これらの地区はかれらが定期的に訪れる場所ではないので、特別な困惑とはならない。言い換えれば、パリ大都市の富裕地区の閉鎖的な空間のなかで生きることは、貧困層の想定された危険性とつながる治安の悪さから身を守るという差し迫った必要性から生じるものとして言及されることはほとんどない。治安上の脅威は社会全体に広がる感情(＊5)のことであり、それは特定の集団、この場合は貧困層(＊6)に向けられる前に広がる。反対に、たとえばパリ一六区のように、ブーローニュの森のそばに難民シェルターを建設する決定がなされた後のケースであるが、脅威が近づいていると感じられる場合には、住民はためらわず集団的に集まり、近隣を攪乱し、住民自身や家族に危険をもたらすかもしれない、いわゆる恵まれない人びとにたいして激しい敵意を示す。〔そこでは〕治安の悪さの問題はすぐに再浮上した。しかし距離がおかれてさえいれば大きな問題ではない。裕福な人びとが、自分たちの閉鎖〔性〕と、自分たちを庶民地区から地理的に遠ざけるという近隣の空間的布置によって守られていると感じるかぎり、かれらはたいていの場合は危険を感じない。

さらに、パリでおこなわれたインタヴュー調査では、貧困層の衛生状態と汚染のリスクの問題は、かれらの危険性の問題よりもはるかに稀にしかとりあげられていない。インタヴュー対象者の多くは、パリは概して清潔な都市だと考えている。注目すべきことは、公平に繰り返される問題は、少なくとも一六区では、そして五区ではより少ない程度であるが、おもに歩道に犬の糞があるためである。これは貧困層という望ましくない存在でなく、むしろ近隣に住む犬の飼い主のふるまいによるものである。したがって、衛生は一九世紀がそうであったように、ブルジョワジーが貧困層に向ける主要な関心事ではないようである。ルイ・シュヴァリエが描いた表《タブロー》は、もはや現実とは一致しない。しかし、ラッシュ時の公共交通機関のなかで混雑のため息苦しくなったとき、体がくっついて汗のにおいが広がったときなど、かれらが感じる不快さに言及する人もいた。しかし、こうした人びとはそのような不愉快なことをつねに相対化し、実施された八〇件のインタヴュー調査のうち、病気のリスクに言及した人はわずかであった(風邪やインフルエンザのような軽度のものであったが)。さらに、ごみを引きずりまわしたり、プラスチック製のごみ袋を取り除いて中身を回収したりする行為にたいする批判は、一般的には貧困層ではなく、怠慢で無責任な若者や、不潔で教育水準が低いとみなされた移民、とくに東から《ドゥ・レスト》の人びと〔ロマを婉曲に指している〕を対象としている。言い換えると、これらのときおりある迷惑は除いて、衛生の問題は一般に解決されているようであり、最も排他的で、古くからのブルジョワ地区に住んでいるパリ大都市圏の上流階級のあいだでは不安のおもな源泉ではない(*7)。これはおもに都市化と保健医療改革の歴史による。サンパウロやデリーと違って、パリは一九世紀には早くも、衛生と安全の組み合わせにもとづく抜本的で構造的な再編成を経験しており、貧困層を周縁部へ、あるいはブルジョワ地区から遠く離れた特定の地区へ追いやっている。今日デリーやサンパウロで見られるような貧困層の激しい立ち退きのプロセスは、一世紀半前にパリで実際に存在していた。その結果、パリのインタヴュー対象者は、他の二都市の対象者にくらべて、今日の貧困層についてより控えめな議論をしがちである。それは、貧困層との距離が一般的に保たれており、また、想定される危害によって直接影響を受けるリスクが小さいためである。貧困地区の近くに住む富裕層にインタヴューをしていたら、そうではなかっただろう。治安への懸念と貧困層との距離への懸念は、まちがいなくはるかに広がっていたはずである。

　そのため、サンパウロ都市圏でのインタヴューでは、貧困層の望ましくない性質がより頻繁に言及されている。調査対象の三大都市圏のなかで、サンパウロの犯罪率が群を抜いて高いことはすでにみてきた。このような状況では、予想どおり、回答者は貧困問題を論じる際にまず治安に言及する。危険と認識されている貧しい階級から身を守ることは、かれらの日々のたたかいとなっており、それはつねに警戒を怠らないということを意味している。実際に富裕層は現実の緊張した環境のなかで生活しており、日常生活のあらゆる行動において保護戦略を採用している。地区を歩くことはほとんどなく、街の他の場所を歩くことはさらに少ない。かれらが公共交通機関を利用するのは非常に例外的な場合であり、しばしば私有の遮蔽した車の安全性を好む。レストランなどの公共の場所には行かないほうがいいとか、そうした場所は夜遅い時間を避けると言う人もいる。文化的な〔催しに出かける〕外出はときおり禁じられる。かれらは映画館には行かず、〔自宅の〕巨大スクリーンを好む。たとえば学校などの公共の場所の近くで運転することが許可された地区メンバーの車を識別できるステッカーさえある。

かれらの都市環境を脅かすものと直面している最富裕層は、家のなかの快適さに避難している。その快適さはかれらの社会的地位とそれにともなう規範を反映しているはずである。かれらはまた、住居の建物を非常に重視する。建物がより安全であればあるほど、またそれがこれ見よがしに富を誇示する特徴を備えていればいるほど、住民たちはそのことにさらに満足する。〔建物の〕共同所有者の会議はしばしばそうしたことがエスカレートする機会となる。治安はいたるところで悪いので、社会生活はより制限されている。インタヴュー対象者のなかには、地区で非常に孤立していることを認める人もいれば、隣人を知らないという人も多く、ほとんどの人が家庭内の空間と家族のつながりのなかにひきこもっている。富裕層は、自分たちが同じ社会的地位、政治的意見、文化的水準の人びとに囲まれたいという理由で、しばしば富裕地区を選択する。かれらにとって、子どもたちがレベルの高い社会的に同質な私立学校に通うことは重要である。しかし、治安の悪さにかんする一般的なコンテクストが、かれらの関係性をドラスティックに制限している。これはパリやデリーの一部の地区にも存在しうるが、地区によってヴァリエーションがある。たとえばジャルジンス地区のように、地区がより大きな同質性を示しているにもかかわらず、サンパウロのブルジョワジーのメンバーは、とくに非常に選別された上流階級のクラブに規則的に参加することによって、重要で緊密な社交性をなんとかしてつくりだそうとしている。

貧困層の危険性という問題が支配的な言説となる一方で、二次的要因ではあるが汚れと衛生の欠如の問題もみられるモルンビでは、近所にファヴェーラ〔スラム街〕があるにもかかわらず、インタヴュー対象者がファヴェーラについて話すことはめったにない。それは、かれらがほとんど知らない、完全に異質だと感じる別世界である。その一方で、かれらはインナーシティの貧困については進んで話題にし、その汚れと、そこに蔓延する治安の悪さを結びつけている。新劇場〔サラ・サンパウロ〕そばのインナーシティにあるコカイン取引の場所「クラコランジア」は、インタヴュー対象者たちにいつも典型的な場所として引き合いに出されている。この都市地域では、貧困層やホームレスの集中がかれらを恐れさせているだけでなく、路上に散らばるごみや糞便のにおいさえもかれらを悩ませている。この地域がサンパウロのまさしく本当の顔であることはかれらもまさしく理解しているが、市立劇場やマリオ・アンドラージ図書館のように近年復元された文化的な場所がそこにあるため、かれらを惹きつけるはずであるにもかかわらず、かれらはなんとしても無視し、そこへ行くのを注意深く避けようとしている。

富裕層が接触する労働者階級は使用人であるが、かれらはインタヴューのときに衛生問題にも言及している。何人かのインタヴュー対象者は、この問題での絶対的な清潔さと非の打ちどころのない習慣を手に入れるために、使用人を厳格に管理していると打ち明ける。さらにこのことは、かれらにとって採用基準であり即時解雇を正当化することを可能にする理由である。したがって、汚れるという恐れはまさしく現実のものであり、とくに台所用品や食料品の取り扱いの際に、つねに監視をおこなうことにつながる。かれらの管理を正当化するために、上流層は、その際にかれらが接する貧困層にたいする文明化の使命にさえ言及することによって、慈善的な配慮――家父長主義的な性質のものではあるが――をもちだす。

より一般的に言えば、サンパウロのエリートのあいだにある貧困表象を要約すれば、暴力の社会的機能を強調しなければならないだろう。実際に、富裕層が脅威とみなされる社会階層にたいする距離化と保護への関心を正当化できるのは、恒常的な不安のためである。しかし、この防衛的なひきこもりは、地区でのひきこもりというよりも、家のなかへのひきこもりである。この点について言うと、建物は城塞のようで、その安全基準は、そこに住む世帯の社会的威信をあらわす美的基準と一体化している。そこでの社会生活は制限されつづける。例外はあり、一部の地区ではブルジョワ的社交性に特有の場所は存在するが、多くのインタヴュー対象者にとっては、重要なことはプライベートな空間でおこなわれる。家族の紐帯は、頼りやすい近親者間の紐帯として好まれる。家庭生活の快適さを保証するために、庶民層出身の使用人が選ばれ、教育を受け、しばしば支配と保護の関係のなかで多少なりとも〔富裕層の〕家族に統合されている。

デリー都市圏は、都市空間における貧困層の存在がかきたてる反応にかんして、サンパウロ都市圏と多くの類似点がある。デリーでの暴力はサンパウロよりも少なく、概して懸念は少ないが、治安の問題は依然として重大である。何人かのインタヴュー対象者たちは、自分たちの地区が治安を第一に保障するものだと説明する。貧困層や他の階層がアクセスできない富裕地区で生活することが、保護の源泉と考えられている。富裕層は都市の〔社会階層〕地図を念頭においており、安全区域――

かれらのうちの一人は「快適区域」とさえ呼ぶ――と、たとえ中流層、さらにはアッパーミドル層の住む地区がそこにあったとしても、出入りしないほうがよい他の区域とを区別することができる。居住空間は、〔一軒家からなる〕「ゲーティッド・コミュニティ」の空間と〔集合的〕住居の空間の二つのレベルに分けられることが最も多い。一般的に、サンパウロの富裕地区に見られるのと同じように複雑な装置を備えたセキュリティ・システムがそこには存在する。また、性的暴行が頻発しているため、とくに女性が治安の悪さの影響を受けることにも留意すべきである。こうした懸念は、女性によって控えめに言及されているが、夫から妻へ、父から娘への不安をかきたてている。治安の悪さとはまた、交通の混沌とした状態や多くの交通事故を指しており、大半のインタヴュー対象者が、その原因を「礼儀を欠いた《ノン・シヴィリゼ》」とみなされる運転手の無能《アンカパシテ》さや無礼《アンシヴィリテ》さだとしている。使用人がパトロンのぜいたくな出費に不満を感じているのではないかと心配している人たちもおり、なかには社会的反乱の脅威を懸念するようにまでなる人もいる。言い換えれば、富裕層が感じる治安の悪さは広がっており、それは日々の警戒心となって、都市空間をいくつかの飛び地へと縮小させ、一部の人びとが言うように、「島から島へ」と行き来させることになる。

　しかし、絶対に避けるべき区域で猛威を振るう、潜在的に危険な貧困層にたいするこうした不信は、デリーでは、この大都市のほとんどの公共空間を特徴づける不潔さと衛生の欠如にたいする懸念がかなりの割合を占めるために、さらに増幅されている。インタヴュー対象者のなかには、不衛生で汚く、悲惨な状態のインフラにうんざりしていると強調する人もいる。たしかに、多くの人はそれに慣れていて、もはやあまり注意を払っていない。かれらは、人が密集し、ぞっとするような悲惨な状態で生活している、不潔とみなされた区域をたんに避けるだけである。サンパウロと同様に、エリートは移動が可能な場所と禁止すべき場所を選ぶ。オールドデリー地区は、東地区と西地区と同様に、一般的に強い嫌悪の感情を抱かせる。しかし、驚くべきことに、空間的排斥は南地区の一部、たとえば都市の村、中流層の「コロニー」〔インド英語では住宅地・団地を指す〕、混雑した市場にも影響している。その住民はあまり行儀が良くなく、騒がしく、生活環境を尊重せず、環境に優しくないと思われている。この周囲の非衛生的な状況にたいして、エリートたちは日常的に身を守り、生活を送る都市的な範囲をさらに狭めている。言い換えれば、衛生の問題は、貧困層にたいする富裕層の態度や表象に広く行き渡っており、ときには他の階層の人びとにたいしてさえも行き渡る。公共空間や一部の半公共または私的空間における清潔さの欠如は、最終的には非常に多くの一部の特定の人びととの距離を正当化するために繰り返し言及されている。サンパウロよりはるかに急進的な空間的・社会的境界を設定する基準は、衛生観念と、異なる社会集団の多かれ少なかれ文明化した特徴をよりどころにしている。

貧困層の望ましくない性質として合理化する根底にある表象は、このように三大都市圏では異なって秩序づけられている。治安と衛生の問題はパリではそれほど重要ではない。富裕層が、自分たちのオート・セグリゲーションの実践を正当化するためにこれらの論証を利用することは稀である。それは、これらの問題が自分たちの懸念としてはまったく存在しないということではなく、何よりも、かれらがパリの大都市で訪れたり通過したりする空間が、他の二つの大都市では重大と考えられているこれらのリスクから全体としては守られているように見えるからである。対照的に、サンパウロとデリーでは、貧困が富裕層を引き立たせる役を果たしており、貧困層の危険性や衛生の欠如の主張が包み隠さずになされている。しかし、これら二つの動機は二つの大都市で同時にもちだされているが、その重要性は同じではない。サンパウロでは治安が悪いという感覚がはるかに強く、デリーでは衛生の欠如の問題が顕著である。

3 不平等の正当化と共感の無効化

社会的不平等の合理化は、貧困層の望ましくない性質に言及することを超えて、都市空間でのオート・セグリゲーションの実践を正当化するために、もう一つのレパートリーに訴える。貧困層が生じさせる自然発生的な嫌悪をその実践が乗り越えるという意味では、この〔貧困層の望ましくない性質に言及する〕語りのレパートリーよりも、後者〔もう一つのレパートリー〕はより構造化されている。それは、貧困の自然化と能力という決定づけられた考え方を中心に正義と社会的凝集の感覚を動員するという、つねにイデオロギー的主張にもとづいた社会秩序という考え方に訴えかける。

調査で収集された語りには、切り貼りしたものがあることは否めない（＊8）。たとえば、貧困層の能力と罪責化という主題は、貧困の自然化という主題とまじり合うことがある。とくに怠惰は、文化的特徴あるいはパーソナリティの自然化された形態に帰することができるからである。

デリーの富裕地区では、貧困の自然化はおもに宗教的レパートリーのもとでおこなわれている。回答者の五分の一がはっきりと言及している業《カルマ》の理論によれば、貧困層は前世のおこないのゆえに貧困層として生まれる（＊9）。しかし、収集されたインタヴューによってまた、こうした宗教的次元を超えて、社会諸集団はそのカーストと階級の文化、そして出身地域のためにまじり合えないと広く信じられていることが確認できる。したがって、貧困層は自然に一定の生活様式を備えているらしい。極端なかたちでは、貧困の自然化はその否定にさえつながることに注意されたい。いわゆる「貧者」は、他の社会的階層とくらべて貧しいのであって、かれらが別の世界に属するとみなされるときに貧困なのではなく、特有の家族構成と社会統合の基準によって特徴づけられる。デリーのインタヴュー対象者たちは、最貧層への軽視と侮蔑を遠慮なく表現することがしばしばである。それは、貧困層は異なった人間性を形成しており、このような状況下では分離主義という解決策が最良であるという信念にもとづく階級レイシズムである。たとえば、何人かのインタヴュー対象者たちは、社会的混合プログラム、とくに学校制度の社会的混合では、貧困層はエリート層どころか他の社会階層とも交流できないとみなされているために、〔それに〕激しく反対を主張している。不測の事態が発生した場合には、貧困層よりも自分たちの同胞を優先的に救援すべきだと認める人さえいる。貧困層の価値がより低いと考えられているからである。最貧層への同情はつねに中心的ではなく、それがあらわれるときにも、しばしば平等の原則の絶対的拒否を隠蔽する偽善的なヴェールの下にあるにすぎない。もちろん、欧米諸国に滞在したことのある人びとは、自国の不平等な秩序を全面的に支持するのは難しいと感じることがときおりあるが、階級分離主義の文化があまりにも支配的であるために、それを変えることは不可能であると感じている。その文化がかれらに恩恵を与え、かれらの地位を強固にしているためになおさらである。貧困の自然化はインドで強く存在しているが、これはみてのとおり、社会秩序のより広範な自然化プロセスに組み込まれている。しかし、現在ではほとんどの研究者が、「不可触賤民」とされる人びとは自らの不浄さに納得しておらず、スティグマから批判的な距離をおいていることを認めている。しかし、尊厳を奪われたかれらの地位が貧困層自身によって完全に内面化されているかどうかにかかわらず、それがつづいていることは事実である。それゆえ、このことはカースト制、それ以上には親族の紐帯が厳格で持続的に地位に影響するインドの特殊性を強調するという条件で、家族主義的タイプの布置に帰責させることができる。この場合、家族への愛着は必然的に民族・人種共同体やカースト集団への愛着と結びついている。

業《カルマ》の理論は、過去と現在のおこないに応じて一定の贖罪が可能であることから、出生の社会的地位への越えられない帰属を意味するものではない。したがって、この理論は能力のイデオロギーと一定の暗黙の了解を維持している。つまり、すべての人は自らのおこないに責任を負うと判断されるということである。こうして驚くべきことに、いくつかのインタヴューにおいては、貧困の自然化の議論の基礎となる宗教への参照と能力主義への参照とのあいだに、ある種の埋めることのできない隔たり《ポロジテ》がみられる。すなわち、貧困層の怠惰と不誠実さがたえず非難されるのである。インタヴュー対象者のなかには、貧困層の多くは仕事にたいする意欲がまったく不足していると嘆く人もいる。便乗する物ごいを責める人たちもいる。こうした状況は、インドでは少ないことが知られてさえいる貧困削減を目的としたあらゆる社会プログラムや、とくに大学におけるクオータ制にもとづくあらゆるアファーマティヴ・アクション政策に、根本的な再検討を急速にもたらすことになった。なかにはこれを不公正であるだけでなく、インドのエリートが退廃する恐れと見る向きもある。より一般的には、インタヴューからは、新自由主義的イデオロギーとそれにもとづく能力主義的原則が相対的に合意されていることがわかる。言い換えれば、インドの場合、貧困と、より一般的には極端なかたちをとる社会秩序の自然化は、富裕層のオート・セグリゲーションの実践を支持する主要な論証であるが、それは、能力への相対的に柔軟かつ効果的なイデオロギー的適応をさまたげるわけではない。したがって、国際的に展開しているように新自由主義が現代〔のインド社会〕に根づくことをさまたげるものではない。

このように、インドのエリートは伝統的であると同時に、グローバル資本主義を導く支配的なイデオロギーに歩調を合わせているかのようである。

ブラジルの高級住宅街の住民たちの語りにも、貧困の自然化のプロセスがみられる。実際に、貧困層は社会の周縁、つまり文明の外の人びとなので、精巧なセキュリティ・システム（プライベートな空間の囲い、ビデオ監視システム、建物の入口の常設警備員など）によって自衛したり、使用人を雇うときに検討されるように一からかれらの教育をやり直したりすることが必要だと考えられている（＊10）。そこでは、奴隷制の時代（この国では遅れて廃止された）から一部継承されてきた伝統的な支配関係が、温情的な家父長主義に染まって、こうした自然なものとみなされた貧困層の劣等性という表象に組み込まれる。デリーでみられたこととは異なり、貧困と不平等の自然化は宗教的レパートリーとしては表明されていない。インタヴュー対象者たちは、不平等は何よりも自然なプロセスと説明することが多い。多くの人は「成功」（または「失敗」）を説明するために、個人の才能やＩＱを参照する。かれらの推論は、ほぼつねに生物学的な用語で語られ、ときには科学的な研究にもとづいてなされ、自然選択のメカニズムを引き合いに出す。あるインタヴュー対象者は、個人的な観察にもとづいて、同じ教育を受けたきょうだい同士でも不平等が非常に大きくなることはあるが、そのことは能力の違いが生物学的なものであることを証明していると強調した。貧困の自然化は、結果としてその規範化《ノルマリザシオン》なのである。人間は生まれながらにして不平等であるから腹を立てても無駄であり、不平等のままであったとしても、何よりもまず、それを不可避の運命的なあらわれとして見なければならない。しかしながら、たとえば、悲惨な境遇の母親から生まれて路上に捨てられたとても幼い子どもたちを見て、他者の苦しみにたいする共感はときおり生じるかもしれないが、それはある意味においては、この種の状況の自然な不可避性にたいする共有された信念にもとづく合理化メカニズムをとおして、また、それを止めるために行動することの不可能性の自己説得の過程をとおして、いわば急速に無効化されている。人びとは自分自身の奥底でそれを嘆くことはできるが、だからといって過度に心を揺り動かすこともない。悲惨な場面はあまりにも多いが、それは過酷ではあっても日常的な社会秩序の現実をあらわしているにすぎず、結局は慣れがそれを「正常なもの」にしてしまうほどだからである。

　しかし、サンパウロのすべての上流層が、この点にかんしてまったく同じ信念を共有していると結論づけるべきではない。とりわけわれわれが研究した四つの地区のあいだには違いがあらわれている。生物学的決定論を滲《にじ》ませた言葉が最も頻繁に使われるのは、古い世襲ブルジョワジーが最も集中している地区、すなわちジャルジンス地区である。対照的に、より多くの芸術・知的職業の者が住むイジエノーポリスとモルンビでは、インタヴューで、社会環境の影響ゆえに環境や教育の不平等を貧困の要因とみなす傾向がより強いことが確認された。貧困の持続性を説明するために、生物学的・社会的な議論が錯綜することもしばしばある。しかし、こうした違いにもかかわらず、サンパウロでは依然として貧困と不平等の自然化が一般的であるが、そのイデオロギー的基盤はデリーとは異なり、理解するのがより難しい。インタヴュー対象者の多くは自然主義的な貧困の概念（差異の生物学化、たとえば北東部《ノルデスタン》の人びとにたいする偏見など）に依拠しているが、人種差別を直接表現することは依然としてタブーである。これらのレパートリーは潜在的なのだ。「ポリティカリー・コレクト」への懸念から、おそらく多くの回答者は自らの言葉を慎んだり、婉曲に表現したり、検閲さえもしているだろう。

　不平等と貧困を正当化するために、サンパウロのエリートも能力主義のレパートリーを引き合いに出している。この種の論拠は、実際には少なくとも部分的には自然化の論拠と両立する。人びとが自分の成功と社会的優越性を自らの仕事や親のおかげであると考えるとき、かれらは最終的に、貧困層が自らの生活にあまり強い決意を示さず、仕事にそれほど熱心ではないこと、また、それがかれらの性格の特徴とみなされることをほのめかしている。つまり、能力を「自然化する」ことが可能なのである。サンパウロのインタヴュー対象者がこのレパートリーをもちだすときは、多くの場合、他人の苦痛に責任を押しつけることはできないと、自らを――そして調査者を――納得させるためである。この国では富裕層と貧困層の所得格差があまりにも大きいので、富裕層は自らを正当化し、弁明しなければならない。理屈をつけて自己を説得することによってしか消し去ることのできない後ろめたさが奥底にあるかのように、多くのインタヴュー対象者たちがこの必要性を強く感じているのは驚くべきことである。かれらは、自分や家族の生活史を引き合いに出しながら、勇気、無謀さ、そして自分や先祖が人生のなかで発揮した成功への意欲を語るエピソードを述べている。そして、かれらは社会に何の義務も負っておらず、自分たちのまわりの悲惨さの責任を間接的にせよ負うと考えるのは馬鹿げていると信じている。かれらはしばしば、自分たちが隠そうとしない誇り、つまり本人や家族の栄誉の感情をそこから引き出す。かれらは、自らが獲得したものは、何よりも自分たちの能力と、最も有能で意気盛んな人たちに報いる自然淘汰の法則に負っていると自称する。貧困層が本質的に不平等で不公正なシステムの犠牲者であるかもしれないという考えは、かれらにはまったく異質なものである。少なくともこうした言説はかれらの心には何も残さない。貧困層を寄生虫とみなす人たちさえもいる(＊11)。

このように、かれらはみな、自分たちの能力とみなされるものを自己正当化しているため、ルーラ大統領時代から、そして調査時点ではジルマ・ルセフ〔第三六代ブラジル大統領、在任二〇一一―二〇一六年〕

が推進していた全国貧困対策プログラム〔ボルサ・ファミーリアとして知られる〕(＊12)にたいして激しい敵意をもっている。そのため、以下のような、かれらが主張する論拠《アルギュマン》はおかしいものではない。それらはかれらの貧困と不平等についての知覚から直接に由来するものである。〔その主張とは、〕この種の援助から恩恵を受ける貧困層は、さらに怠惰になり、規律を守ることが困難になるということでしかない〔というものである〕。その結果、こうした国の支援を受けているという事実によって、仕事や貯蓄、将来への構え《プレヴォワイヤンス》のエートスから持続的に遠ざかることになる〔と主張している〕。言い換えれば、そのようなプログラムは「無用」なのであり、悲惨な社会的影響をもたらす道徳的退廃にしかならない。たとえばアルコール依存症のような避けられない堕落に触れる人もいる。使用人の勇気と美徳について語る人がいるとすれば、かれらを「〔恩恵を受ける〕貧民」として、そうではない貧しい者と区別する。しかし、ほとんどの人はこの古典的で歴史的な区別をしていない。貧しくても価値があるという考えが頭に浮かばないからである。しかし、この家族手当のプログラムが左派政権の社会プロジェクトを象徴するものであったことを認めなければならない。エリートの意識のなかでそれは、われわれの調査時の政権にたいする全面的な抵抗をある意味で支えるものであった。したがって、それは集合的な告発の機会であり、実際には富を再分配しようとするあらゆる試みに直面しても、支配階級の利害を断固として擁護することと結びつくものであった。ブラジルの状況では、こうした反対はコンフリクトを招きやすい性質のものである。

　しかし、デリーで起こっていることとは異なり、サンパウロ、そしてより一般的にはブラジルの貧困層の状況は少しずつ変化しつつあるようだ。全国貧困対策プログラムと、労働の世界をますます規制する社会立法は、しだいに貧困のもう一つの表象を広めるようになっている。富裕層は社会の進歩という考えすべてに逆らっているとみられる一方で、国の支援を受けた貧困層はしだいに自分たちの権利を意識するようになり、このことが、上流層とのより対立的な関係性としてあらわれることがある。言い換えれば、貧困層が自らの家庭環境の影響力から〔とくにそれが排他的な場合には〕徐々に離れ、自分たちを富裕層と結びつける支配関係から離れていくときに、自分たちの劣位の状況を自然なものではないと判断し、自分たちとその家族のために別の運命を思い描き、それによって徐々に別の貧困表象のシステムを認めるようになるのである。この貧困の「脱自然化」プロセスは、かれらが市民的・政治的権利だけでなく、社会的権利も保障する国家によって保護されていることを知ったときに増大する。

パリ大都市圏の上流層は、著しく異なる言葉で貧困を語っている。多くの人が、肉体的な美しさ、能力、芸術的才能、性格的特徴など、生まれながらの不平等を認めているが、パリの対象者は、デリーやサンパウロの対象者よりも、じつに多く、そしてかなりより頻繁に、社会的決定論を強調している。大半の対象者にとって、社会的〔な要因〕および家族〔の要因〕が占める部分が圧倒的に多く、逆に天賦の才能が占める部分はごくわずかである。調査対象とした地区では、個人によっては、貧困を多かれ少なかれ強く社会学化する傾向がある。すなわち、貧困を不可避で自然なプロセスの影響ではなく、何よりも機会の不平等の影響とみなす傾向がある。教育の不足や水準の低さ、とくに高度な資格をもたない場合の就職の困難さ、困難が集中しインフラが整備されていない地区に住んでいるという事実、狭い住宅で子どもたちに十分な勉強の空間が与えられないことなどが、貧困と不平等の再生産を説明する突出した要因である。たとえば、インタヴュー対象者の一人は、貧困層は、かれらの意に反して、あらゆる逸脱や非難すべきふるまいを助長するようになった空間に「閉じ込められている」

と述べた。多くのインタヴューにおいて、とりわけ雇用、職業訓練、都市計画にかんする、社会的再生産メカニズムを強化するあらゆる側面で、公共政策の機能不全を告発するというかたちをとる者もいる。このように、これらの論拠は、貧困の自然化よりも貧困層の犠牲化に属している。

しかし、あまりにも早く結論を出してはいけない。実際、インタヴューを詳細に分析すると、貧困の文化〔人類学者オスカー・ルイスの用語〕の言いまわしを借用して説明している箇所があちこちであらわれる。〔貧困の文化論では〕貧困層は、やる気や意思の欠如、努力や規律にたいする関心の欠如、アルコール依存症、あまりに高い出生率、子どもにたいするネグレクトなどの不適切で非難されるべき日常的な習慣等、かれらの文化的態度の結果でもあるといわれる。この貧困の説明にかんする文化主義的レパートリーでは、外国出身の人びとがスティグマ化の理想的なターゲットとなっている。とくにロマの人びとは、この文化的次元の貧困の一定の特徴を強調するために言及されるが、サハラ以南やマグレブ出身の家族もまたそのように語られる。それほどまで、かれらがフランス社会にはとんど適応していないことは、何人かのインタヴュー対象者にとっては自明なことなのである。それは、かれらが十分な言語能力を欠いているために、労働の世界に馴染むことができず、子どもたちの学業達成(したがって社会移動)を促すことができないからでしかないにもかかわらずである(＊13)。しかし驚くべきことに、こうした文化主義的でモラリスト的な論拠は、主要な要因として提起された構造的問題をめぐって広く語られている言説の周辺にあらわれているにすぎない。経済危機と失業率の高さは、最も脆弱な層と最も学歴技能の低い層がより影響を受ける極端なかたちの不公正として言及されている。グローバル化と関連する文脈的要因、そしてときには資本主義の性質さえも、かれらの不運の蓄積にたいする貧困層の直接の責任を軽減するために引き合いに出される。インタヴュー対象者のなかには、過密で非衛生的で機会に恵まれない地域に住むことを余儀なくされている貧困層に同情的な目を向け、リュック・ボルタンスキーが「離れた苦しみ」(*14)と呼んだ体験をする人さえいる。

パリ都市圏のインタヴュー対象者の語りでは、貧困の自然化の傾向は、他の二都市圏とくらべて比較的目立たないままであるが、能力の問題もより慎重に扱われている。パリの四地区に住む上流層は、国民の連帯という原則の名のもとで、貧困層への支援の必要性の承認と、多くの扶助受給者の十分な自立をさまたげるとみなされるものへの非難にしばしば二分される。ほとんどすべてのインタヴュー対象者が、国の貧困対策と同様に積極的連帯所得手当(RSA)のような政策を支持している。しかし、かれらはしばしばこれらの措置が有効性を欠いていることと、何よりもその非効率性を嘆いている。望まれるのは社会国家の撤退ではなく、その改善だ。とくに五区では、より多くの人が左翼だと主張し、富のより良い分配を主張する人もいれば、より多くの社会住宅を歓迎しない一部の自治体の態度に不満を述べる人もいる。これはフランス社会の基本的な傾向であり、専門家にはよく知られているが、貧困層への援助を承認し、それを共和国の理念に合致した国家の至上命令とみなす傾向である。この傾向は一致しているわけではないが、われわれがインタヴューした上流層でも検証可能であることは明らかである。それはまたとくに、世話の必要な子どものいない対象者の何人かは、人道主義的な団体や運動への参加というかたちで、あるいは、対象とされたすべての地区で、フィランソロピーのような寄付という方法でおこなわれている。言い換えれば、貧困はけっして鈍感でいられる問題ではなく、国によって組織されたものであれ、市民社会によって補完されたもの(とりわけ、アソシエーションや世俗的あるいは宗教的な慈善活動をとおして)であれ、連帯は変わることのない価値としてあらわれてすらいる。

反対に、貧困層にたいする連帯の原則が一般論としては受け入れられていても、近年メディアでしばしば論評され議論されているような、限定的な道徳的論拠が語りのなかに入り込むことがある。たとえば、インタヴュー対象者のなかには、貧困と、子どもの教育や世話をする義務を家族が果たしていないこととを結びつける人もいる。このため、子どもが常習的に学校を欠席したり、非行によって訴追されたりしている親への家族手当を停止することが一部の右翼政治家によって何度も提案された。この論拠は明らかにパリの対象者たちの興味を惹起しているが、それを援用することによって、かれらはたんに道徳的価値の世界と、家族と教育の重要性にもとづく信念体系を自ら受け入れているにすぎない。いくつかのインタヴューのなかには新自由主義のイデオロギーの痕跡もみられる。それは、企業に重くのしかかり、必要とする人材を雇用する（したがって、その結果として失業を減らす）能力をさまたげる過剰な規制や社会保障の負担を非難するというかたちをとっている。さらに、このレパートリーは無気力の広がりを間接的に問題としている。こうしたなかでは、実際に仕事を探さなくても社会給付で満足しうる人びとがいるかぎり貧困層もその責任の一部を担っているのである。一部のインタヴューでは、貧困層と失業者の罪責化が根底にあるようにみえるが、だからといって貧困を最終的に、また十分に説明するものではない（罪責化に完全に、あるいはほぼ与するインタヴューはきわめて少数である）。

要するに、パリでインタヴューをおこなった上流層の人びとは、貧困層にたいする連帯への支持を表明することが多く、ときには貧困層のために個人的に働くこともあるが、たとえ何があろうと、家族教育の重要性、努力と労働の美徳（今日ではしばしば個人の自主性と自律性というネオリベラルな価値観と入りまじっている）、能力の重視といった、道徳的価値の基盤と結びついている。かれらはその価値をつねに模範としており、貧困層にたいしてより体系的に教え込まれるのを望んでいる。言い換えれば、貧困層の犠牲化は、社会国家にたいする上流層の支援を少なくとも部分的には説明し、ある場合には連帯へのコミットメントを動機づけさえしているが、かれらにとっては、扶助の行きすぎは貧困層を自らの状況に満足させることになるのは明らかだと思えるので、完全なものではない（＊15）。

したがって、サンパウロやデリーのインタヴュー対象者とは異なり、パリで出会った上流層が、貧困層にかんしてしばしばかなり慎重な語り方をしていることに注目すべきである。かれらの語りからは、最低限の社会的凝集の保証としての「連帯主義」と福祉国家の正当化とともに、社会を組織しうまく作動させるために必要な地位の不平等の正当化があらわれることがある。どちらの場合も（＊16）、異質で〔相互〕補完的な部分からなる社会的全体に帰属しているという考えの名のもとで、貧困層の過剰な罪責化（この傾向が社会的表象にまったく存在しないことを意味するわけではない）と、絶対的平等主義にもとづく社会的公正という考え方を正当化するラディカルな犠牲化の両方を避けることができる。この両義性は、パリ住民のインタヴューが伝える表象においては、たとえ貧困層がいわゆる最下層であったとしても、社会システムの外におかれているとはみなされていないと強調することによって理解できる。しかし、どれだけ異なっているかにかかわらず、あらゆる人びとにたいして、市民的平等の原則に照らして受容できる社会的地位への権利を認めたとしても、それは社会的均等化を意味するわけではない。だからこそ、社会経済的差異を正当化するために、個人の能力が動員されつづけているのである。このように、生活状況に関連した酌量すべき事情があるかもしれないため、貧困層全体を怠惰であると非難するのではなく、労働をとおして不利を埋め合わせる人びとの評価を高めることが重要なのである。だからわれわれは貧困層にたいする統制された犠牲化について語ることができる。

その意味においてこの犠牲化は、多くの場合、明示的に語られることはないが、とりわけ諸機能と諸個人の相互依存にもとづいた経済的・社会的規制の条件がそこにみられるときには、地位の不平等を許容するシステムの維持につながるのである。

第六章　連帯の抑圧か距離をおいた連帯か

　さまざまな形態の貧困知覚を分析することは、貧困層にたいする連帯の諸条件を問うことになる。もし、貧困層が道徳的秩序への脅威であり、安全性や衛生面での潜在的なリスクであると知覚されれば、他のさまざまな社会階層の人びとは、たとえいかなる種類の汚染から身を守るためであろうとも、まず基本的な態度として、かれらから距離をおきたいと考えるだろう。〔ただし、〕このような態度は、少なくとも部分的には、この恵まれない集団にたいして共感を抱くことや、連帯プログラムの実施に遠くから参加したり、慈善行為を支援したりすることさえもさまたげることはない。しかし、このような連帯主義的な態度がたとえ最低限であっても顕在化するためには、貧困を集団で克服すべき災いとし、貧困層を援助し社会にうまく統合させるべき不利な集団とみなす社会秩序の考え方に根ざさなければならない。言い換えれば、貧困層との連帯とは、貧困を、生まれながらで取り戻しのできない劣った地位や特定の個人の怠惰の結果としてではなく、改革を必要とする社会全体の機能不全として定義することを意味する。

前章で分析された貧困層にたいする差別の三側面は、その理念型的な形態のもとで、この層への連帯を限定し、さらには排除するための、まったく効果的な総体を構成している。パリ一六区の住民が、ブーローニュの森の端に移住者《ミグラン》のための宿泊施設を設置することに反対してデモをおこなうとき、かれらは実際には、他の場所から来た人びとと自分たちを隔てる道徳的・社会的・象徴的・空間的境界を守っているのである。そしてかれらは、他の人たちが経験した不衛生さ、無作法、暴力によって、自分たちの住む地区が汚染されるのではないかという恐れを表明し、さらに自分たちで、また親しい隣人たちと話し合いながら、目の前にあるこうした苦しみの日常的な光景が喚起させるかもしれない共感を無効化するシステムを発展させているのである。富裕層の似た者同士の集まりには、現実においても、またそれに付随する表象においても、直接対応するもの、すなわち貧困層への意図的な差別と、かれらを最大限遠ざけるという選択がある。この地区で起きたことは、われわれの調査が終わった後に生じているが、それは例外的なものではない。この種のシェルターがつくられたほぼすべての場所で、多かれ少なかれ緊張が非常に高まり、さまざまな層の人びとが連帯を拒否しようとした。同様に、パリの西部（とくにヌイイ）では、大きな自治体が少なくとも二〇パーセントの社会住宅〔の建設〕を受け入れることの義務化（連帯と都市再生にかんする法律：ＳＲＵ）にたいする抗議運動を挙げることができる。貧困層から距離をおくための、念入りかつ継続的な努力と呼べるものがあるのだ。

本章では、調査対象となった地区や大都市のあいだでわれわれが観察することのできたおもな差異にもとづいて連帯の規定要因を検討した後、後半では、モラル・エコノミーと（個人を互いに、また個人を社会全体に結びつける紐帯という意味での）社会的紐帯を区別することを可能にする理論を用いて、それらを説明することを試みる。

1　連帯の規定要因

貧困層への連帯は普遍的と判断しうる価値に属するが、社会的権利とシチズンシップの紐帯を参照する際にほぼつねにナショナルな枠組みでおこなわれる。その連帯は人道主義的組織からも公的機関からも惜しまず与えられる。しかしながら、この介入は自明なものではない。人道主義的価値と社会的凝集という名のもとで合意が得られているかのように、こうした介入をおこなう必要があると求められることがあり、他方で、反生産的とみなされる効果、さらには逆効果、とりわけ自分のことにほとんど責任を負おうとしない被扶助者たちの階級を存続させる効果を理由に拒否されることもありうる。このように、貧困層への共感は、社会階層の底辺に位置し、怠惰で〔社会に〕便乗しているとみなされるこの層にたいして他の人びとがあらわす嫌疑との緊張関係、さらには失業者と被扶助層の直接的な罪責化との緊張関係においてあらわれる。同じ国でもこの二つの態度は共存することがありうるが、とりわけ経済状況によってその強度は異なっており、共感が増大する局面と罪責化が増大する局面が交互に入れ替わるサイクルを観察することができるほどである。

しかし、貧困層にたいする差別は上流社会階層だけがおこなっていることではない。これは社会の複数の階層、とくに中流階級に広がりうる過程である。フランスで実施した質問紙調査でおこなわれた質問は、貧困の原因に直接向けられている。この質問によって、貧困についての伝統的で根本的に正反対の二つの説明、すなわち貧困層の怠慢や悪意を強調する説明と、逆に社会にはびこる不公正を強調する説明を識別することができる。この種の調査では、この主要な二種類の説明のほかに、「貧困層は運に恵まれなかった」と「それは現代の世界では避けられないことだ」という二つの説明が挙げられている（表参照）。フランスにおいて職業・社会職業分類（ＰＣＳ）間の違いの分析は、とくに以下の点を明らかにしている。①怠惰による貧困の説明は少数派であり（一三・八パーセント）、上位の階層よりも多くの自由業者、雇用者、退職者（元幹部《カードル》・中層職《プロフェッション・アンテルメディエール》〔幹部と従業員・工員との中間的な立場〕を除く）と関連している。②管理職・上級知識職〔医師・弁護士など〕のあいだでは、地位によるばらつきが大きく、官公庁の幹部は企業の幹部よりも不公正によって貧困を説明している（五二パーセント対三七・八パーセント）。③雇用者は同質的な集団を形成していない。官公庁の事務職は、他のとくに管理・商業職よりも不公正によって貧困を説明する割合が高い。④元農業従事者は、他の定年退職者より怠惰で貧困を説明する可能性が高い。⑤企業幹部と（民間の）中層職は、貧困をとくに現代における不可避の現象と考える点で目立っている。

これらの知見は、調査で収集したデータからおこなうことのできる分析の微妙な違いを表現することができる。貧困層にたいする差別のメカニズムは多様な形態で存在しており、それを可視化する出来事が不意に起こったときには、それが富裕地区に集中しているかのようにあらわれることがある。しかしそうだとしても、それはこれらの地区に限定されたものではなく、連帯を表明する際の絶対的な障害をあらわしているわけでもない。フランスの幹部・上級知識職のあいだでは、貧困を不公正によって説明することは、怠惰による説明よりもかなり頻繁にある。

表　社会職業分類別にみた貧困の説明〔フランス〕（%）

社会職業分類	不運 (1)	怠惰 (2)	不公正 (3)	不可避 (4)	N*
職　人	5.5	20.0	41.8	32.7	55
商　人	10.0	16.0	34.0	40.0	50
自由業者	5.1	5.1	46.2	43.6	39
官公庁の幹部，知的・芸術職	11.0	4.8	52.0	32.2	146
企業の幹部	7.3	10.4	37.8	44.5	164
中層職（教育，医療，公共部門）	7.5	9.8	51.9	30.8	214
中層職（企業の管理・営業）	14.1	6.7	34.8	44.4	135
技術者	4.4	13.0	44.6	38.0	92
監督・職工長	8.3	16.7	35.4	39.6	48
官公庁の事務職	4.3	15.6	47.8	32.3	186
企業の管理職	5.4	17.5	44.0	33.1	166
商業職	5.7	17.8	42.1	34.4	157
個人向けサービス従事者	6.0	13.8	53.9	26.3	232
熟練労働者	8.6	14.6	42.4	34.4	349
技能労働者	10.6	11.9	47.7	29.8	151
退職者／元農業者	5.1	35.9	28.2	30.8	39
退職者／元職人，商人，企業経営者	17.9	19.4	34.3	28.4	67
退職者／元幹部，中層職従事者	8.4	10.2	44.1	37.4	404
退職者／元事務職	11.8	17.0	45.6	25.6	305
退職者／元労働者	9.7	19.5	44.3	26.5	257
無　職	10.7	13.3	44.4	32.6	580
合　計	8.9	13.8	44.0	33.3	3,913

(1)：運が悪かったから
(2)：怠けたりやる気がないから
(3)：社会に不公平が多すぎるから
(4)：世界が進歩すれば避けられない
注：この表では人数が30人未満の職業分類は示していない．
出所：Enquête Dynegal-GEMASS/CMH/PACTE (2013)，および著者が直接集計したもの．

われわれは、差別の三つの側面がそれぞれの都市でさまざまなかたちで立証されていることを強調してきたので、いまやこれらが貧困層との連帯にたいする真の障害となるのはどのような特殊な文脈においてなのかを分析しなければならない。したがって、ここで問題なのは、貧困層にたいする差別に影響を与える論証レジスター──完全または部分的な──連関を考察することである。〔そこでは〕二つのケースを区別することができる。すなわち、議論が複数かつ累積的であり、それゆえ恵まれない者たちとの組織化された連帯の出現をうながすことはほとんどないケースと、反対に連帯主義的原則と選択的、部分的に、少なくとも一部は両立するケースである。

◉──差別のレジスターの連関

富裕層による貧困層差別のプロセスの三つの側面──道徳的境界の構築、身体的嫌悪、共感の無効化──は、場合によっては相互に補強し合うことがある。われわれが実施したインタヴューは、これらの事例が三都市に存在することを示している。しかし、パリよりもデリーやサンパウロのほうがこうしたケースははるかに多く見られる。そして、差別の三側面とは、インタヴュー対象者が都市空間でのオート・セグリゲーションの実践を多様で累積的な方法で正当化するために引き合いに出す、かれらのあいだでうまく連関した論証レジスターを指す。この論証の構成は、不平等な社会秩序を正当化する完全に規制されたシステムのイデオロギー的基盤にすらなっている。したがって、デリーとサンパウロのエリートは、この点では似たような図式をとっているとみなされるかもしれない。実際には、全体的にはこのような類似性があるにもかかわらず、インタヴューごとに正確に識別できる差異がある。

デリーでのインタヴューから得られたおもな論証形式は何だろうか。階級――あるいはカースト――への関心は、優越していると判断された道徳的秩序に依拠しようとする意思のもとになっている。この道徳的秩序は、明らかに貧困層の空間的・社会的近接性と両立しないものであり、社会的不平等を合理化する精緻なシステムのみが、人間的・心理的に許容できる厳格な分離を正当化するものである。言い換えれば、デリーでインタヴューしたインドのエリートは、優越するとみなされた社会的・道徳的秩序にエリートを当たり前のように位置づけ、貧困層の運命にたいするあらゆる不公正の感覚や良心の呵責を取り除く一貫した信念体系を備えている。このシステムは、日常的な実践のなかで体験され、世代から世代へと伝達されるという意味で、ハビトゥスと強く結びついていたエートスを成している。貧困層の望ましくない性質として合理化する形態のなかで、衛生思想と汚染への恐怖は、カースト制度に属する歴史的・人類学的理由にとって重要な一部を占めており、そうした点からは貧困層の危険性に言及することはとりわけ二次的な効果としてあらわれている。同様に、不平等の合理化の形態のなかでは、貧困の自然化が第一のものと思われるが、これまでみてきたように、能力や新自由主義的イデオロギーへの参照が、あらゆる社会プログラムの体系的な告発に適している。

サンパウロ大都市圏で用いられている優越的な論証のロジックもかなり類似している。この場合、デリーと同様の観察が可能である。貧困層にたいする差別のプロセスの三つの側面は、収集されたインタヴュー調査では非常に多くの場合で関連しており、したがって、完全に連関し首尾一貫した論証システムを構成している。階級の卓越化と、社会的再生産の願望の表明として、道徳的に優れた秩序を確立することは、貧困層の望ましくない性質の合理化プロセスと、不平等と貧困の合理化のより一般的なプロセスの両方にもとづいている。ここでも、この論証の構成は、上流階級が社会の他の階層、とくに貧困層にたいして支配的な社会的地位を正当化できるだけでなく、不平等な社会秩序そのものを正当化しうる信念体系の結果である。デリーとまったく同様に、このシステムは、最貧層の苦しみと不公正にかんするあらゆる形態の過剰な感受性にたいして、心理的防波堤としての役割を果たしている。しかし、これらの三つの次元は全体的に検証されているが、それらは異なる秩序と論理にしたがって、論証レジスターのなかで変化することを強調しておくべきであろう。実際に、貧困層の望ましくない性質として正当化されるもののなかでも、貧困層の危険性に起因する治安の悪さ《アンセキュリテ》は顕著である。インタヴューからは、サンパウロのエリートのあいだに広がる、不安を引き起こすような環境が明らかになっている。貧困の問題は、富裕層にとっては何よりもまず、持続的な不安のリスクであると考えられており、それゆえ、日常的な保護、とくに居住空間（個人所有のコンドミニアム型ビルあるいは大邸宅）のまわりの保護を体系的かつ無制限に求めている。セキュリティ・システムの精緻化とそこで働く従業員の数は、それ自体が社会的地位の基準である。この不安感は衛生面でも拡大しており、これは一部のエリート層が公共交通機関を利用することを拒否する理由にもなっているが、貧困層や多くの非衛生的な都市区域の潜在的な汚れからこのように距離をおいているのは、デリーのように、カースト制度から受け継がれてきた身体についての差異のある純潔性にたいする共通の信念に依存しているからではない。言い換えれば、サンパウロでは貧困層との接触による汚染のリスクについてデリーと同様に懸念されているが、歴史的には同じ思考パターンには根ざしていない。一方、サンパウロの公共空間はほとんど無視され、不潔さが目立っているようだが、デリーではさらにその傾向が強く、インドのエリート層はより狭い領域に住み、それをより強く自覚している。

社会的不平等が正当化される理由のなかでは貧困の自然化も優勢である。それは、少なくとも部分的には、奴隷制度から継承された家父長的関係の効果であり、主人と召使いの関係における差異の本質化にもとづいているとみなければならない。この関係は、古典的な雇用形態にうまく適合するために進化してきたが、今日でも、貧困層と使用人の自然な劣等性にたいする共有された信念にもとづく階級支配の現実を覆い隠す方法である、誠意と慈善の観点からエリートによって提示され、経験されている。不平等を正当化するうえで能力の問題はそれほど重要ではないが、デリーのように、貧困層のためのあらゆる再分配プログラムに敵対的な発言をおこなうことができるため、能力の問題は日常的に参照される。ボルサ・ファミーリアのプログラムはインタヴュー対象者たち全員から一致して批判されている。かれらは、貧困層がこの制度につけ込み、政府がそれを維持しているとしばしば非難する。国家の使命は、貧困層を「文明化」し、日常生活のなかで責任を果たすように教育することであるべきだといわれる。連帯の倫理を価値づける論拠がインタヴューのなかで見られないことは驚きである。

しかし、デリーとサンパウロでは、違い以上に、階級の卓越化への関心は、優越した道徳的秩序を構築し——そしてそれに順応し——、また貧困を自然化するプロセスと、貧困層とかれらの生活様式にたいする嫌悪の両方を巻き起こす意思となってあらわれる。オート・セグリゲーションの実践は、さまざまな次元が相互に強化し合うこの論証の総体に照らして意味をもつ。このシステムは、階級ハビトゥスを育み、またそれによって育まれているだけに、なおいっそう持続する可能性をもっている。

◉——連帯のために縮小された空間

パリでおこなったインタヴューでは、他の二都市圏とは異なり、論証レジスターの構成はそれほど一貫してはいなかった。富裕層は、階級の卓越化〔にたいする反発〕への懸念と、自分たちと同じ出身や地位の家族と道徳的に調和して暮らす快適さのために、自分たちのオート・セグリゲーションの実践を正当化するが、インドやブラジルの富裕層ほど、貧困層の望ましくない特性を合理化しようとはしない。貧困層の潜在的な危険性とかれらが表象する汚染のリスクと結びついた不安《アンセキュリテ》は、富裕層の閉鎖を正当化するためにパリ都市圏の対象者の語りのなかによくみられるが、それらは他の二つの都市圏ほど目立ったものではなく、はっきりとはしない。ルイ・シュヴァリエの有名な分析によれば、労働者階級と危険な階級が一九世紀の支配階級に抱かせた恒常的な恐怖は、時間とともにしだいに希薄化し、今日ではもはや中心的な関心事ではなく、特定の状況を避けようとする際にときおり経験する困惑にすぎない。しかし、それはロマのように強くスティグマ化された人びとにたいしてふたたび突如としてあらわれた。たとえば、調査時のロマの人びとにたいする拒絶は、政府がかれらにたいして頑なな抑圧の措置をとったことによって増幅されていた。またそれは、極右や一部の保守派のもつイスラーム嫌悪の入りまじった言説によってもよみがえっている。しかし、フランス社会におけるレイシズムの繰り返しを示すこうした具体的なケースは存在するが、サンパウロとデリーでのインタヴューとは驚くほど対照的である。

　パリの上流階級もまた、社会的不平等の合理化システムに依拠してかれらのオート・セグリゲーションの実践を正当化している。しかし、他の二都市とは違ったかたちでおこなわれている。貧困の自然化プロセスははっきりとはしないままであるが、能力の概念が語りのなかでより顕著である。やはり、この能力という概念をめぐっては解釈が必要であろう。インタヴュー対象者たちのあいだで最も共有された意味では、能力という概念は、貧困層を罪責化する以上に、努力の意味や道徳的な美徳、労働のエートス、富の蓄えを是認する傾向がある。これまでみてきたように、貧困層は一般的に同情され、しばしば慈善的または人道的なヴォランティア活動となってあらわれる博愛的な配慮の対象となる(＊1)。同様に、援助にたいする非難がより一般的になり、社会プログラムがしばしば効率性と有効性を欠いていると批判されることがある一方で、社会保護制度が連帯主義的な原則において否定されることはほとんどない。この原則は、インタヴュー対象者たちの思考図式に組み込まれているように思われるほどである。先に述べたように、階級の卓越化は能力主義にもとづくものであり、これは貧困層の統制された犠牲化のプロセスと連動している。したがって、不平等なシステムの規制は、不平等を根絶することを目的としているのではなく、最も目に見える犠牲者のためになるように、少なくとも部分的に不平等を削減することを目的としているのである。

　パリのインタヴュー対象者が、連帯主義の教義――それは他の二つの大都市で用いられる論証レジスターにはほぼ見られない――に多少影響を受けた語りに依拠しているという事実は、フランスのエリート層がインドやブラジルのエリート層よりも本質的に道徳的で利他的であることを、いかなる方法によっても証明するものではない。この点で、この調査はとくに、貧困層について何を言うことが許され、あるいは何を言うことがまちがっているのかを、それぞれの社会に固有のやり方で正当化する、連帯の社会的・制度的規範について教えてくれるのである。

　パリ都市圏では、社会階級のあいだの境界は、デリーやサンパウロほどはっきりとはあらわれず、また語りのなかでは、貧困層との距離化と不平等の自然化は、それほど激しいものではない。にもかかわらず、象徴的卓越化の探究と社会的再生産の戦略が高級住宅街でよくみられる。そこでは、教育と嗜好、礼儀作法によって定義される、閉じられた交流関係のなかで自分たちの価値を共有することを好む住民たちのアイデンティティが、多かれ少なかれはっきりとあるいは巧妙に防衛されている。これらの象徴的な境界は、都市的なものの拒絶となってあらわれるのではなく、社会的表徴《マルクール》として働く。われわれがみてきたように、それらは適切とみなされた条件で再分配と連帯の原則にかんする全体的な合意と両立する。上流層の国家にたいする期待は依然として高い。それはたとえ、公共機関がかれらの利害を擁護できることを知っており(*2)、少なくとも不平等の部分的な規制は社会的凝集を保証し、したがってかれらの支配的地位の諸条件を再生産するとかれらが全面的に信じているからにすぎなくてもである。

最後に、この調査でわれわれが試みたように、現代の大都市圏に住む富裕層によるオート・セグリゲーションの実践は、それを基礎づける正当化のシステムを各都市で比較することによって、よりよく理解することができる。

◉――近隣効果かナショナルな効果か

エリート地区におけるこのような異なった形態によって、閉鎖が地区内で展開していると考えることができる。道徳生活は、地区そのもの、その同質性、その内的連帯の形態、共有された充足感だけでなく、外の世界や隣接した地区、より一般的には都市全体にたいする住民の個人的・集合的表象にそのつど特有の影響を与えている。しかし、数千人の住民が住む都市区域では、社会性《ソシアビリテ》が村落や中規模都市でみられるような相互交流に完全にもとづくことはほとんどありえないと強調しておく必要はある。社会関係がそこで強く交差しているからといって、すべての住民が互いに融合したように結びついているわけではない。しかし、この地区で展開していることは、ロバート・サンプソン

〔アメリカの都市・犯罪社会学者。シカゴで大規模調査をおこなった近隣効果の研究で著名〕が「集合的効力」(*3)と呼ぶ、相互の信頼と社会統制にかんする共通の期待の組み合わせに属しているかもしれない。オート・セグリゲーションしている地区の住民を結びつけるものは、本質的とみなされた価値への共通の参照枠である、合意された規範的枠組みの存在を前提としている。誰も互いに知り合いである必要はなく、互いに信頼しており、場合によっては地区全体に影響する問題にともに立ち向かい、さらには秩序、安全、住民の安心にかんする特定の利害を守るために集合的な戦略を展開することができるという確信を共有していれば十分である。

調査対象の三都市圏のそれぞれで異なる富裕地区を選択する際には、体系的な比較によって、それぞれの地域〔社会〕構成が貧困の表象に及ぼす固有の効果の可能性を考慮しようとした。密集した中心街にある世襲ブルジョワジーの伝統的な高級住宅街は、知的・芸術的・文化的ブルジョワジーが集中する地区や、近郊住宅地のブルジョワ地区にくらべて、貧困層にたいして同じ関係をもっているわけではない。大都市空間内の地区の位置は確実な影響をもっているのである。たとえば、サンパウロのモルンビ地区やデリーのグルガオン地区のような貧困地区の近接性は、富裕層の不安感を強め、貧困層にたいする持続的な不信感や攻撃を受ける強迫観念を説明する。反対に、貧困が集中する場所からより遠くにある富裕地区では、概して住民の犯罪への懸念はより低い。これは、たとえばサンパウロのアルファヴィーレ地区のケースである。このような完全にセキュリティ対策が整えられたタイプのコンドミニアムは、居住者が居住地の選択を正当化するために挙げる最も重要な基準である、いくらかの平穏さをもたらしている。また、地区内の社会的紐帯の交差もヴァリエーションの要因となる。富裕地区のなかには、自分たちの利益を守るために他の地区よりもより結束力が高く行動力のあるところがあり、恵まれない人びとへのアクセスを拒否するときにはとくにそうなる。パリ都市圏においてさえ、社会的混合の原則の評価には、たとえば、ある程度の開放が容認されていると思われるヴィル・ダヴレーと、それに即座に反対する傾向の強い一六区には違いがある。サンパウロのイジエノーポリスやパリ五区の場合のように、知的・芸術的職業が多く存在することもまた、この地区の多かれ少なかれ進歩主義的なイメージを形成し、貧困層の拒否にたいしてそれほど過激ではない態度を維持するのに寄与している。

都市モザイクのなかでは地区は互いに異なった特徴をもつがゆえに、地区だけではなく大都市全体も考慮に入れなければならない。このモザイクは地区全体を包含しており、そこでは他の都市の特有な社会・空間的分割の形態および布置にたいするその地区の特殊性があらわれている。これらの大都市圏それぞれの治安の悪さ、犯罪、不衛生、公共空間の維持、都市のインフラと交通網、富の分配などの特徴は説明要因となる。都市の歴史、制度は、インタヴュー対象者の論証レジスターを形づくる際に寄与する。

しかし、地区も大都市もそれだけでは貧困知覚のヴァリエーションを説明することはできない。ナショナルな枠組みから一般的に理解される社会全体の効果を考慮することも必要である。国際比較においては、社会科学の研究者は、経済、家庭、政治の分野に法と資源の再分配によって介入することで個人の保護と社会的凝集を保証することを使命とする組織の全体として定義された、福祉国家の役割を強調している(*4)。福祉国家は、歴史のある時点における当該社会の異なる集団間の相互依存関係の状態を反映している。したがってそこでは、福祉国家はそれを形成している社会のあらわれであり、また社会的紐帯を規制する主体でもある。福祉国家の介入の仕方はナショナルな伝統によって異なるが、それが直面している問題や、社会によっていつも同じとはかぎらない問題によっても異なる。その意味で、福祉国家は社会関係や社会構造の発展において重要な役割を果たしている。たとえば多くの比較研究は、国民社会のあいだで観察された対照性を解釈する際に、イエスタ・エスピン＝アンデルセン(＊5)が区別した、異なる「福祉国家レジーム」の妥当性を検討している。この福祉レジームの概念は、現代社会を基本的に構造化するものと考えられた、国家、市場、家族のあいだの包括的な規制に言及している。今日でもなお、この概念枠組みから評価されるナショナルな水準は、とくに社会生活の規範に重要な刻印を残していると考えられており、いまだに優れた分析単位である。

しかし、パリ、サンパウロ、デリーと同じく、異なる都市において富裕層が貧困層をどう考えているかを分析するためには、福祉国家レジームは最も適切な分析枠組みとはならない。国際比較では、フランスはコーポラティズム・レジームと関連しており、ブラジルとインドはG・エスピン＝アンデルセンに倣い、何人かの社会学者が「地中海モデル」と呼ぶものと関連づけることができる。そこでは、恩顧主義的で、地域的で、最小国家という側面がその特徴として強調されている。しかし、制度の作動《フォンクシオヌマン》を、社会的凝集を規制する主要な手段とし、貧困知覚の規定要因とするのは過大な想定であるようにみえる。〔それが〕いかに重要であろうとも、福祉国家の制度的な次元を超えて、他の規範的な規制様式が存在する。それは、福祉国家と関連することはありうるとしても、社会組織の歴史的・人類学的な根源からその一貫性を引き出すことができ、それ自体として探究される価値がある。そのため、われわれの調査結果にたいする包括的な社会構造の効果を研究するためには、より適切な枠組みを採用すべきなのである。

2 アタッチメント・レジームの刻印

一部の社会では、貧困があまりにも広範囲に及んでいるため、大部分の人びとが貧困を避けられない状況にあるようにみえる。そして貧困は、社会的表象においては、貧しい人びとが劣位であると同時に統合されているとする確固とした社会秩序と結びついている。かれらは運命共同体と呼びうるものに属していると感じている。不平等のシステムは非常に強固なものなので、自分たちの運命を改善する見込みがまったくないことをかれらは知っている。唯一の解決策は、生存のために自分たちの身近な人びとを当てにすることである。とくに、かれらを援助しようとする大規模な公共政策《アクシオン・ピュブリック》がないためである。その際、複数の世代にわたって社会の最下層に属するこの共同体は、生物学的あるいは文化的性質の劣等性をあらわすものとして他の人びとに知覚される可能性が高い。言い換えれば、これは貧困の自然化のプロセスであり、これまでの章で、いかにこの視角《プリズム》が多くのインタヴュー対象者の表象のなかにあらわれているのかをみてきた。この「人種差別的《ラシスト》」な知覚とは対照的に、他の社会では、貧困を許容しがたい不公正のあらわれと考える点で共通している。貧困層の物質的条件と苦しみは、社会的・市民的凝集性の形成と規制の原則に疑問を投げかける。貧困は、類似した者たちの社会に住むという共通の野望の名のもとで、克服されなければならない。言い換えれば、貧困層は犠牲者であり、かれらがこれ以上の犠牲を負わないように、何よりも社会が自らを改革しなければならないのである。したがって、貧困の「自然化《ナチュラリザシオン》」と「犠牲化《ヴィクティミザシオン》」は、この現象を理解するうえで相対立する両極とみなすことができる。この両極端のあいだには、貧困層にとって「罪責化《キュルパビリザシオン》」と呼ぶことのできるものが、状況の連続体として存在する。一部の社会においては、貧困者は劣位な立場を運命づけられる自然な社会秩序にもとづくものでもないし、また集合的に動員されなければならない犠牲者という相反したイメージを全面的に支持するものでもない。したがって、貧困層は、経済・社会システムが提供する機会をとらえて自らの責任を果たすよう運命づけられ、それができない場合には、無能、無責任、怠慢とみなされる。われわれはまた、調査でこのようなタイプの表象を何度も確認することができた。

一つの社会全体というレベルで研究できるような貧困知覚は、個人を互いに結び、また個人と社会全体とを結ぶ紐帯のもとになるもの、いわば包括的な集合表象をあらわしている(*6)。

これらの紐帯は何だろうか。それは四つのタイプに区別される。(親族関係の意味で)親族の紐帯、(選ばれたカップル・友人間の関係という意味で)選択的参加の紐帯、(有機的な連帯と職業統合の意味で)有機的参加の紐帯、および(同じ政治的共同体の成員間の平等な関係という意味で)シチズンシップの紐帯である(*7)。この類型はまた、社会的紐帯がそれぞれの社会においてどのように規範的に交差しているか、そしてこの特定の交差から、社会生活の規制がどのように生成するのかの分析を可能にする。ここで、エミール・デュルケムが統合と規制という二つの概念を区別していることがわかる。統合とは、個人の社会への統合であり、規制とは、社会の統合である。社会への統合は、諸個人が社会的規範に厳格に順応することによって社会化の過程で構築しようとする社会的紐帯によって保証されており、その規制は、社会全体の統合を可能にするこれらの社会的紐帯の規範的交差から生じているといえる。われわれがアタッチメント〔愛着〕のレジームについて述べているのは、この包括的な社会的規制という意味においてである。いわば、社会のテッシトゥーラ〔テクスチュア:織り目〕である。アタッチメントのレジームは、個人やグループがその差異化や敵対性を超えて社会を形成することを可能にするために、包括的な規範的一貫性を生み出す機能をもつ。E・デュルケムによれば、社会をつくるためには、集合表象が各個人の意識のなかに存在する必要はない。多元性は現代社会の基本的な特徴の一つとみなされているからである。しかし、反対に一部の表象は、全員ではないにしても大多数によって共有されていることは重要である。この意味でも、社会的紐帯のモラル・エコノミーについて語ることができる。

それぞれの社会を特徴づけるアタッチメント・レジームのタイプを定義することは、その社会の歴史のさまざまな層とその発展の人類学的根源、つまりその特定のテッシトゥーラを構成したもののなかで探究することになる。アタッチメント・レジームのそれぞれにおいて、先に提示した四つのタイプの紐帯は、統合機能および／または規制機能をもつことがありうる。統合する紐帯は個人を集団と結びつける紐帯である。一方で、規制する紐帯はテッシトゥーラの補助的な働きをもっている。その働きは、当初の規範的観念を屈折させるほど、他の紐帯に影響を拡大させることのできる規則と規範の総体を生み出すことにある。このテッシトゥーラは道徳教育の価値と原則を生み出し、それは社会全体に広がりうる。言い換えれば、規制する紐帯はいわば上位の紐帯なのである。

この予備的な定義にもとづいて、四タイプのアタッチメント・レジームを定義することができる。すなわち、家族主義レジーム、ヴォランタリスト・レジーム、有機主義レジーム、普遍主義レジームである。したがって、それぞれのレジームにはそれ自体が道徳の特定のタイプにもとづいた上位の紐帯がある。それは家族主義レジームでは親族の紐帯と家庭道徳《モラル・ドメスティック》である。ヴォランタリスト・レジームでは選択的参加の紐帯と団体道徳《モラル・アソシアティヴ》、有機主義レジームでは有機的な参加の紐帯と職業道徳《モラル・プロフェッショネル》、最後に普遍主義レジームでは、シチズンシップの紐帯と市民道徳《モラル・シヴィック》である。不平等への関係のほかに、これら四つのタイプの布置(＊8)と最も関連する要因は、経済発展の水準と社会保護制度である。

貧困の自然化は家族主義レジームに関連する要因として分析することができ、罪責化はヴォランタリスト・レジームに関連する次元として解釈できる。貧困層の犠牲化については、有機主義レジームと普遍主義レジームのどちらにも起因するが、有機主義よりも普遍主義においてよりうまく機能している。言い換えれば、普遍主義的な布置に近づくほど、貧困は社会的凝集にたいする絶対的脅威として集合表象にあらわれる。貧困は、社会全体の規模で実施されるリスク予防策によってしか、また、類似者の社会、つまり平和で民主的ですべての人に開かれた社会ですべての市民が生活するという共通の意思と引き換えにしか、本当に根絶することはできないのである。

では、どのアタッチメント・レジームにわれわれが調査のために選んだ都市圏、つまり国が属するのだろうか(＊9)。

デリーとサンパウロの都市圏でわれわれが分析した事例は、家族主義レジームにはっきりと属しており、それは貧困の自然化プロセスと不平等な社会秩序の再生産をもたらす土壌である。不平等のシステムに好ましい多元的で累積的な論証は、とくにデリーとサンパウロで顕著であるが、何よりもまず親族の紐帯、そしてとくにインドではカースト制度にもとづいた、家庭道徳の利害関心《アンテレ》と、つまりは社会的地位と財産の保護、さらには伝達の様式に応じて、上位のものとみなされたアタッチメントの布置を言いあらわしたものである。

二つの点を明確にする必要がある。第一に、貧困の自然化を強化するのは、個人として自分の家族と強く結びついているという事実ではなく、他のタイプの紐帯よりも親族の紐帯が上位にあることで凝集性が維持されている社会で生きているという事実である。このような布置では、家族は社会の基本単位であり、貧困層であっても富裕層であっても、それにしたがうように求められる。なぜなら、すべての社会階層は家族に必要な資源を求めることになっているからだ。さらに、カースト制では、すべての人が自分の立場にとどまることを奨励している。貧困に打ち克とうとするならば――それはコンセンサスが得られたものではないが――、裕福か貧しいかを問わず、家族と織りなされた関係のなかで何よりもまず、それぞれの努力によってなされるものである。家庭道徳が優先的に社会生活全般を規制することが求められる場合、集団的利益よりも自己利益が優先されることが多く、ほぼ限界なく不平等は許容され、貧困の自然化は、とくに上流層にとって強力な合理化であることが本研究の結果から確認できる。第二に、これは、この自然化のプロセスが他のタイプのアタッチメント・レジームにあらわれないということではない。レイシズムは多かれ少なかれ過激なかたちであらゆる社会に存在しており、特定の人びとの「自然な」劣等性の原則にもとづいている。レイシズムの邪悪さは、政治共同体の設立理念を否定することなく、特定の人びとにたいして、多くの場合、貧困状態にあるマイノリティ集団を排除したいというかれらの共通の願望の正当化を可能にすることである。その際、かれらは「生まれながらに」異なっているという言い訳がなされるのだ。しかし、この貧困層の自然化というプロセスは、他のタイプのレジームではそれほど発展しておらず、たとえ目に見えたとしても、他の貧困表象と結びつきながら異なったかたちで発展することを強調しておきたい。

家族主義レジームは、産業の発展が遅れている地域、経済の大部分が比較的内向きの小規模な生産単位や地理的に限定されたセクターにもとづく農村地域で広く普及している。しかしそのレジームは、小規模で互いに連帯した企業家の資本主義に家族主義的な基盤を提供することによって、より発展した地域で維持されることもありうる。また、近代的な経済構造が、家族的な連帯主義の刻印を押された伝統の名残と結びついた新興国の発展様式を特徴づけることもありうる(*10)。このレジームは深刻な社会的不平等をともなうが、強く克服されることはない。社会保護制度は欠陥があるだけでなく、多くの場合、恩顧主義的な特徴をもつ。「脱商品化」(デコモディフィケーション)の原則の適用は非常に限定されているため、最貧層の個人や世帯は、家族の連帯が提供できる保証を超えた生活上の不測の事態に直面しても、実際の生活保障を得ることができない。最後に、そこでは公民精神も非常に低い。労働市場はマフィアや組織されたローカル・ネットワークによって支配されている。政治家は腐敗していることが多く、公共機関は一般に個人や特定の利益のために悪用されることがある。家族主義型の布置は、貧困に対処するために非常に強固な家族の連帯を促進しており、それは依然として大規模なままである。それほどまでに労働市場は包括的な保護をほとんど提供せず、最低賃金ぎりぎりでインフォーマル経済を発展させているのである。

この種のレジームでは、ある種の支配のルーティン化があり、とくに家父長的保護の形態と結びついている場合には、それは貧困の自然化という考えを社会的基層のなかで維持させることになる。ただしインドでは、親族の紐帯が社会的紐帯のモラル・エコノミーに大きな役割を果たしているが、カーストの紐帯もまた同じであることを指摘しておこう。後者は、完全には家族論理とは一致しない論理にもとづいている。それは家族論理とコーポラティズム型の論理の混合であるはずだ。いずれの場合にも保険原則を観察することはできるが、インドにかんしては、コーポラティズム型のヴォランタリズムは、地位の割り当ての論理に取って代わられるだろう。

インドやブラジルとは異なり、フランスは有機主義レジームに近い。それは、経済発展と労働の世界および市場社会における交換の増大と論理的に関連しているが、それはまた、とりわけ個人の国家とある社会への特定の関係に依拠する。そこでは、社会的アタッチメントはおもに地位の保護という論理にもとづき、国家の規制権力によってその大部分が編成されている。この布置では、交換への参加は、生活上の不測の事態の際の保証とみなされた地位を提供する（職業団体という意味での）中間団体へのほぼ義務的なアタッチメントをともなう。このようにして、各集団は、他の集団や国家との媒介を維持し、補完性原則にもとづく相互依存関係を可能にしている。このタイプの布置は、国家が戦略的なセクターにおける協同《コオペラシオン》の創出と維持――それは国家コーポラティズムと呼ばれるであろう――だけでなく、経済と社会の良好な作動を保証できる明確な器官としての他のセクターの規制も可能であることを前提としている。

この〔有機主義型〕布置では、多様な集団のいずれもが協力を必要とする器官であるが、互いに敵対することもありうる。その結果、不平等は、家族主義レジームのような自然化の意味ではなく、むしろ分類闘争という意味での威信の高さと支配がもたらす物質的利益という意味で、社会生活を構成するものとしてあらわれる。最終的には、有機主義レジームにおいては、国はより顕著に目に見えるかたちで介入する。国家は、職業団体を規制し、団体交渉を組織する役割を保証することに専心する。不平等の許容度は低下しているが、地位の差異の合理化形態はその機能的特徴を理由として存続する。実際に、社会体を構成する集団は必然的に補完的であると同時に敵対的であるため、国家による闘争の調整と沈静化の作業が必要である。

このタイプの布置では、保護制度は「脱商品化」にいたる過程でより前進するが、それは、多くの異なったサブシステムに断片化されたままであり、したがって、特定の権利の獲得および既得権の擁護のための、地位の区別およびカテゴリーごとの要求の論理をあらわしている。このレジームでは、国家は分類機能を果たす。国家は、国に奉仕するエージェントの地位と同様に、市民社会に由来する社会職業集団の地位も階層化する(*11)。最終的には、特定の政策の対象となりうる層をターゲットとすることによって、国家の活動がおこなわれる。しばしば、一般利益は敵対集団の特殊利益の後に追随するため、市民主義の発達は不十分である。そもそも、敵対集団は、かれらが自力ではほぼ得られることができない国家からの恣意性を当てにしている。

有機主義レジームにおいては、たとえ何らかのかたちで社会の最下層であっても、貧困層は社会システムの外にはいない。かれらは、多くの場合、より大規模な介入が必要とされる不公正の犠牲者とみなされる。このタイプの布置においては、あらゆる階層は、たとえ異なっていても、市民的平等の原則のもとで許容される社会的地位への権利を有するが、これは生活条件の平等を意味するものではない。共和主義的価値観の名のもとで、社会の最も恵まれない層にたいして連帯することと、支配的エリートを是認することに高い価値がおかれる。この後者の意味において、フランスの学校制度のイデオロギー的影響をあらわしている共和主義的エリート主義が語られるのである(*12)。

われわれがインタヴューしたパリ地域の上流階層は、能力を擁護することとかれらにふさわしい社会的地位を認めることの両方に執着しており——というのもそれは市場の法則だけでなく共和国の制度によっても正当化されているためである——、そして同時に、少なくとも原則としては、フランス国民の最も貧しい人びとにたいする努力を支持していることが確認できた。いずれの場合も、それはエリート層を安心させ、貧困層を救うという二重の使命において国家の役割を認めることである。救済《スーラージュマン》という用語は、その広義の意味において理解されなければならない。つまり、貧困対策は少なくとも、とくに学校や参入《アンセルシオン》〔包摂〕と呼ばれる職業訓練をつうじて、昇進と社会移動の機会を提供することと同様に、基本的ニーズに対応することを目指している。これは、普遍主義的アタッチメントのレジームに近い社会でよくみられるように、貧困層の絶対的な犠牲化のプロセスではないが、たとえ一部のインタヴューで強くあらわれる傾向があるとしても、貧困層を罪責化するだけのプロセスでもない。むしろ、われわれがみてきたように、それは貧困層の統制された犠牲化のプロセスである。この意味で、サンパウロやデリーのエリート層によくみられるように連帯への反発ではなく、距離をおいた連帯、すなわち、日常生活において貧困層に近接していることの結果に耐えなくてもよいという条件で支持される連帯について語ることができるのである。

ここでは、貧困の知覚が社会のテッシトゥーラ、あるいはすでにみたように、個人を互いにそして個人と社会を結びつける紐帯の特定の布置によってしか説明できないと理解する必要はない。このような形態の貧困知覚は拡散しており、必然的にすべての社会でみられる。極端に言えば、個人の軌跡の特定の瞬間や人格形成の段階に応じて、同じ個人においてそれを順次見つけることすらできる。しかしわれわれは、社会学的分析で一般的に考慮されている変動の要因を超えて、より具体的には、アタッチメント・レジームの類型から分析することのできる社会的紐帯の規制様式に起因するものを探究しようとした。そこではこの分析枠組みは、比較研究において補足的な理解の鍵であり、効果的なツールなのである。

結局のところ、アタッチメント・レジームが富裕層の貧困知覚に与える影響を考慮することは、それが教育水準、所得、職業などの個人特性だけでなく、それぞれの構造的文脈において支配的な、さまざまな連帯のモラル・エコノミーによっても説明することができるということ、そしてそれは比較の方法でその効果を分析できるということを認めることである。それは、経済、社会関係、文化資本を不平等に与えられたさまざまな階層を共存させる多少なりとも強い能力を国民社会がもっているということである。このことによって、貧困知覚の違いが、検討された社会それぞれでさまざまに広がるイデオロギーや価値体系のたんなる産物ではなく、少なくとも部分的には、連帯の実践を組織するアタッチメント・レジームと関連していることが示される。もちろん、このようなつながりがあっても、上流階級が動員する、競合する価値のレパートリーの多様性がさまたげられるわけではない。多様性は、個々のイデオロギー上の妥協や調整をあらわしうるが、上流階級のさまざまな小集団《フラクシオン》のあいだの政治的・道徳的分裂をもあらわしている。こうしたイデオロギー的な妥協と調整は、特定のアタッチメント・レジームを深く浸透させているという考えと矛盾するものではない。後者は実際には、社会階級間の潜在的な対立の回避ではなく、それを社会化する特定の様式をもっているのである。

　アタッチメント・レジームの類型は、理念型的な構築物である。それは、あらゆる社会を静態的に分類するのではなく、それぞれのタイプの歴史のある時点でそれぞれの社会を接近させる要因を動態的に規定する働きをもつ。この理論的推論は、変化を解釈する可能性を増大させる。また、われわれが明らかにしたアタッチメント・レジームと貧困の社会的知覚の諸形態とのあいだの関係は、それぞれの社会の不変の特徴とみなされるべきでもない。実際には、こうした貧困知覚が時間の経過とともに変化する可能性は、社会があるアタッチメントの布置から別の布置へと徐々に移行する可能性と同じくらい高い。その際、これらが長期的に転換していくなかで、諸個人の保護と解放のためだけでなく、あらゆる市民の統合メカニズムについての見識にもとづいた集団的な物語を生み出すためにも、国家の役割がどれだけ重要なのかを判断することができるのである。

終章　貧困へのまなざし

現代の集合意識では、貧困はネガティヴなものとしか知覚されない。かれらの物質的な面で悪化しつつある役割と、社会がかれらに与える侮蔑——同様に社会の価値体系のなかで非常に低い場所——とのあいだには一種の対応関係がある。

——ブロニスラウ・ゲレメク『憐れみと縛り首——ヨーロッパ史のなかの貧民』〔早坂真理訳、平凡社、一九九三年、一八頁〕

Bronislaw Geremek, *La Potence ou la Pitié. L'Europe et les pauvres du Moyen Âge à nos jours*, Paris, Gallimard, 1987.

物質的悪化と社会的侮蔑は、歴史家のブロニスラウ・ゲレメクが現代社会における貧困の意味を定義するために用いた二つの次元である。成功が至高の価値に姿を変えたとき、貧困は社会的失敗、道徳的退廃の象徴、すなわち富が抑圧されたものでしかありえない。三都市圏の最も分断された富裕地区におけるこの調査は、貧困層にたいする差別の現代的側面を探究するにいたった。このような豊かなゲットーの住民に、貧困や、より一般的に不平等についてどのように考えているかを尋ねることによって、われわれは疑似実験のように、他者性にたいする最も激しい反応を意識的に引き起こした。それはいわば、日常生活では必ずしも直接にはあらわれないものを、拡大鏡のもとで露わにすることであった。富裕層は内向きの生活をしているので、貧しい人びとについて自発的に話すことはなく、しばしば貧しい人を見たこともない。しかし、富裕層のオート・セグリゲーションという実践は、かれらの傍らにいる貧困層の存在から解放されたいという意思を多かれ少なかれあらわしているのである。

パリ、サンパウロ、デリーの大都市における富裕層と貧困との関係に焦点を当てるのは、分析視角が狭すぎると思う人もいるかもしれない。金持ちは社会のごく一部分にすぎないのだから、これらの大都市が、ましてフランス、ブラジル、インドが代表的だとはいえないのではないだろうか。なぜ、かれらにとくに興味をもつのか。本書は、フランス社会、ブラジル社会、インド社会全体にわれわれの調査結果を広く適用できるとは主張しない。調査によると、貧困の知覚は各国の社会集団によって大きく異なることがわかる。しかし、われわれの調査結果からは、地区や大都市、国を比較することで、階級関係だけでなく、異なる社会で何が凝集性を可能にしているのか、あるいはしていないのかを理解することができる。

近年、多くの大都市ではある地区に富が集中することによって空間的セグリゲーションが増大しているために、まず富裕層が貧困層と取り結ぶ関係の現実を理解し、社会の両端にあるこれら二つの集団の連帯を可能にするものは何か、あるいは反対に、それを阻害するものは何かを問うことからはじめるのは当然のことであった。われわれは、富裕層がかれらとその外の世界とのあいだに道徳的境界をつくりだす理由は何かを順に明らかにすることができた。〔道徳的境界によって〕富裕層は貧困層と接触して身体的な嫌悪感を抱くようになり、自分たちの社会的優越性を正当化し、貧困層への共感を無効化している。この三つの点は、われわれが差別の三つの側面と呼んだものだ。これがそれぞれの都市でさまざまなかたちで検証されたという事実が、すでに重要な最初の結果である。ここでわれわれは、富裕層と貧困層の社会関係を構造化し、社会的分離主義のラディカルな形態へといたりうる社会学的メカニズムに達している。それゆえ、この潜在的リスクに直面した現代社会の作動とダイナミズムを考察するための適切な分析枠組みが問題となるのである。

われわれが明らかにしたことは、多くの点でこの問題にかんする歴史研究を引き継ぐものと思われる。本書に掲載したインタヴューの抜粋のなかには、一九世紀に一般的であったような貧困層にたいして距離をとる形態がみられた。たとえば、『イギリスの労働者階級の状態』のなかで、フリードリヒ・エンゲルスは『マンチェスター・ガーディアン』紙に掲載された手紙を引用しており、そこにはわれわれが何度も指摘してきたものと同様の主張がみられる。

編集長殿

ここしばらくのあいだ、私たちの町では、多くの物ごいを目にしてきました。かれらは、ぼろきれや病気、ときには大きな傷や嫌悪すべき障害を見せることで、しばしば非常に恥ずべき無礼な方法で通行人の哀れみを誘おうとしています。私は、貧しい人たちに税金を払うだけでなく、慈善活動の維持に惜しみなく貢献しているので、このような不快で恥知らずな煩わしさから保護される権利をもつだけのことはしたはずと考えています。それに、安心して市に出入りすることもできないとしたら、これほど重い税金を払って市の警察の維持費を払うことに何の意味があるのでしょうか。私は、多数の読者をもつ貴紙にこの一文が掲載されることで、当局がこの災難(迷惑)を取り除くようになることを願っています。

敬具

一婦人より(＊1)

このように、かつての描かれ方が現在と驚くほど似ているために、金持ちによる貧困層の回避の形態には歴史的連続性があるという考えが強められるかもしれない。しかし、現実はもっと複雑だ。同質的なものとみなされる単一の貧困表象はない。むしろ歴史的な研究は、中世以来、一方では貧困層への憐れみや貧困を解消するための方策を探すことと、他方では社会の下層におかれ、怠惰で利益を貪っているとされるこの層《カテゴリー》への軽蔑と疑念とのあいだの持続的な緊張を明らかにしている。制度には、こうした緊張と、それが特定の歴史的瞬間にどのように緩和されたのかという記憶がある。それを明らかにすることはわれわれの論点ではないが、例としてフランスの制度にかんして言えば、モンテスキューの知的継承者であるラ・ロシュフコー公爵の議長のもとで一七九〇年におこなわれた物ごい委員会の仕事を思い起こすことができるだろう。この委員会は、のちに一七九一年憲法で認められるように、貧困層への援助を国の最も神聖な義務という地位へと高めるのに役立った。ヴィクトル・ユゴーが一八四九年七月九日に国会議事堂の講堂でおこなった悲惨《ミゼール》についての有名な演説も思い出すことができるのではないだろうか。「おわかりでしょうか、みなさん。最後にもう一度繰り返します。私が訴えかけているのはみなさんの寛容さだけではありません。みなさんの賢明さです。どうかよく考えてください。みなさん。よく考えてください。無政府状態が底知れなさを広げているのですが、不幸がそれをさらに深めているのです。無政府状態に反対する法律を作ったみなさんは、いまは悲惨《ミゼール》に反対する法律を作っているのです」。より最近では、一九八八年一二月一日のフランスの参入最低所得法が、国民議会での豊かで熱のこもった議論の後、ほぼ満場一致で可決されたことを思い起こさねばならない。その議論のなかで、貧困層にたいする国の負債の一部として連帯を求めることが課されたのである。

こうした歴史的な事例は、貧困問題がフランスでは共和主義的な連帯の伝統に連なることが思い起こされ、ブラジルとインドにおいては、こうした形態やレトリックはみられない。そこでは連帯という言葉そのものがほとんど使われないし、同じ意味ももたない。われわれがパリでインタヴューした人びとには、少なくとも部分的にはこの共和主義のイデオロギーが染みついており、かれらは連帯主義的な意識をもつアクター（教会や慈善運動団体、労働組合、政党、人道主義的な運動の代表など）の訴えを受けなくとも、かれらが目にするものから貧困層を取り除くことの限界を内面化していた。

そのため、富裕層の貧困知覚は、歴史的に強固なものではなく、また場所が異なっても不変なものではない。われわれの三都市圏調査で貧困層にたいする侮蔑と距離化の危険性が確認されたとしても、それは等しくそうであったわけではない。本書で観察され分析された差異は、少なくとも共通の構造的形態がそうであったのと同じく、結果という面でも重要である。

富裕層による貧困層差別のプロセスの三つの次元が互いに補強し合うとき、連帯を拒否する条件が揃う。実際に、富裕層と貧困層のあいだの道徳的境界が、汚物や汚染への憎悪ならびに貧困と不平等を正当化するレトリックにもとづく離脱への欲求によってより明確になるとき、ある社会の諸個人のあいだの補完性について語り、社会的凝集について考えることは難しい。パリ大都市圏以上にサンパウロとデリーの大都市圏でより顕著にこのような条件が揃っている。

これらのヴァリエーションを解釈するために、最終章〔第六章〕でわれわれはアタッチメントの理論を用いた。貧困の自然化プロセスと不平等な社会秩序の再生産は、われわれがこれまで家族主義レジームと呼んできたもの、すなわち、連帯の規範的枠組みが優位なかたちで親族の紐帯と家庭道徳にもとづくレジームに、ほとんどの場合は関連づけられる。このレジームは、集団的利益を犠牲にした個人的利益の充足や、社会的凝集を推進あるいは貧困を削減するとみなされた制度を含む公的制度にたいしての疑念に有利に働く。サンパウロとデリーでのインタヴュー調査は、このタイプの布置に属する。パリで実施したインタヴュー調査では、貧困層にたいする差別を示す論証レジスターの連関は、それほど体系的ではなかった。貧困層の望ましくない性質は合理化されておらず、貧困の正当化の仕方は、貧困層の怠惰さやものぐさな性質よりも、富裕層の能力という概念に依存している。とくに、貧困にかんする言説は、子どもの教育達成への投資を含む、しばしば共和主義的エリート主義や卓越化の追求と結びついた連帯主義的原則を根本的に問い直す機会とはならない。われわれが有機主義レジームに関連づけることができた、貧困層の統制された犠牲化が問題なのである。これは、他の種類の紐帯よりも有機的参加の紐帯と職業道徳が卓越していることにもとづいている。このような知覚は、貧困層に劣等な降格した地位を与えることによって社会に統合するものであり、連帯を拒否するのではなく、距離をおいた連帯を可能にする。しかしながら、この布置では、貧困層は繰り返される形態の軽蔑や侮辱から免れない。かれらがしばしば経験する失業は、たいていスティグマ化され、長期失業者は扶助制度から甘い汁を吸っていると疑念をもたれることも多い。

これらの結論に達することで、われわれは、今後もこの研究を続けていくことができるだろうと考えている。たとえば、北欧諸国の富裕層が貧困層をどう考えているかを分析するのは興味深い。これらの国々を完全に同質的な集団と考えることには注意しなければならないが、〔そこは〕紐帯と市民道徳が平等と個人の自立性の促進という精神において社会関係を形成する、普遍的アタッチメントのレジームと呼べるものに近い。そこでは、貧困それ自体が、市民の平等という理念に社会が合致できないことのあらわれであるため、貧困の犠牲化が最も達成されている。これらの国々では、貧困を予防することによって削減する効果が繰り返し明らかにされている包括的な社会保護制度を、社会のあらゆる層に提供するコンセンサスが速やかに得られた。このコンセンサスは、仕事の世界と生活全般の両方に求められる(*2)。そのため、市民社会に国家が規制機能をもつことに反対するものは何もない。それほど市民社会そのものが国家に参加することを求められるのである。これらの社会の特徴の一つは、貧困が他の国にくらべて著しく目立たないことである。欧州の貧困調査によると、欧州連合（EU）の加盟国のなかで、デンマークが依然として、周囲に貧困——さらには極度の貧困——を見かけると回答した人の割合が最も少ないことは注目に値する。これらの国のなかで最も豊かな人びとは、貧困層や社会のあらゆる階層の利益のための連帯に参加するという理想にしたがっているのだろうか。〔あるいは〕制限する傾向もあるのだろうか。大都市圏ではエリート地区と他の地区とのあいだに道徳的境界があるのだろうか。また、上流階級は特定の集団にたいして身体的な嫌悪感を抱いているのだろうか、そして最終的に、かれらはどのようにして不平等と貧困を正当化しているのだろうか。今後の調査で解決すべき謎は非常に多い。

同様に、米国の富裕層が貧困層についてどう考えているかを問うことは、刺激的なものになるだろう。この国は、ヴォランタリスティックなアタッチメント・レジームに近く、他のタイプの紐帯よりも選択的参加の紐帯によって規制されている。このレジームは、個人の利益の追求に駆り立てられようがしまいが、類似の選択によって導かれた結社の自由をさまたげるものであってはならないという原則にもとづいている。その結果、この布置は、大多数の人びとが共有している企業の自由の原則と強く一致している。すなわち、市場ルールは、正当とみなされた個人の自己実現の欲求と一致しているため、より容易に受け入れられるのである。貧困はこの理想の逆である。米国でよくみられる貧困層の罪責化は、このレジームと関連する要因となっている。プロテスタントの禁欲主義は、成功と貧困の両方の表象を強く構造化しており、米国ではこれらは依然として大きな意味をもっている。これらの大都市圏でオート・セグリゲーションの地区に住む上流階級は、貧困層にたいしてどれだけ差別的な行動をとっているのだろうか。恵まれない人びととの連帯は、この国でとくに発展したフィランソロピーや人道主義的な支援をつうじて、どのように、どれだけおこなわれているのだろうか(*3)。富裕層による貧困層の罪責化は、このような伝統的な形態のヴォランタリスティックな連帯によって、どのように埋め合わされるのだろうか。

われわれが本書ではじめた仕事はこのように進める価値がある。富裕層が貧困層をどう考えているかについての比較研究は、現代社会で進行する差別の主要な形態についてだけでなく、生活水準がまったく対照的なこれら二つの社会集団のあいだでの連帯の障害についてもわれわれに教えてくれる。エミール・デュルケムは、一八八八年にボルドーの社会科学講義でおこなった最初の授業で、社会学のおもな仕事は連帯の理念を復興させることだと主張した。

社会が何であるか、社会が個人をどれだけ補完するのか、また個人の力に還元できるものはどれほど少ないのかを個人に理解させるのは、連帯である。連帯は個人に、個人が他の帝国のなかの一つの帝国なのではなく、他の有機体のなかの器官であることを教え、器官として自覚的に実行するのに十分なすべてを示すだろう。連帯は個人に、自分に属していないということではなく、他者との連帯や依存が減少することはないと感じさせるだろう。これらの考えは、おそらく、あらゆる人びとに広がった場合にのみ真に有効なものになるだろう。しかしそのためにはまず大学で科学的に洗練させる必要があるのだ(*4)。

われわれがおこなった調査の枠組みは不十分なものだったとはいえ、現代社会における連帯というこの人間学的な現実と、最も豊かな者たちがもちうる――限定された――意識とのあいだに持続する乖離を明らかにすることによって、少なくとも間接的には、フランス社会学の創始者によるこのプロジェクトにおそらくは貢献したのではないかと思う。

方法論上の補遺——調査の展開

われわれがおこなった調査は、いくつかの方法論的な問いを提起している。第一の問いは、社会的上位の層から収集された言説にどのような価値を与えられるかということである。実際に、強者の「隠れたトランスクリプト」〔ジェームズ・S・スコットの概念〕にアクセスすることはきわめて困難であり、かれらの言説においては、〔かれらは〕「公的なトランスクリプト」を提供することで満足し、それによってとりわけ貧困の表象にかんして自分たちの一定のイメージを与えることができる(*1)。したがって、収集された言説が抑制的なものである可能性はつねにある。しかし、言説はけっして客観的なものではないが、客観化することは可能である。言説は、それがいかに主観的であっても、客観的な構造を明らかにするものであることに変わりはない。そのため、われわれの研究は、社会学的インタヴューにおいて、社会的に上位の階層が使用する言説の形式を客観化するという目論見にもとづいたものであった。

第二に、「支配層を調査すること」は、社会学者によって繰り返し強調されてきた多くの困難を提起している(*2)。たとえば、ミシェル・パンソンとモニック・パンソン゠シャルロは、フランスの貴族や上流ブルジョワジーの非常に裕福な家族では、少なくとも最初の接触では、自分たちにたいしてある種の遠慮や警戒心があったにもかかわらず、つねに礼儀正しく、親しみやすい態度で迎えられたと説明する(*3)。とはいえ、調査の関係性そのものが、もはやかれら〔社会学者〕だけが質問の主導権を握っているわけではないというほとんど尋常ではない立場にかれらを立たせることになった。中流階級や貴族の環境で調査する際に、社会学者は、自らがそのような環境の出身ではない場合、質問されるだけでなく操られることもある。少なくとも部分的にはインタヴューの目的を逸らされる危険性がある。対話術の達人である対象者は、インタヴューをプラットフォームとして利用することのメリットにすぐに気づくかもしれない。結局のところ、なぜ論文や本を書く社会学者が、日常生活で遭遇するかもしれない、特定の実際的あるいは政治的な問題を広める良き仲介者であってはならないのか、とかれらは考えるかもしれない。この場合、操作は相対的なものであることに変わりはなく、そのことに気づいている社会学者は、収集した資料を解釈する際に考慮することができるが、それにもかかわらず、これは最も上流の社会階層の環境と関係する際のかれらの居心地の悪く曖昧な立場を反映しているのである。

今回の調査では、このようなよく知られた困難は、われわれがこの研究に与えたいと考えていた国際的な次元によって強化された。とくに、選ばれた三つの調査地でチームメンバーが蓄積してきた経験とネットワークが、それぞれ異なる方法で用いられた。調査自体は、おもに二〇一三年と二〇一四年に実施された。その実施には、それぞれのフィールドに合わせたさまざまな方法を試す必要があった。われわれが恩恵を受けることのできた機会も遭遇した困難も、都市によってさまざまであった。そのため、そのおもな点について報告することが重要である。

◉——パリ調査

イル＝ド＝フランスの調査では、五区、一六区、ヴィル・ダヴレーにある、ＳＩＲＳ〔「健康、不平等、社会的断絶」調査〕データベースのなかの三つのＩＲＩＳ〔国勢調査単位地区〕それぞれについて、約六〇人（うち二〇人以上は上流階級の世帯）の住民リストをもっていたため、インタヴュー対象者を集めることが容易になった(＊4)。過去に数時間に及ぶ長いアンケートに回答することに同意していたこれらの人びとは、そのため、たいていの場合、新しい研究を紹介する手紙と電話で連絡をとることができ、多くの人たちがわれわれのインタヴュー調査を受諾してくれた。このコンタクトのとり方では、調査の他の段階と同様に、チームが高等師範学校やＣＮＲＳ〔国立科学研究センター〕に所属していること、そしてメディアに頻繁に出演している著名なフランス人社会学者の指揮のもとで活動していることが、明らかに重要な資産となっていた。ＥＮＳ〔高等師範学校〕との結びつきは、とくにインタヴュー対象者の関心をひき、社会科学や社会学が本質的に批判的で「左翼的」な学問であることにたいするある種の不信感を補ってきたように思われる。

さらに、インタヴューを最初から批判的な空間におくことを避け、質問が自己を正当化するための命令として受けとられることを避けるために、貧困と貧困層にたいする関係を調査の主要な主題として提示するのではなく、そのいくつかの側面の一つとして提示することにした。この研究では、一般的に「高級住宅街」や「快適な地区」とされているイル＝ド＝フランス地域圏の特定の地区の「中・上流階級の生活」に焦点を当て、世界の他の大都市と比較して把握できる特殊性や、これらの地区の住人が空間や恵まれない人びとをどのように見ているのか、という点に焦点を当てていることを、将来のインタヴュー対象者との最初の口頭でのやりとりのなかで説明した。その後、調査当日に用いた質問項目は、インドのカースト問題やブラジル特有の社会扶助制度についての一部を除いては、もちろんのこと、サンパウロやデリーで使用されたものと同じものであった。インタヴューを受けた人のなかには、貧困に直接関係する質問の時間が長いことに驚く人もいたが、当初知らせていたテーマとは違うテーマでインタヴューをしたことを非難されることはなかった。

しかし、SIRSデータベースに頼ることには欠点がなかったわけではない。おもな問題点は、SIRS調査は非常に時間のかかるものであったため（非常に詳細な質問項目のため、数時間を要した）、高齢者、無業者、または独身者が、この方法で得られた過去の回答者リストに過剰に含まれていたことである。また、各地域のインタヴュー対象者のなかに退職者が占める割合が最大で三分の一（二〇分の六）を超えないようにするために、一六区での追加採用の際には、このバイアスを修正しなければならなかったが、五区での接触を断念することもあった。さらに、SIRSの調査は、イル＝ド＝フランス地域圏の中心になる四県のIRISのみを対象としていたため、連絡先リストを使ってル・ヴェジネ（イヴリーヌ［県］に位置する）での調査を開始することはできなかった。インタヴュー対象者は、おもにイル＝ド＝フランス調査のコーディネーターが町の公共空間（公園、路上、店舗前、出口など）で直接接触して採用した。このアプローチは欧州の主要都市の他の多くの上流階級地域で過去に試行されてきたもので、人びとが目に見えて急いでいたり、忙しくしたりしていない時間帯にコンタクトをとり、適切な身体と服装のヘクシス［身のこなし］と適切な相互行為のスクリプトを動員するかぎりで、四分の三以上のケースで肯定的な回答率（すなわち、インタヴューとコンタクトの交換の原則の受け入れ）が得られている。さらに、ここでもパリのENSやCNRSとの提携に関連した制度的な保障や、将来のインタヴュー対象者がインターネット上でわれわれの身元を確認できるという事実が、私たちが再度コンタクトをとることができるかどうかに大きな役割を果たしていたようだ。

地区の公共スペースで声をかけてインタヴュー対象者を募ること自体が、調査の最初の結果であることを強調しておきたい。実際にブラジルとインドでは、都市の規範が異なることや、セキュリティの観点から見知らぬ人への不信感が大きいため、このようなことは不可能であったであろうことはまちがいない。さらに、インタヴュー実施者が外国人（インド人ではなく、市に長く住んでいない）と認識されていたデリーの調査とは対照的に、パリでは、サンパウロと同様に、調査対象となった地域にかんする予備知識やその地域内での人脈のネットワークだけでなく、現在または過去に住んでいた個人的な居住者の存在があったことも有益であった。パリ調査のコーディネーターは、このように五区に一二年以上、それ以前は一六区に二年以上住んでいた。四人のインタヴュアーのうちの一人は、彼女の子どもたちが五区の学校に通っていたこともあり、五区のことをよく知っていたし、何人かのチームメンバーの住所録には、調査対象地域の住民や共通の知人が載っていた。

インタヴュー・キャンペーンのおもな作業は次のように分けられた。パリ・チームの異なったメンバーによるインタヴュー・ガイドの使用をできるかぎり一致させるための数日間の準備ののち、パリ地域での八〇件のインタヴューが四人のインタヴュアーによって実施され、それぞれが二つの地区で作業してテープ起こしされた。すべてのインタヴューは、その後、ブリュノ・クザンがこの全体を聞き、再読し、分析をおこなった。

◉——サンパウロ調査

サンパウロでは、アップタウン［の住宅街］での調査は容易なものではない。この大都市を支配する不安感は、ほぼ必然的に、攻撃、強盗、さらには誘拐といった現実的なリスクのために、つねに警戒しておくことによって、より高い階層の人びとが自分自身を守ることにつながる。数多くの保証や推薦の恩恵を受けずに、これらの階層の家庭にアクセスすることは、こういった条件では不可能である。調査の対象となる四つの地域を特定したのち、約四〇人からなるサンプルの第一ベースは、カミーラ・ジオルジェッチの個人的・家族的ネットワーク内の親しい連絡先や遠方の知人から構成された。この最初のリストにより、三〇人にインタヴューすることが可能となり、雪だるま式の効果で、さらに五〇人に連絡をとり、各地区で二〇人のインタヴューをおこなうという目標を達成することができた。

インタヴューは、対象者の自宅で平均して一時間から二時間の長さでおこなわれた。カミーラ・ジオルジェッチに加えて、採用されたインタヴュアーは三〇歳以上で、調査対象者と多かれ少なかれ同じ社会階級に属していた。この選択は、調査の信頼性を高めるためのものである。インタヴュアーは、このような高級住宅街のなかでの生活の問題、とくに貧困ならびに貧困との関係について自由に発言することができ、安心していた。そのぶん、インタヴュアーも劣等感を抱くことなくインタヴューをおこなうことができた。

知人や友人が示した第二波の対象者との連絡には、大きな障害があった。雪だるま効果のおかげで、知らない人や連絡のあった人たちとは、かなりの時間を電話でやりとりすることになった。われわれに悪意がないことを説得し、これが国際調査であることの証拠を提供し、かれらの自宅でインタヴューをおこなうことに危険はないことを証明しなければならなかった。とりわけかれらは、建物内に侵入して窃盗を犯すのが目的ではないことを確認したがっていた（サンパウロの上流階級の建物では、泥棒が目的を偽って電話をかけたあとに数件の強盗事件が発生している）。しかし、これらの保証がなされると、調査員は温かく迎え入れられ、スムーズにインタヴューが進んだ。

雪だるま式サンプリング法にはバイアスがあることが知られているが、互いを知らないさまざまな職業的・知的背景をもつ人びとを集めることで、フィールドへの入り方を多様化することを図った。最終的なサンプルは、多様な性別、年齢、労働環境の人びとから成っていることを確認している。

◉――デリー調査

インドでは、ニューデリーの人文社会科学センター（CSH）の資源をおもに頼りにしてきた。CSHがフランス大使館に附属していることは、制度的な正統性を提供し、エリートの世界に入り込むのにしばしば役立った。このような制度的な資源に加えて、ジュール・ノデは博士論文執筆中に、ビジネスリーダー、大企業の取締役会メンバー、雇用者団体や商工会議所の長、ボンベイ〔ムンバイの旧称〕とグジャラートのインド歳入庁（IRS）とのあいだで、インドで最も重要な経済中心地の一つであるこの二つの地域の経済エリートとコンタクトをとり、よりインフォーマルな関係を築いていた。

選ばれた地域はすべて非常に閉鎖的で、大部分が国内で最も裕福な二パーセントの人びとで構成されていたため、最初のインタヴュー対象者を募集するのは簡単な作業ではなく、数週間を要した。対象地区の住民を直接知っているわけではないため、一〇人の同僚や友人から、そこに住んでいる人を紹介してもらったり、人脈を提供してくれそうな人を紹介してもらったりすることに頼らざるをえなかった。この一〇人のうち、六人は学者だった。この調査を実施するためにカウントしていた雪だるま式の効果は、調査を開始するのに一か月近くかかり、最初のインタヴューを受けた人たちは、非常に臆病になって連絡先を紹介してくれただけだった。このようにスタートがやや遅かったのは、最初のアプローチがインタヴューそのものに集中しすぎていたことと、食事会やクラブミーティング、ディスカッションなど、インタヴュー以外の人付き合いを十分に重視していなかったことが原因であることはまちがいない。われわれは、調査の成功が、そうしたより上流社会的な瞬間に力を注げるかどうかにかかっていることをすぐに理解し、そのおかげで、一部の回答者との関係をより強固なものにすることができた。〔また、〕そのうちの四人との深いかかわりが、調査の継続を決定づけた。そのうちの一つで間接的に二〇人のインタヴュー担当者を、そして別の一五人のインタヴュー担当者を採用することができた。これらの「コネクター」はみな、非常に豊かな社会関係資本をもち、支配的な地位を占めていた（国内最大手企業の幹部、元大臣の通信顧問、大臣の息子、ノイダ15－Aの住民組合の会長）。とくにチャッタルプールでは回答者を探すことが困難であることが判明した。チャッタルプールは、その形態（ヴィラがすべて離れている）、住民団体が発達していないこと、住民が一般的にきわめて優越的な地位を占めていることなどから、他の三つの地区とくらべて住民同士がお互いをあまり知らないのである。それにもかかわらず、八〇人のインタヴューは、二人の調査員が三か月間、完全にこの研究に専念して実施した。

調査が成功したのは、二人の調査員による自己呈示戦略についての反省作業によるところが大きいとわれわれは考えている。実際に、世界で最も裕福な都市の一つである〔チャッタルプールの〕上位中流階級のなかでは、インタヴュアーが回答者に言及するセルフイメージが決定的であり、一人の社会学者はともに、その分野での自分たちの立場のもろさを認識していた。〔かれらは〕調査時点では経済的に恵まれていなかったため（一人は博士研究員で、もう一人は博士論文の提出後に少額で雇われていたにすぎなかった）、回答者が気をつけていた経済的な卓越性を示させる手段をもちあわせていなかった。そのため、フランス大使館との制度的なつながりや、世界で最も地価の高い通りの一つである、非常に人気のある一等地のアウラングゼーブ通りにオフィスを構えていたという事実を強調した（＊5）。この自己呈示戦略は非常に効果的で、調査員が二人とも白人であったこともあり、調査員への信頼につながったのであった。

また、回答者がインタヴューに割いた時間は、われわれを推薦してくれた人（つながりが強ければ強いほど、回答者はわれわれに時間を割いてくれたようだ）と調査員の職業的地位の両方の関数であることにも気づいた。仕事が非常に忙しい人（ビジネスリーダー、ビジネス弁護士など）は、とくに勤務時間中や自宅以外の場所でインタヴューがおこなわれた場合には、早くインタヴューを終わらせるように強く迫る傾向があった。逆に、主婦は時間をかけて質問に答えることが圧倒的に多かった。同じく、夕方や週末のインタヴューも一般的にはリラックスした雰囲気で、アルコールやスナックが出されることも珍しくなかった。その際にはインタヴューは和気あいあいとしたくつろぎの場とみられていた。また、夫婦が交互に質問に答える「二重インタヴュー」になったこともあったが、これはインタヴュー実施者にとっては、二つの視点の違いにもとづいたフォローアップをおこなう機会となった。

われわれの調査がデリーの高級住宅街からみた貧困についての調査であることを、インタヴュー対象者には組織的に秘匿していた。その代わりに、われわれは比較研究の側面を強調し、対照的な三つの巨大都市の上流階級の地区に住む人びとのライフスタイルに興味があると説明した。治安についての質問、都市内の移動についての質問、自分たちの住んでいる地区の長所と短所など、非常に対照的な三つの巨大都市の上流階級地区に住む人びとの生活に興味をもっていることを知らせた。このように提示されたわれわれの調査は、これらの質問が日常的な関心事の一部である回答者の日には、明らかに正統性があることがわかった。われわれのインタヴュー・ガイドは、貧困についての質問が最後にしかこないように配置されている。これらの質問は、回答者がすでに自発的に触れていたので、困惑させたという印象はまったくなかった。そのため、かれらと貧困層との関係についての質問は、かれらがそれまでに議論したことの自然な延長線上にあった。直接的な議論はたしかに彼らを驚かせたが、多くの人びとは、批判的かつアンガージュした社会学を実現したいというわれわれの意思よりもむしろ、西洋人としてのわれわれの驚きに関心を示していたようだ。

さらに興味深いのは、インタヴュー終了後のやりとりのなかで、回答者が「よく答えられたかどうか」や「自分の答えが役に立ったかどうか」について懸念を示すことはほとんどなかったということである。結局、それらの質問はあまり自主的な検閲をするようなものではなく、対象者は最初の調査結果に興味津々で、たいていはデリーの風景のなかで自分の近隣地区がどのように位置しているのかを知りたがっていた。かれらは「最高」のエリアの一つに住んでいることを自覚していたので、われわれが、選んだ他の三つの地区と比較して、その優れたところをより正確に評価するのを望んでいた。われわれのなかには、インタヴュー後の時間に、われわれが対象とした四つの地区のうちで自分たちの地区が本当に最高の地区なのだと納得させようとしている人すらいた。

＊

フィールドへのアクセスの違いや、参加者とのコンタクトにおける大都市ごとの具体的な困難さは、比較をおこなううえでの大きな問題となっているのだろうか。われわれの仕事が、富める者と貧しい者のあいだの実際の（場所的な）相互行為を分析することを目的とした、おもに民族誌的アプローチにもとづいていたならば、たしかにそうだったであろう。たしかに、参与観察の場合、フィールドへのアクセスの違いは、何よりも、少なくとも短期的には、異なるタイプの観察可能な状況へのアクセスの違いを意味する。インタヴューの実施者と回答者の相互行為がフィールドによって異なると、調査〔にかんする社会〕関係の条件や、相互行為のなかで期待されることの相互認識が同じではなくなり、明らかに方法論的なバイアスとなる。この後者のバイアスは、綿密なインタヴューを収集する際にも存在するが、インタヴュー・ガイドを一貫して使用し、同じ方法で各ケースを体系的に調査することで、部分的に補うことができる（＊6）。その目的は、行為そのものを記述することではなく、論証レジスターを解読することであるから、フィールドにアクセスした条件が異なること自体が認識論的障害になることはなく、調査関係のあちこちで遭遇したかもしれない特異な困難も乗り越えられるものとなった。

一方、収集されたインタヴューの質は、インタヴュー実施者の対象者にたいする態度や、対象者を安心させる能力に大きく依存する。質問の紹介やインタヴューの再開だけでなく、集めた資料の解釈の仕方にも誤りが生じるリスクがある。このような困難さを承知のうえで、インタヴュー対象者の発言を、自分の行為を直接的かつ自発的に表現したものとは考えず、また、そのような行動をとるようになった真の動機についても考えないことにした。むしろ、最も分断された上流階級が貧困層をどのように見ているのか、貧困層とのあいだに道徳的な境界を設けているのかどうか、そして階級構造の社会秩序と都市の社会空間秩序を正当化しているのかを、一般的に（つまり、参与観察ではほとんど把握できないような多くの状況で）理解しようとしたのである。明らかに実験的な枠組み（インタヴュー）に依存したアプローチであり、それは人工的、あるいは少なくとも非常に特殊なものである。平凡な日常生活のなかで、見ず知らずの人の前で、自らの実践を説明し、自らの意見をさらけ出し、反射的に貧困についての考えを展開していく〔のだから〕。しかし、文化社会学が示したように、このアプローチは、（すでに存在する）意味創出プロセスを特定するための最良の方法の一つであり、とりわけ、比較的大規模な集団のなかでその拡散のメカニズムを詳細に調査したい場合には有効なのである。

謝　辞

本書は、「社会の変容：単数の不平等―複数の不平等」と題したプログラムの一環として、フランス国立研究機構が資金提供した調査の結果である。このような大規模な調査は、この支援がなければ実現しなかっただろう。

今回の調査では、多くの方にご協力いただいた。集められたデータの質の高さは、われわれが立ち上げた現地チームの能力と勇気に負うところが大きい。三つの大都市のそれぞれの調査員の方たちに心より感謝する。パリでは、ブリュノ・クザンの指揮のもと、マリン・バイヨン、エルサ・カルヴァリョ、フレデリック・クジウ、マリオン・ヴロダルチクによってインタヴューがおこなわれた。サンパウロでは、イザベル・ジオルジェッチ、アントニオ・カルロス・マトス・ソウザ、ジゼーリ・ソアーレスが、カミーラ・ジオルジェッチが実施したインタヴューを補助した。デリーでは、ジュール・ノデの貴重な協力者であったジョエル・カバリオンが、フィールド調査のあらゆる段階にかかわっていた。

各都市では、多くの方に時間の都合をつけていただいたり、親戚や知人など、回答者をご紹介いただいた。また、調査者を歓迎してくれたこと、親切にしてくれたことに感謝するとともに、調査者が自分たちのネットワークのなかでわれわれに多くの人脈を築くことを許してくれたことにも感謝したい。

今回の研究も、多くのアドバイスやサポートをいただき、大変参考になった。サンパウロのカトリック教皇庁立大学（PUC）のマリアンジェラ・ベルフィオーレ・ヴァンデルレイとルイス・エドゥアルド・ヴァンデルレイには、かれらとの非常に豊かな社会学的議論と、調査中の後方支援に感謝する。デリーでは、歓迎と支援をいただいた社会科学人文科学センター（CSH）所長のバスデブ・チョウドゥリーをはじめ、マリー゠エレーヌ・ゼラ、ジル・ヴェルニエ、ヴェロニク・デュポン、パルタ・ムコパドゥヤイ、タルン・クマールに感謝の意を表したい。オーギュスタン・マリア、カリーナ・ラージパル、ジュリアン・ブイスー、リチャ・ドゥベー、ギートゥ・セート、ジャヨティ・ラヒリ、エマニュエル・デルヴィル、マルヴィカ・マヘシュワリ、そのほか多くの友人や同僚には、調査を実施するうえでのアドバイスや支援をいただいた。また、調査開始直前にデリーで開催した方法論ワークショップの参加者にもお礼を申し上げる。このイベントの開催に積極的に参加したミーナクシ・ターパンのことはとくに言及しておかねばならない。

この研究の最初の成果は、いくつかのセミナーや学術シンポジウムで発表されているが、とくにミシェル・ココレフと二年間にわたって社会科学高等研究院（EHESS）で共催した「都市と不平等」というセミナーで、その成果を発表している。また、二〇一四年六月のEHESS滞在中に、ブラウン大学（ロードアイランド州）の社会学教授であるヒラリー・シルバーと刺激的な交流ができたこと、そして、彼女がわれわれの研究に関心を示してくれたことに感謝したい。本書は、二〇一四年七月に横浜で開催された世界社会学会議、二〇一五年七月にサン・カンタン・イブリーヌで開催されたフランス社会学会の会議、二〇一七年八月にモントリオールで開催されたアメリカ社会学会の会議など、いくつかの学術会議や会議での発表のなかでの議論からも恩恵を受けている。他にもいくつかのコロキウムやセミナーがあり、とくに二〇一三年四月にモーリス・アルブヴァックス・センターで開催された「社会階級はどこにいるのか」というテーマのコロキウムはわれわれにとって有益なものであった。「The seminar at the Urban School of Sciences Po（"Cities are back in town"）」は、ニューデリーの政策研究センターとCSHが共同で開催した都市問題にかんするセミナーである。ジフ・シュル・イヴェットで開催された社会的不平等研究チーム（ERIS）の「不平等の社会学」の会議、ニューデリーの南アジア大学（SAU）の社会学セミナー、デリー大学社会学部のセミナー、インド・南アジア研究センター（CEIAS－EHESS）のSTAKESセミナーもまた、思考の糧を与えてくれた。

最後に、本書の準備段階では、ブリュノ・アウエルバッハの賢明な編集上のアドバイスと、温かく丁寧な校正を受けることができた。モーリス・アルブヴァックス・センターでは、フローランス・ケルドンカフとミュリエル・シロヴィッツも原稿の最終仕上げに協力してくれた。

註

序章

（1）Champ libre, 1982 [1937] ; rééd. 10/18, 2000, p. 47.

（2）インタヴューは、各都市で八〇回、合計二四〇回おこなわれ、第一章で紹介した一二の地区（各都市につき四地区）のインタヴュー対象者の自宅でおこなわれた。

（3）[http://www.deccanherald.com/content/531457/jats-fight-retain_domination.html]〔二〇二四年五月現在リンク切れ〕

（4）Christophe Jaffrelot, « Inde : l'avènement politique de la caste », *Critique internationale*, n° 4, 2002, p. 131–144.

（5）Georg Simmel, *Sociologie. Études sur les formes de socialisation*, Paris, PUF, 1999, p. 607.〔ゲオルグ・ジンメル『社会学——社会化の諸形式についての研究　下』居安正訳、白水社、一九九四年、二二五頁〕

（6）Edmond Préteceille, « La ségrégation contre la cohésion sociale : la métropole parisienne », in Hugues Lagrange (dir.), *L'épreuve des inégalités*, Paris, PUF, 2006, p. 195–246.

（7）Michel Pinçon et Monique Pinçon-Charlot, *Dans les beaux quartiers*, Paris, Seuil, 1989 ; *id.*, *Les Ghettos du Gotha.*

Comment la bourgeoisie défend ses espaces, Paris, Seuil, 2007.

（8）　たとえば、以下を参照。

Marco Oberti et Edmond Préteceille, *La Ségrégation urbaine*, Paris, La Découverte, « Repères », 2016.

（9）　Serge Paugam et Marion Selz, « La perception de la pauvreté en Europe depuis le milieu des années 1970. Analyse des variations structurelles et conjoncturelles », *Économie et Statistique*, n° 383–384–385, 2005, p. 283–305.

（10）　Louis Chevalier, *Classes laborieuses et classes dangereuses à Paris pendant la première moitié du XIXe siècle*, Paris, Pion, 1958 ; rééd. Perrin,« Tempus », 2007.

〔ルイ・シュヴァリエ『労働階級と危険な階級』喜安朗・木下賢一・相良匡俊訳、みすず書房、一九九三年〕

（11）　Bruno Cousin, « Entre-soi mais chacun chez soi. L'agrégation affinitaire des cadres parisiens dans les espaces refondés », *Actes de la recherche en sciences sociales*, n° 204, 2014, p. 88–101.

（12）　M. Pinçon et M. Pinçon-Charlot, *Les Ghettos du gotha*, *op. cit.* ; Lydie Launay, « Les classes populaires racisées face à la domination dans les beaux quartiers de Paris », *Espaces et sociétés*, n° 156–157, 2014, p. 37–52.

（13）　Teresa Pires do Rio Caldeira, *City of Walls : Crime, Segregation and Citizenship in São Paulo*, Berkeley, University of California Press, 2000.

（14）　Véronique Dupont, « The dream of Delhi as a global city », *International Journal of Urban and Regional Research*, vol. 35, n° 3, 2011, p. 533–554.

（15）　Émile Durkheim, *L'Éducation morale*, Paris, PUF, « Quadrige », 2012 [1925], p. 54.

〔エミール・デュルケム『道徳教育論』麻生誠・山村健訳、講談社学術文庫、二〇一〇年、一三三頁〕

（16）　この点については、以下を参照。

Sylvie Tissot, *De bons voisins. Enquête dans un quartier de la bourgeoisie progressiste*, Paris, Raisons d'agir, 2011.

（17）　Pierre Bourdieu, *La Distinction. Critique sociale du jugement*, Paris, Minuit, 1979.

〔ピエール・ブルデュー『ディスタンクシオン――社会的判断力批判　〈普及版〉Ⅰ・Ⅱ』石井洋二郎訳、藤原書店、二〇二〇年〕

(18) Michèle Lamont, *La Morale et l'Argent. Les valeurs des cadres en France et aux États-Unis*, Paris, Métailié 1995 [1992].

(19) Edmond Goblot, La Barrière et le Niveau. *Étude sociologique sur la bourgeoisie française moderne*, PUF, 2010 [1925].

(20) Robert Castel, *L'Insécurité sociale. Qu'est-ce qu'être protégé ?*, Paris, Seuil/La République des idées, 2003.
〔ロベール・カステル『社会の安全と不安全――保護されるとはどういうことか』庭田茂吉・アンヌ・ゴノン・岩﨑陽子訳、萌書房、二〇〇九年〕

(21) 調査を開始した二〇一二年の国連薬物犯罪事務所（UNODC）の発表による。

(22) R. Castel, *L'Insécurité sociale*, *op. cit.*, p. 6.〔前掲書、iv頁〕

(23) Camila Giorgetti, *Moradores de rua : uma questão social ?*, São Paulo, Educ/Fapesp, 2006 ; *id.*, *Poder e Contrapoder : Imprensa e morador de rua em São Paulo e Paris*, São Paulo, Educ/Fapesp, 2007.

(24) Marie Loison, *Habiter à côté des SDF. Représentations et attitudes face à la pauvreté*, Paris, L'Harmattan, 2014.

(25) Pierre Bourdieu, *La Noblesse d'État. Grandes écoles et esprit de corps*, Paris, Minuit, 1989, p. 378.
〔ピエール・ブルデュー『国家貴族――エリート教育と支配階級の再生産　II』立花英裕訳、藤原書店、二〇一二年、四八五頁〕

(26) Isabelle Taboada Leonetti (en collaboration avec Michèle Guillon), *Les Immigrés des beaux quartiers. La communauté espagnole dans le XVIe, Paris*, L'Harmattan, 1987 ; Peter Bearman, *Doormen*, Chicago, University of Chicago Press, 2005.

第１章

(1) この問題に関するブラジルとインドの比較については、以下を参照。
Marie-Caroline Saglio-Yatzimirsky et Frédéric Landy (dir), *Megacity Slums : Social Exclusion, Space and Urban Policies in Brazil and India*, Londres, Imperial College Press, 2013.

(2) E. Préteceille, « La ségrégation contre la cohésion sociale : la métropole parisienne », art. cité ; *id.*, « La métropole parisienne à la croisée des chemins : inégalités et ségrégations, traiter les effets ou s'attaquer aux causes », *Les Cahiers de la métropole*, n° 5, 2016, p. 37–45.

(3) とくに、以下を参照。

Jacques Donzelot, « La nouvelle question urbaine », *Esprit*, n° 258, 1999, p. 87–114 ; Marie-Christine Jaillet, « Peut-on parler de sécession à propos des villes européennes ? » *Esprit*, n° 258, 1999, p. 145–167.

(4) Éric Maurin, *Le Ghetto français. Enquête sur le séparatisme social*, Paris, La République des idées/Seuil, 2004, p. 6.

(5) E. Préteceille, « La ségrégation contre la cohésion sociale : la métropole parisienne », art. cité.

(6) Marco Oberti, « Le trompe-l'œil de la ségrégation et ses effets sur la mixité », in Serge Paugam (dir.), *Repenser la solidarité. L'apport des sciences sociales*, Paris, PUF, 2007.

(7) Saskia Sassen, *La Ville globale. New York, Londres, Tokyo*, Paris, Descartes & Cie, 1996 [1991].
〔サスキア・サッセン『グローバル・シティ――ニューヨーク・ロンドン・東京から世界を読む』伊豫谷登士翁監訳、大井由紀・高橋華生子訳、ちくま学芸文庫、二〇一八年〕

(8) Michel Pinçon et Monique Pinçon-Charlot, *Quartiers bourgeois, quartiers d'affaires*, Paris, Payot, 1992.

(9) Catherine Bidou-Zachariasen (dir.), *Retours en ville. Des processus de « gentrification » urbaine aux politiques de « revitalisation » des centres*, Paris, Descartes & Cie, 2003 ; *id.*, « Le "travail" de *gentrification* : les transformations sociologiques d'un quartier parisien populaire », *Espaces et sociétés*, n° 132–133, 2008, p. 107–124.

(10) Jacques Donzelot, *La Ville à trois vitesses*, Paris, Éditions de La Villette, 2009.

(11) Bruno Cousin, *Cadres d'entreprise et quartiers de refondation à Paris et à Milan*, thèse de doctorat en sociologie, Paris, Sciences Po, 2008.

(12) Edmond Préteceille, *La Division sociale de l'espace francilien. Typologie socioprofessionnelle 1999 et transformations de l'espace résidentiel 1990–1999*, Paris, OSC, 2003.

(13) Sidney Chalhoub, « Classes perigosas », *Trabalhadores*, n° 6, 1990, p. 2–22.

(14) José Murilo de Carvalho, *Cidadania no Brasil. 0 longo Caminho*, 3ème édition, Río de Janeiro, Civilização Brasileira, 2002.

(15) Simon Schwartzman, *Bases do autoritarismo brasileiro*, 3ème édition, Río de Janeiro, Editora Campus, 1988.

（16） Victor Nunes Leal, *Coronelismo, enxada e voto*, São Paulo, Alfa-ômega, 1975.
（17） Raymundo Faoro, *Os donos do Poder*, 4ème édition, Río de Janeiro, Editora Globo, 2008.
（18） Luiz Eduardo W. Wanderley, « São Paulo no contexto da globalização », *Lua ova*, n° 69, 2006, p. 173–203.
（19） João Sette Whitaker Ferreira, *São Paulo, o mito da cidade-global : ideologia e mercado na produção da cidade*, VIe Semincrio Internacional da Unidade Temãtica de Desenvolvimento Urbano da Rede de Mercocidades, Buenos Aires, 3–4 juillet 2003.
（20） E・プレトサイユとA・カルドーゾが作成した、サンパウロの大都市における空間の社会的分割の類型化と地図である。カルドーゾは、印象的な布置を示している。
Edmond Préteceille et Adalberto Cardoso, « Río de Janeiro y São Paulo : ¿ciudades duales? Comparación con París », *Ciudad y Territorio. Estudios Territoriales*, n° 158, 2008, p. 617–640.
（21） Haroldo da Gama Torres, « Segregação residencial e políticas publicas : São Paulo na década de 1990 », *Revista brasileira de Ciências Sociais*, vol. 19, n° 54, 2004, p. 41–56.
（22） Elisa Reis, « Percepções da elite sobre a pobreza e a desigualdade », *Revista Brasileira de Ciências Sociais*, vol. 15, n° 42, 2000, p. 143–152.
（23） Teresa Pires do Rio Caldeira, *Cidade de Muros : Crime, Segregação e Cidadania em São Paulo*, Sao Paulo, Editora 34/Edusp, 2000.
（24） Partha Chatterjee, *Politique des gouvernés. Réflexion sur la politique populaire dans la majeure partie du monde*, Paris, Éditions Amsterdam, 2009 [2004].
〔パルタ・チャタジー『統治される人びとのデモクラシー――サバルタンによる民衆政治についての省察』田辺明生・新部亨子訳、世界思想社、二〇一五年〕
（25） *Ibid.*, p. 162.
（26） *Ibid.*, p. 164.
（27） *Ibid.*, p. 174.

（28） *Ibid.*, p. 171.

（29） Louis Dumont, *Homo Hierarchicus. Le système des castes et ses implications*, Paris, Gallimard, 1966. のとくに第七章を参照。
〔ルイ・デュモン『ホモ・ヒエラルキクス——カースト体系とその意味』田中雅一・渡辺公三訳、みすず書房、二〇〇一年〕

（30） Véronique Dupont, « Delhi aujourd hui : la ville des planificateurs et celle des habitants », in Roger Hagelstein et Paul Servais (dir.), *Perception et organisation de l espace urbain. Une confrontation Orient-Occident*, Louvain-la-Neuve, Academia-Bruylant, 2001, p. 239–266.

（31） Véronique Dupont, « Le monde des villes », in Marie-Caroline Saglio-Yatzmirsky (dir.), *Population et Développement en Inde*, Paris, Ellipses, 2002, p. 52–84.

（32） Ashok Mitra, *Delhi Capital City, New Delhi*, Thomson Press, 1970.

（33） V. Dupont, « Le monde des villes », art. cité, p. 70.

（34） *Ibid.*, p. 71–72.

（35） デリーの貧困にたいする地理的アプローチについては、以下を参照。
Isa Baud, Namperumal Sridharan et Karin Pfeffer, « Mapping urban poverty for local govrnance », *Urban Studies*, vol. 45, n° 7, 2008, p. 1385–1412.

（36） V. Dupont, « Le monde des villes », art. cité, p. 72.

（37） V. Dupont, « Delhi aujourd hui : la ville des planificateurs et celle des habitants », art. cité.

（38） David Harvey, « From managerialism to entrepreneurialism : The transformation of urban govrnance in late capitalism », *Geografiska Annaler*, vol. 71, n° 1, 1989, p. 13.
〔デヴィッド・ハーヴェイ「都市管理主義から都市企業家主義へ——後期資本主義における都市統治の変容」廣松悟訳『空間・社会・地理思想』第二号、一九九七年、四九頁〕

（39） Amita Baviskar, « Demolishing Delhi : World class city in the making », *Mute*, 5 septembre 2006.

(40) Gautam Bhan, « “This is no longer the city I once knew.” Evictions, the urban poor and the right to the city in millennial Delhi », *Environment and Urbanization*, vol. 21, n° 1, 2009.

(41) Raka Ray et Seemin Qayum, *Cultures of Servitude : Modernity, Domesticity and Class in India*, Stanford, Stanford University Press, 2009 ; Sara Dickey, « Permeable homes : Domestic service, household space, and the vulnerability of class boundaries in urban India », *American Ethnologist*, vol. 27, n° 2, p. 462–489 ; Anne Waldrop, « Gating and class relations : The case of a New Delhi “colony” », *City & Society*, vol. 16, n° 2, 2004, p. 96–116.

(42) A. Waldrop, « Gating and class relations », art. cité.

(43) P. Chatterjee, *Politique des gouvernés*, *op. cit.*

(44) Prem Chowdry, « “First our jobs then our girls” : The dominant caste perceptions on the “rising” Dalits », *Modern Asian Studies*, vol. 43, n° 2, 2000, p. 437–479 ; Surinder S. Jodhka et Katherine S. Newman, « In the Name of Globalization : Meritocracy, Productivity, and the Hidden Language of Caste », in Sukhadeo Thorat et Katherine S. Newman (dir.), *Blocked by Caste : Economic Discrimination in Modern India*, New Delhi, Oxford University Press, 2010.

(45) E. Préteceille, *La Division sociale de l'espace francilien*, *op. cit.*

(46) E. Préteceille et A. Cardoso, « Río de Janeiro y São Paulo », art. cité.

(47) Bruno Cousin, « Ségrégation résidentielle et quartiers refondés. Usages de la comparaison entre Paris et Milan », *Sociologie du travail*, vol. 55, n° 2, 2013 ; Bruno Cousin et Serge Paugam, « Liens locaux et déclinaisons de l'entre-soi dans les quartiers de classes supérieures », in Serge Paugam (dir.), *L'Intégration inégale. Force, fragilité et rupture des liens sociaux*, Paris, PUF, 2014, p. 155–171.

(48) Marco Oberti et Edmond Préteceille, « Cadres supérieurs et professions intermédiaires dans l'espace urbain, entre séparatisme et mixité sous contrôle », in Paul Bouffartigue, Charles Gadéa et Sophie Pochic (dir.), *Cadres, classes moyennes : vers l'éclatement ?*, Paris, Armand Colin, 2011.

(49) Norbert Elias et John L. Scotson, *Logiques de l'exclusion*, Paris, Fayard, 1997 [1965].
［ノルベルト・エリアス、ジョン・L・スコットソン『定着者と部外者――コミュニティの社会学』大平章訳、法政

大学出版局、二〇〇九年〕

（50） Bruno Cousin et Sébastien Chauvin, « Vers une hyper-bourgeoisie globalisée ? », in Bertrand Bacie et Dominique Vidal (dir.), *Un monde d'inégalités. L'état du monde 2016*, Paris, La Découverte, 2015.

（51） ＩＲＩＳ（統計情報のためのグループ化されたブロック Ilots regroupés pour l'information statistique）の定義によると、ＩＮＳＥＥ〔国立統計経済研究所〕の空間単位で、一般的に理解されている「地区《カルティエ》」と最も近い。ＩＲＩＳは、時間の経過とともに安定した輪郭をもち、一般的に人口が一八〇〇人から五〇〇〇人のあいだで、大きな不連続性のない区域である。

（52） E. Préteceille, *La Division sociale de l'espace francilien, op. cit.*

（53） イル＝ド＝フランス地域圏では、庶民階級の地区に隣接するブルジョワ率の高い地区はほとんどなく、都心のブルジョワ地区に一戸建て住宅が含まれることはほとんどないが、インドとブラジルでは状況が異なる。

（54） しかし、過去に調査を受けたすべての人に再インタヴューすることはできず、現地での独自のコンタクトを使ってサンプルを完成させなければならなかった。

（55） たとえ今後、パリ西部の人口密度の増加にともなって、自治体がＩＮＳＥＥの定義する都市極《ポール・ユルヴァン》の一部となったとしてもだ。

（56） しかしそれらは、Ｅ・プレトサイユの類型を構成する社会階層の最上位に位置するため、他のタイプのＩＲＩＳとくらべると、互いに似ていない。

（57） 二〇〇〇年に成立したこの法律は、人口三五〇〇人以上の自治体に社会住宅の割り当てを課している。

（58） E. Préteceille et A. Cardoso, « Río de Janeiro y São Paulo : ¿ciudades duales ? », art. cité.

（59） A. Waldrop, « Gating and class relations », art. cité.

（60） Norma Evenson, *The Indian Metropolis : A View toward the West*, New Haven, Yale University Press, 1989.

（61） Aurélie Varrel, « La clôture des espaces résidentiels à Bangalore », in Véronique Dupont et Frédéric Landy (dir.), *Circulation et territoire dans le monde indien contemporain*, Paris, Éditions de l'EHESS, 2010, p. 283-307, et Mark-Anthony Falzon, « Paragons of lifestyle : Gated communities and the politics of space in Bombay », *City & Society*, vol. 16,

n° 2, 2004, p. 145–166. を参照。
（62）デリー大都市圏の周縁部にある地域の富裕化の分析については、とくに以下を参照。
V. Dupont, « The dream of Delhi as a global city », art. cité.
（63）A. Varrel, « La clôture des espaces résidentiels à Bangalore », art. cité, p. 297.
（64）伝統的に「シックな」エリアに居住するための社会関係資本の重要性については、同前書を参照。
（65）デリーにおける非類似指数を提案している唯一の研究（Trina Vithayathil and Gayatri Singh, « Spaces of discrimination : Residential segregation in Indian cities », *Economy & Political Weekly*, vol. 47, n° 37, 2012, p. 60–66）は、七万六〇〇〇人以上の居住単位（「区《ワード》」に相当する国勢調査レベル）にもとづいているが、他の都市で使用されたエドモン・プレトサイユの類型はもっと細かい（パリの場合は二〇〇〇—四五〇〇人、サンパウロの場合は約一万一〇〇〇人）。
（66）Bertrand Lefebvre et Olivier Telle, « Mesurer la ségrégation dans une ville du Sud : l'exemple de Delhi », 2013. 二〇一三年四月八日、於パリ、ＥＨＥＳＳ高等師範学校〔社会科学高等研究院〕、モーリス・アルブヴァクス・セミナー「都市と不平等」での発表。
（67）Michèle Lamont et Laurent Thévenot (dir.), *Rethinking Comparative Cultural Sociology : Repertoires of Evaluation in France and the United States*, Cambridge, Cambridge University Press, 2000.
（68）Luc Boltanski et Laurent Thévenot, *De la justification. Les économies de la grandeur*, Paris, Gallimard, 1991.〔リュック・ボルタンスキー、ローラン・テヴノー『正当化の理論——偉大さのエコノミー』三浦直希訳、新曜社、二〇〇七年〕
（69）Michèle Lamont et Virág Molnár, « The study of boundaries in the social sciences », *Annual Review of Sociology*, n° 28, 2002, p. 167–195.
（70）L. Boltanski et L. Thévenot, *De la justification*, *op. cit.*
（71）たとえば、以下を参照。
Albert O. Hirschman, *Deux siècles de rhétorique réactionnaire*, Paris, Fayard, 1991.

〔アルバート・O・ハーシュマン『反動のレトリック――逆転、無益、危険性』岩崎稔訳、法政大学出版局、一九九七年〕

第二章

（1） P. Bourdieu, *La Distinction*, *op. cit.* ; M. Lamont, *La Morale et l'Argent*, *op. cit.*

（2） Mike Savage, Gaynor Bagnall et Brian Longhurst, *Globalization and Belonging*, Londres, Sage, 2005 ; Sharon Zukin, *Naked City : Life and Death of Authentic Urban Places*, New York, Oxford University Press, 2009.

（3） Marco Oberti, *L'École dans la ville. Ségrégation, mixité, carte scolaire*, Paris, Presses de Sciences Po, 2007 ; Annette Lareau, *Unequal Childhoods : Class, Race, and Family Life*, Berkeley et Los Angeles, University of California Press, 2ème édition, 2011 [2003].

（4） Luc Boltanski, *L'Amour et la Justice comme compétences. Trois essais de sociologie de l'action*, Paris, Métailié, 1990. Bruno Cousin, « Les habitants des quartiers refondés face à l'injustice spatiale. Refuser, ménager et détourner la critique », *Communications*, n° 98, 2016. も参照。

（5） ブラジルのエリートが社会的世界を表現する際にとくに顕著な二元論においては、自分たちと、事実上貧しい人びとと同一視される「民衆」とのあいだに一般的な対立を設定することが多い。

Graziella Moraes Silva et Matias López, « "Brazilian people" in the eyes of elites : Repertoires and symbolic boundaries of inequality », *Sociologia & Antropologia*, vol. 5, n° 1, 2015 ; Matias López, « The state of poverty : Elite perceptions of the poor in Brazil and Uruguay », *International Sociology*, vol. 2005. 28, n° 3, 2013.

（6） L. Boltanski et L. Thévenot, *De la justification*, *op. cit.*

（7） 近隣の空間構成と近隣の道徳的秩序との関連性については、とくに以下をを参照。

Robert Park, « The City : Proposals for Research on Human Behaviour in the Urban Environment » 1915), in Yves Grafmeyer et Isaac Joseph (dir.), *L'École de Chicago. Naissance de l'écologie urbaine*, Paris, Flammarion, 2004.

〔ロバート・E・パーク「都市――都市環境における人間行動研究のための提案」松本康訳『近代アーバニズム　都

市社会学セレクション1』日本評論社、二〇一一年、三九―八七頁〕

David Harvey, « Configuration spatiale et ordre moral », in *Paris, capitale de la modernité*, Paris, Les Prairies ordinaires, 2012 [2006].

〔デヴィッド・ハーヴェイ『パリ――モダニティの首都』大城直樹、遠城明雄訳、青土社、二〇〇六年〕

（8） Shreyas Sreenath, « Rowdy », *Journal of South Asian Studies*, vol. 40, n° 2, 2017, p. 392–394. を参照。

（9） Benjamin B. Cohen, *In the Club : Associational Life in Colonial South Asia*, New Delhi, Orient Blackswan, 2015.

（10） また、ブラジルのエリートたちが、教育システムの不備や失敗が国の主要な問題の一つであり、早急に対処すべきと考えていることについては、以下を参照。

Elisa Reis, « Perceptions of poverty and inequality among Brazilian elites », in Elisa Reis et Mick Moore (dir.), *Elite perceptions of poverty and inequality*, Londres / New York, Zed Books, 2005 ; *id.*, « Elite perceptions of poverty and inequality in Brazil », in Merike Blofield (dir.), *The Great Gap : Inequality and the Politics of Redistribution in Latin America*, University Park, The Pennsylvania State University Press, 2011.

（11） Paul Cary, « Les centres commerciaux à São Paulo. Renforcement de l'entre-soi ou déségrégation sociale ? », *Espaces et sociétés*, n° 150, 2012.

（12） サンパウロのブルジョワ居住空間の要塞化が、都市性や公共空間の消滅という点で及ぼした影響については、以下（とくに第八章）を参照。

T. P. R. Caldeira, *Cidade de Muros*, *op. cit.*

（13） デリーでは、村の姿は貧困や農村の後進性といった否定的なイメージと結びついている。

（14） Lyn H. Lofland, *The Public Realm : Exploring the City's Quintes-sential Social Territory*, Hawthorne, Aldine de Gruyter, 1998.

（15） 対照的に、サンパウロの社会空間のモザイクとその進化については、他に以下を参照。

E. Préteceille et A. Cardoso, « Río de Janeiro y São Paulo », art cit. Suzana Pasternak et Lucia Maria Machado Bógus, « Changing urbanization patterns in the Brazilian metropolis », in Mark Clapson et Ray Hutchinson (dir.),

Suburbanization in Global Society, Bingley, Emerald, 2010.

(16) M. Oberti et E. Préteceille, *La Ségrégation urbaine*, *op. cit.*

(17) このような排他主義と階級的連帯感の組み合わせは、E. Goblot, *La Barrière et le Niveau*, *op. cit.* で述べられているように、二〇世紀初頭のフランスのブルジョワジーに特徴的な社会的境界の機能を彷彿とさせる。

(18) M. Lamont et V. Molnár, « The study of boundaries in the social sciences », art. cité.

(19) グルガオンにおける居住実践と地域の社会性については、以下も参照。

Sanjay Srivastava, *Entangled Urbanism : Slum, Gated Community and Shopping Mall in Delhi and Gurgaon*, New Delhi, Oxford University Press, 2014.

(20) 近隣および小近隣の所有者・居住者協会。

(21) Rachel Sherman, *Class Acts : Service and Inequality in Luxury Hotels*, Berkeley, University of California Press, 2007.

(22) 独裁政権下で重要な役割を果たしたブラジル社会運動党（ＰＭＳＢ）から生まれたＰＳＤＢは、現在、おもにフェルナンド・エンリケ・カルドーゾ元大統領の政党となっている〔二〇一七年当時〕。ルーラが政権をとって以来、サンパウロ州では政府の多数派にしっかりと対抗してきた。有権者の多くは、市内の裕福な地域に住み、上流階級に属している。

(23) Heitor Frúgoli Junior et Mariana Cavalcanti, «Territorialidades da(s) *cracolândia(s)* em São Paulo e no Río de Janeiro », *Anuário Antropológico*, n° 2, 2013 ; Taniele Rui, « Usage of “Luz” and “Cracolândia” : Fieldwork of spatial practices », *Saúde e Sociedade*, vol. 23, n° 1, 2014.

(24) パリの「高級住宅街《ボー・カルティエ》」の空間における左岸と右岸の対立については、以下を参照。

M. Pinçon et M. Pinçon-Charlot, *Dans les beaux quartiers*, *op. cit.*

(25) イル＝ド＝フランスの上流階級の居住戦略と学校配置戦略との関連については、以下を参照。

Anne-Catherine Wagner, *Les Nouvelles Élites de la mondialisation. Une immigration dorée en France*, Paris, PUF, 1998 ; Marie Duru-Bellat et Agnès Van Zanten, *Sociologie de l’école*, Paris, Armand Colin, 4ème édition, 2012 ; Agnès Van Zanten, « A family affair : Reproducing elite positions and preserving the ideals of meritocratic competition and youth autonomy », in Agnès Van Zanten, Stephen J. Ball et Brigitte Darchy-Koechlin (dir.), *Elites, Privilege and Excellence*, Londres/New York, Routledge, 2015.

(26)　パリ中心部の「観光化」と「博物館化」におけるセカンドハウスの役割については、以下を参照。
Sophie Chevalier, Emmanuelle Lallement et Sophie Corbillé, *Paris résidence secondaire. Enquête chez ces habitants d'un nouveau genre*, Paris, Belin, 2013.

(27)　M. Pinçon et M. Pinçon-Charlot, *Quartiers bourgeois, quartiers d'affaires*, *op. cit.*
八区については、以下も参照。
Nicolas Jounin, *Voyage de classes Des étudiants de Seine-Saint-Denis enquêtent dans les beaux quartiers*, Paris, La Découverte, 2014.

(28)　とくに、以下を参照。
M. Pinçon et M. Pinçon-Charlot, *Les Ghettos du gotha*, *op. cit.*

(29)　David Lepoutre, *Cœur de banlieue. Codes, rites et langages*, Paris, Odile Jacob, 1997.

(30)　Thomas Sauvadet, *Le Capital guerrier. Concurrence et solidarité entre jeunes de cité*, Paris, Armand Colin, 2006.

(31)　M. Lamont, *La Morale et l'Argent*, *op. cit.*

(32)　P. Bourdieu, *La Noblesse d'État*, *op. cit.* ; Ajantha Subramanian, « Making merit : The Indian Institutes of Technology and the social life of caste », *Comparative Studies in Society and History*, vol. 57, n° 2, 2015.

(33)　Jane Jacobs, *Déclin et survie des grandes villes américaines*, Marseille, Parenthèses, 2012 [1961].
〔ジェーン・ジェイコブス『アメリカ大都市の死と生　新版』山形浩生訳、二〇一〇年、鹿島出版会〕

(34)　地域の社会統制の装置としてのゴシップについては、とくに以下を参照。
N. Elias et J. L. Scotson, *Logiques de l'exclusion*, *op. cit.*

(35)　フランスの大ブルジョワジーにおける社会関係資本の蓄積については、以下を参照。
Monique de Saint Martin, *L'Espace de la noblesse*, Paris, Métailié, 1993 ; Michel Pinçon et Monique Pinçon-Charlot, *Grandes fortunes. Dynasties familiales et formes de richesse en France*, Paris, Payot, 1996, Paris, Payot, 1996 ; Bruno Cousin et

Sébastien Chauvin, « L'économie symbolique du capital social. Notes pour un programme de recherche », *Actes de la recherche en sciences sociales*, n° 193, 2012.
（36） Dominique Vidal, *Les Bonnes de Rio. Emploi domestique et société démocratique au Brésil*, Lille, Presses universitaires du Septentrion, 2007.
（37） Camila Giorgetti, « Comment les catégories supérieures de São Paulo parlent-elles de leurs employées domestiques ? Analyse d'un rapport de classe », *Brésil(s)*, n° 8, 2015, p. 73–96.
（38） パリの高級住宅街の住人にとっての都市性の重要性については、次も参照。
Kevin Geay, « Aux marges des beaux quartiers. Membres du Racing et prostituées au Bois de Boulogne », *Genèses*, n° 99, 2015.

第三章

（1） T. Pires do Rio Caldeira, *Cidade de Muros*, *op. cit.*
（2） L. Chevalier, *Classes laborieuses et classes dangereuses à Paris pendant la première moitié duxixesiècle*, *op. cit.*, p. 460.
（3） T. Pires do Rio Caldeira, *Cidade de Muros*, *op. cit.*
（4） Patrice Bourdelais (dir.), *Les Hygiénistes. Enjeux, modèles et pratiques*, Paris, Belin, 2001.
（5） Léon Bourgeois, cité par Pierre Rosanvallon, *L'État en France de 1789 à nos jours*, Paris, Seuil, 1990 ; rééd. « Points Histoire », 1993, p. 131.
（6） *Ibid.*, p. 128.
（7） Gérard Jorland, *Une société à soigner. Hygiène et salubrité publiquesen France au XIXe siècle*, Paris, Gallimard, 2010.
（8） P. Bourdelais (dir.), *Les Hygiénistes*, *op. cit.*
（9） Alain Corbin, *Le Miasme et la Jonquille. L'odorat et l'imaginaire social, XVIIIe XIXe siècles*, Paris, Flammarion, « Champs », 2016 [1982].
（10） フレームの概念については、以下を参照。

Erving Goffman, *Les Cadres de l'expérience*, Paris, Minuit, 1991 [1974].

（11） Etelvina Maria de CastroTrindade, « Modèles et emprunts : l'hygiénisme au Brésil (fin XIXe-début XXe siècle) », in P. Bourdelais (dir.), *Les Hygiénistes*, *op. cit.*, p. 267 *sq*.

（12） J. F. Costa, *Ordem médica e norma familiar*, *op. cit.*, p. 122–123.

（13） ブラジルでは、黄熱病にかんする統計をみると、公衆衛生制度改革の成果が疑わしいことがわかる。二〇一七年一月以降、ミナス・ジェライス州では七九名が感染している。二〇一六年には一三九万九四八〇人がデング熱に感染し、三四一九人が死亡した。チクングニア熱には一六万九六五六人が感染し、三八人が命を失った。ジカウイルスの感染者は一七万四〇〇三人に達している（二〇一六年七月まで）。バイーア州での感染者が最も多く、四万八〇一〇人であり、リオデジャネイロでは四万六〇二二人である。国家の近代化にもかかわらず、公衆衛生にかんしては、人びとが数多くの病から守られていないと言わざるをえない。

（14） Maria Lúcia Boarini, *Higiene e raça como projetos. Higienismoe eugenismo no Brasil*, Maringa, Editora da Universidade Estadual de Maringa, 2003.

（15） Sudipta Kaviraj, « Filth and the public sphere : Concepts and practices about space in Calcutta », *Public Culture*, vol. 10, n° 1, 1997, p. 83–113.

この点については、以下も参照。

Dipesh Chakrabarty, « Of garbage, modernity and the citizen's gaze », *Economic and Political Weekly*, vol. 27, n° 10–11, 1992, p. 541–547.

（16） この問題にかんしては、以下も参照。

Dipesh Chakrabarty, « Of garbage, modernity and the citizen's gaze », art. cité.

ディペシュ・チャクラバルティは論文のなかで、問題を解決するというよりも提起するかたちでこの点を述べている。それほどまでに、この清潔さとの関係という問題は微妙で複雑である。

（17） 街で最も有名な複数の病院が、上流階級の患者の予防対策を奨励している。そこでは、かれらの使用人の健康状態やワクチン接種状況についての精査も保証する一括のサブスクリプションが提供されている。

（18）　この表現は、この文脈におけるポルトガル語〔からの訳〕として最も適切という訳ではない。インタヴュー対象者は、使用人が「躾けられていた」と言っている。
« *Os funcionários foram educados para que não abram o portão para ninguém* »
フランス語では「公務員は誰にも扉を開けないよう躾けられていた」という意味になる。

（19）　集団性（グループネス）の概念については、以下を参照。Rogers Brubaker, *Ethnicity without Groups*, Cambridge, Harvard University Press, 2004 ; Michèle Lamont, Graziella Moraes Silva, Jessica S. Welburn, Joshua Guetzkow, Nissim Mizrachi, Hanna Herzog et Elisa Reis, *Getting Respect : Responding to Stigma and Discrimination in the United States, Brazil, and Israel*, Princeton, Princeton University Press, 2016.

（20）　Jérôme Berthaut, *La Banlieue du « 20 heures ». Ethnographie d'un lieu commun journalistique*, Marseille, Agone, 2013.

（21）　インタヴューが、二〇一二年一二月にニューデリーのバスで発生したジョーティ・スィンへの集団暴力事件〔二三歳の女性理学療法実習生への集団強姦事件。被害者は死亡〕の数か月前におこなわれたことを指摘しておく必要がある。この惨劇は、きわめて大規模な集団的運動をもたらし、女性のセキュリティ問題が議論の中心に位置づけられることになった。

（22）　接触事故の結果として生じる襲撃行為以外に、インドの道路が世界で最も危険なものの一つであることと、また、そこがインドにおける未熟児のおもな死亡理由の一つとなっている点を理解しておく必要がある。

（23）　ニューデリーの中・上流層が住む地区における住民間の結びつきについては、以下を参照。
Diya Mehra, « What has urban decentralization meant ? A case study of Delhi », *Pacific Affairs*, vol. 86, n° 4, 2013, p. 813–833.

第四章

（1）　Peter Hall et Michèle Lamont (dir.), *Social Resilience in the Neoliberal Era*, New York, Cambridge University Press, 2013.

（2）　Michael Young, *The Rise of the Meritocracy*, Chicago, Transaction Publishers, 1958 ; Stephen J. McNamee et Robert

K. Miller, *The Meritocracy Myth*, Rowman & Littlefield, 2009.

（3） Jules Naudet, « Mobilité sociale et explications de la réussite en France, aux États-Unis et en Inde », *Sociologie*, vol. 3, n° 1, 2012, p. 39–59.

（4） Étienne Balibar, « Y a-t-il un "néo-racisme" ? », in Étienne Balibar et Immanuel Wallerstein (dir.), *Race, nation, classe. Les identités ambiguës*, Paris, La Découverte, 1988, p. 34.

（5） Ann Morning, « And you thought we had moved beyond all that : biological race returns to the social sciences », *Ethnic and Racial Studies*, vol. 37, n° 10, 2014, p. 1676–1685 ; *id.*, « Reconstructing race in science and society : Biology textbooks, 1952–2002 », *American Journal of Sociology*, vol. 114, n° 1, 2008, p. 106–137.

（6） A. O. Hirschman, *Deux siècles de rhétorique réactionnaire*, *op. cit.*

（7） 業《カルマ》の教義については、以下を参照。

Caterina Guenzi et Silvia D'Intino, « Un air de déjà-vu. Du karma et de quelques pratiques de réminiscence des vies antérieures », *Terrain*, n° 66, 2016, p. 46–61.

さらに以下も参照。

Caterina Guenzi, *Le Discours du destin. La pratique de l'astrologie à Bénarès*, Paris, CNRS Éditions, 2013.

（8） 「ジャート族の不労所得者」像の構築にかんしては、以下を参照。

Sushmita Pati, « Accumulation by possession : The social processes of rent seeking in urban Delhi », in Iman Kumar Mitra, Ranabir Samaddar et Samita Sen (dir.), *Accumulation in Post–Colonial Capitalism*, Singapore, Springer, 2017, p. 93–108.

（9） インドにおける平等という考えについては、以下を参照。

Jules Naudet, « Equality as relationship », *Seminar*, n° 672, 2015, [www.india-seminar.com/semframe.html].

（10） Edward Telles, *Racismo à brasileira : uma nova perspectiva sociologica*, Río de Janeiro, Relume Dumara/Fundação Ford, 2003 ; Carlos A. Costa Ribeiro et Nelson do Valle Silva, « Cor, educação e casamento : tendências da seletividade marital no Brasil, 1960 a 2000 », *Dados*, vol. 52, n° 1, 2009, p. 7–51 ; Eunice Durham, « Desigualdade educacional e cotas para negros nas universidades », *Novos Estudos Cebrap*, n° 66, 2003, p. 3–22 ; Maria Nilza da Silva et Mariana Panta (dir.),

Territorio e segre-gação urbana : o « lugar » da população negra na cidade, Londrina, Universidade Estadual de Londrina, 2014.

（11） Antonio Sérgio Guimarães, « Acesso de negros às universidades publicas », *Cadernos de pesquisa*, n° 118, 2003, p. 247–268 ; *id.*, « Racismo e anti-racismo no Brasil », *Novos estudos*, n° 43, 1995, p. 26–44.

（12） Lilian M. Schwarcz, *Nem preto, nem branco, muito pelo contrario : cor e raça na sociabilidade brasileira*, São Paulo, Claro Enigma, 2012.
ブラジルにおける人種問題についての総論は、以下を参照。
M. Lamont et al., *Getting Respect*, *op. cit.*, p. 125–132.

（13） 「人種の楽園」という考えは、ブラジルにおいて一九世紀から存在する。以下を参照されたい。
Antonio Sérgio Guimarães, « Democracia racial : o ideal, o pacto e o mito », *Novos Estudos*, n° 61, 2001, p. 147–162.
「人種民主主義」という概念は、A・S・ギマラインスが指摘するように、一九五〇年代に支配的なものとなった。それは、国家としての誇りの源泉であり、他の国々とくらべてとりわけ「文明化した」ブラジル国民という見方を堅固なものにしている（A. S. Guimarães, « Racismo e anti-racismo no Brasil », art. cité, p. 26 参照）。

（14） L. M. Schwarcz, *Nem preto, nem branco, muito pelo contrario*, *op. cit.*
また、以下も参照。
Célia Maria Marinho Azevedo, *Onda negra, medo branco : o negro no imaginario das elites, Século XIX*, São Paulo, Paz e Terra, 1987 ; Antonio Sérgio Guimarães, « Preconceito de cor e racismo no Brasil », *Revista de Antropologia*, vol. 47, n° 1, 2004, p. 9–43.

（15） これは、ミシェル・ラモンとそのチームがブラジル、アメリカ、イスラエルにおける脱スティグマ化戦略を比較分析した結果（*Getting Respect, op. cit.*）とは、ある意味で正反対の見解である。ブラジルの人種差別グループのメンバーは、人種差別の被害を受けたときに、批判の余地がない状況におかれることが多いため、対立することが難しいと指摘している。動員されたレパートリーは、人種的・差別的なカテゴリーに明示的にもとづくものではないため、人種差別の被害者が、自分が晒されている差別の状況を解体することははるかに困難であり、したがって、それを糾弾することも困難である。ミシェル・ラモンのチームのこの成果は、ブラジルの上流階級にとってかれらの人種差別を隠すことが非常に容易であることを示す鏡のようなものだ。

（16） Pierre Bourdieu, « Le Nord et le Midi : contribution à une analyse de l'effet Montesquieu », *Actes de la recherche en sciences sociales*, n° 35, 1980, p. 21–25.

（17） Daniel Sabbagh, *L' Égalité par le droit. Les paradoxes de la discrimination positive aux États-Unis*, Paris, Economica, 2003.

（18） A. O. Hirschman, *Deux siècles de rhétorique réactionnaire*, *op. cit.*, p. 141.〔前掲書、九八頁〕

（19） この活動は、人びとの現世での選択がかれらの業《カルマ》を向上させるのに役立つように助言し、導くことである。

（20） 反留保〔制度〕のレトリックの詳細な分析については、以下を参照。

Ajantha Subramanian, « Making merit : The Indian institutes of technology and the social life of caste », *Comparative Studies in Society and History*, vol. 57, n° 2, 2015, p. 291–322 ; Surinder Jodhka et Katherine S. Newman, « In the name of globalization : Meritocracy, productivity, and the hidden language of caste », in Sukhdeo Thorat et Katherine S. Newman (dir.), *Blocked by Caste : Economic Discrimination in Modern India, Delhi*, Oxford University Press, 2010, p. 52–87.

留保制度に関連する高等教育における排除の論理については、以下を参照。

Odile Henry et Mathieu Ferry, « When cracking the JEE is not enough », *South Asia Multidisciplinary Academic Journal*, n° 15, 2017.

（21） ここでは、インタヴュー対象者はまちがった事実にもとづいている。一八八一年の最初の国勢調査では、ラージ〔ブラーミン〕の人口はすでに二億五五〇〇万人だった。

（22） この種のレトリックの詳細な分析については、以下を参照。

Jules Naudet, « L'origine populaire comme ressource au sein des élites en France, aux États-Unis et en Inde », *Critique internationale*, n° 64, 2014, p. 81–99.

（23） この上流階級のレトリックを批判的に分析したものとして、以下を参照。

E. Reis et M. Moore (air.), *Elite Perceptions of Poverty and Inequality*, *op. cit.*

（24） Giovanna Procacci, *Gouverner la misère. La question sociale en France, 1789–1848*, Paris, Seuil, 1993, p. 209.

（25） Luc Boltanski et Ève Chiapello, *Le Nouvel Esprit du capitalisme*, Paris, Gallimard, 1999. 〔リュック・ボルタンスキー、エヴ・シャペロ『資本主義の新たな精神』上・下、三浦直希・海老塚明・川野英二・白鳥義彦・須田文明・立見淳哉訳、ナカニシヤ出版、二〇一三年〕

（26） ここで忘れてはならないのは、プジョー家は「自動車の発明」のずっと以前から非常に裕福だったということである。

（27） Robert K. Merton, « La science et l'Évangile selon saint Matthieu. Étude des systèmes de récompense et de communication dans le domaine de la science », *Le Progrès scientifique*, n° 136, 1969, p. 16–37. [Robert K. Merton, « The Matthew Effect », *Science*, vol. 159, n° 3810, 1968, p. 56–63.]

（28） Jean-Paul Sartre, *L'Être et le Néant*, Paris, Gallimard, 1943, p. 420. 〔ジャン＝ポール・サルトル『存在と無 II』松浪信三郎訳、ちくま学芸文庫、二〇〇七年、四〇八頁〕

（29） A. O. Hirschman, *Deux siècles de rhétorique réactionnaire*, *op. cit.*

第五章

（1） この点については、以下を参照。
M. Oberti, *L'École dans la ville*, *op. cit.*, et Agnès Van Zanten, *Choisir son école. Stratégies familiales et médiations locales*, Paris, PUF, 2009.

（2） これは、デリーで調査した四つの地区のうちの一つであるグルガオンのコンドミニアムにも当てはまる。

（3） しかし、この批判が（上昇軌道に乗った）「ニュー・リッチ」だけにたいする反応なのか、それとも上位五パーセントや一〇パーセントのなかでのばらつきや経済格差の拡大にたいする反応なのかは、一概には言えない。しかし、このようなエリートの異なる小集団《フラクシオン》間の競争の問題は、三つの大都市すべてに見られることを強調しておきたい。

（4） Pierre Rosanvallon, *La Société des égaux*, Paris, Seuil, 2011.

（5） R. Castel, *L'insécurité sociale*, *op. cit.* を参照。

（6） 実際、イル＝ド＝フランス地域圏のインタヴュー対象者のほとんどが、貧困層、さらには貧困層の住む地域を潜在的に危険なものと考えているにもかかわらず、その危険性に脅威を感じていない。なぜなら、かれらはこれらの地区を避けることすらなく、直面するような直接的機会がほとんどないからである。

（7） しかし、パリ中心部の高級化された地区では状況が異なり、社会・職業上のプロフィールはますます高くなっているが、近隣にたいする否定的な判断（危険、汚い、手入れが行き届いていないとみなす）は、上流階級の住民に多く見られる。この点については、とくに以下を参照。

B. Cousin and S. Paugam, « Liens sociaux et déclinaisons de l'entre-soi dans les quartiers de classes supérieures », art. cité.

（8） ジュリエット・レンヌは、女性が一流の職業に就くことをめぐる論争を描いた作品のなかで、この「ブリコラージュ」という概念を用いている。彼女は、「平等を求める声が自然な差異の言説に非常に強く浸透している」ことを指摘し、そのため、メリットの概念を「二つのイデオロギーモデル」のあいだの「ブリコラージュ」として分析している。以下を参照。

Juliette Rennes, *Le Mérite et la Nature. Une controverse républicaine : l'accès des femmes aux professions de prestige. 1880–1940*, Paris, Fayard, 2007, p. 505.

（9） 業《カルマ》の理論については、以下を参照。

Caterina Guenzi et Silvia D'Intino, « Un air de déjà-vu. Du karma et de quelques pratiques de réminiscence des vies antérieures », art. cité ; Max Weber, *Hindouisme et bouddhisme*, Paris, Flammarion, « Champs », 2003.

〔マックス・ヴェーバー『ヒンドゥー教と仏教』古在由重訳、大月書店、二〇〇九年〕

なお、ジュール・ノデはこの理論を、階層現象を正当化する他の形式と対峙させている。

Jules Naudet, « Postface : Les sociodicées ou la justification des privileges », in Christophe Jaffrelot et Jules Naudet, *Justifier l'ordre social*, Paris, PUF, 2014, p. 77–93.

（10） C. Giorgetti, «Comment les catégories supérieures de São Paulo parlent de leurs employés domestiques : analyse d'un rapport de classe », art. cité.

（11） 貧困を世代から世代へと受け継がれる自然な傾向として説明することと、貧困者にその運命の責任を負わせて罪悪感を抱かせることは、矛盾しているように思えるかもしれない。しかし、インタヴュー対象者の発言には、必ずしもこうした矛盾がないわけではない。

(12) このプログラムのタイトルは、それ自体が社会的保護の家族主義的な概念を示している。個人ではなく家族への支援は、親が子どもを学校に通わせる義務を負うことが条件となっている。

(13) なお、このような言説は、調査以前に、フランスで論争となっていた社会学的分析によって広く知られていた。とくに、ユーグ・ラグランジュの以下の著作を参照。Hugues Lagrange, *Le Déni des cultures*, Paris, Seuil, 2010.

(14) Luc Boltanski, *La Souffrance à distance*, Paris, Métailié, 1993.

(15) また、インタヴューを受けた人のなかには、社会的援助は良いものだが、国にとっては高額になりすぎて、もはや本当の意味での余裕がなくなってしまったという意見もある。したがって、貧しい人びとを助けるために国にもっと努力してほしい(少なくとも支出を増やしてほしい)と求めることは、「現実的」でも「責任ある」ことでもない。フランスの上流階級が責任倫理(政府、財政、マクロ経済)を唱えるのは、フランスのシステムの破綻につながるような、過度にいい加減な公会計管理を避ける必要もあるという考えにもとづいている。そのためには、システムを救済するためには改革しなければならないのだ。

(16) とくに、課税による経済の平準化を進めすぎると、フランス社会で最も創意工夫に富み、生産性の高い職業を動員できなくなり、亡命させたりする結果をもたらす(その結果、フランス社会全体が貧困に陥る)だろうという考えが繰り返されている。また、これらの議論は、アルバート・O・ハーシュマンが説明した反動的レトリックの三つの古典的レジスターのうち、二つのレジスターに対応していることにも注目すべきである。進歩的手段の逆効果(perversity)の告発と、その改革が社会にもたらす部分的または全体的な崩壊のリスク(jeopardy)を呼び起こすことである(Albert O. Hirschman, *Deux siècles de rhétorique réactionnaire, op. cit.*)。

第六章

(1) たとえば、パリの高級住宅街では、SDF〔住所不定者〕への夜まわりがおこなわれている。多くの場合、小教区の主導ではじめられ、排除された人びとへの慈善行為によって信仰を実践しようとする近隣住民の意思にもとづいている。EHESS〔社会科学高等研究院〕の修士論文の一環としてエルヴァン・フロローがおこなった民族誌的観察によると、最近では、SDFの悪臭や汚れにたいする最初の嫌悪感を克服するために、ヴォランティアたちが必要とする努力が示されている。かれらにたいしてどのような態度をとるべきか悩んでいる人もいる。人間関係を構築する必要性、あるいはこれらの恵まれない人びとを友人、あるいは兄弟姉妹と考える必要性は、かれらの手を握ったり、汚れたマットレスの上でかれらの隣に少しのあいだ座ったりすることへの不快さと両立するだろうか。この矛盾に巻き込まれて、多くのヴォランティアが連帯感のある和やかなゲームに身を投じているが、支援を受けた人に挨拶をした直後に、手にアルコール性のジェルを塗らずにはいられないのだ。このように、連帯という行為をおこないつつも距離をとる態度が失礼に当たるのではないかと疑問に思う人もいる。しかし、多くの場合、かれらは不健康な細菌や汚染のリスクから自分自身を守るという正当な理由を見つけることで、この疑問を克服するにいたる。こうした緊張感は、パリに見られる富裕層と貧困層のあいだの距離をおいた連帯をあらわすものの一つである。

（2）とくに、福利厚生、遺産の保存、住民サービスなどの点から、近隣の資源を守ることが問題となるときにそうである。

（3）Robert J. Sampson, *Great American City : Chicago and the Enduring Neighborhood Effect*, Chicago, University of Chicago Press, 2012.

（4）Serge Paugam et François-Xavier Schweyer, « Réformes et inerties de l'État-providence », in Olivier Galland et Yannick Lemel (dir.), *La Société française. Pesanteurs et mutations : le bilan*, Paris, Armand Colin, 2006, p. 199–249.

（5）Gøsta Esping-Andersen, *Les Trois Mondes de l'État-providence. Essai sur le capitalisme moderne*, Paris, PUF, 1999 [1990].
〔イエスタ・エスピン＝アンデルセン『福祉資本主義の三つの世界——比較福祉国家の理論と動態』岡沢憲芙・宮本太郎監訳、ミネルヴァ書房、二〇〇一年〕

（6）Serge Paugam, « La perception de la pauvreté sous l'angle de la théorie de l'attachement. Naturalisation, culpabilisation et victimization », *Communications*, n° 98, 2016, p. 125–146.

［セルジュ・ポーガム「結合理論からみた貧困知覚——自然化と罪悪化、犠牲化」川野英二・中條健志訳『都市文化研究』第一九号、二〇一七年、六五—七五頁］

（7）Serge Paugam, *Le Lien social*, Paris, PUF, « Que sais-je ? », 3ème édition, 2013.

（8）説明要因ではなく関連要因と呼ぶことによって、因果が別々にとりあげられたこれらの要因に依拠しているわけではないということを強調したい。むしろこれらの要因が同時に働くこともありうる。これらはほとんどの場合で相互に依存しており、この相互依存性こそが最も可能な因果的説明の鍵であるとわれわれは考えている。

（9）この概念的区別はもちろん進化論的に解釈されるべきではない。実際に、家族主義は近代性と結びつき、新興国の資本主義の発展を支えることがありうる。

（10）たとえば、インドの経済的近代化は、家族資本主義の論理の強化と密接に関係している。インドの近代化とグローバル化は、経済活動の規制における家族の役割の喪失を意味するものではない。この点については、以下を参照。Jules Naudet et Catherine-Lise Dubost, « The Indian exception : The densification of the network of corporate interlocks and the specificities of the Indian business system (2000–2012) », *Socio-Economic Review*, n° 26, 2016, p. 1–30.

（11）Dominique Schnapper, « Rapport à l'emploi, protection sociale et statuts sociaux », *Revue française de sociologie*, t. XXX, n° 1, 1989, p. 3–29.

（12）Christian Baudelot et Roger Establet, *L'Élitisme républicain. L'école française à l'épreuve des comparaisons internationales*, Paris, Seuil/La République des idées, 2009.

終章

（1）Friedrich Engels, *La Situation de la classe laborieuse en Angleterre*, Paris, Éditions sociales, 1975 [1845] p. 339.
［フリードリヒ・エンゲルス『イギリスにおける労働者階級の状態——一九世紀のロンドンとマンチェスター　下』一條和生・杉山忠平訳、岩波文庫、一九九〇年、二一六頁］

（2）ラーシュ・トレーゴードは、北欧諸国では国家の介入度が高く、集団生活への住民の参加度が高いという点を理論的な観点から検証している。

Lars Tragardh, « Rethinking the Nordic welfare state through a neo-Hegelian theory of state and civil society », *Journal of Political Ideologies*, vol. 15, n° 3, 2010, p. 227–239.

（３） Nicolas Duvoux, *Les Oubliés du rêve américain. Philanthropie, État et pauvreté urbaine aux États-Unis*, Paris, PUF, 2015.

（４） Émile Durkheim, *La Science sociale et l'Action*, Paris, PUF, 1970, p. 109–110 (Cours de science sociale, Leçon d'ouverture, 1888).
〔エミール・デュルケム『社会科学と行動』佐々木交賢・中島明勲訳、恒星社厚生閣、一九八八年〕

方法論上の補遺

（１） James C. Scott, *La Domination et les Arts de la résistance. Fragments du discours subalterne*, Paris, Éditions Amsterdam, 2008 [1990].

（２） Michel Pinçon et Monique Pinçon-Charlot, « Pratiques d'enquête dans l'aristocratie et la grande bourgeoisie. Distance sociale et conditions spécifiques de l'entretien semi-directif », *Genèses*, vol. 3, n° 1, 1991, p. 120–133 ; Hélène Chamboredon et al., « S'imposer aux imposants. À propos de quelques obstacles rencontrés par des sociologues débutants dans la pratique et l'usage de l'entretien », *Genèses*, vol. 16, n° 1, 1994, p. 114–132 ; Christopher J. Schneider, *Researching amongst Elites : Challenges and Opportunities in Studying up*, Londres, Routledge, 2016 ; Sylvain Laurens, « "Pourquoi" et "comment" poser les questions qui fâchent ? », *Genèses*, vol. 4, n° 69, 2007, p. 112–127.

（３） Michel Pinçon et Monique Pinçon-Charlot, *Voyage en grande bourgeoisie*, Paris, PUF, 2ème édition, « Quadrige », 2005.

（４） 本書第１章四四頁〔邦訳四六頁〕を参照。

（５） [http://www.nytimes.com/2013/03/03/world/asia/new-delhi-bungalows-even-in-disrepair-command-millions.html?pagewanted=all].〔二〇二四年五月現在リンク切れ〕

（６） Michèle Lamont et Ann Swidler, « Methodological pluralism and the possibilities and limits of interviewing », *Qualitative Sociology*, vol. 37, n° 2, 2014, p. 153–171.

訳者あとがき

本書は、Serge Paugam, Bruno Cousin, Camila Giorgetti, Jules Naudet, *Ce que les riches pensent des pauvres*, Paris, Éditions du Seuil, 2017 の全訳である。フランス語の原題を直訳すると『富裕層は貧困層をどのように考えているのか』であるが、邦訳の刊行にあたっては、本書の内容を日本語読者により理解しやすいものと考え、『貧困へのまなざし——富裕層は貧困層をどのように見ているのか』として、原題に寄せた邦題をつけた。

筆者の一人セルジュ・ポーガムは、フランス社会科学高等研究院教授で、モーリス・アルブヴァックス・センターで所長も務めてきた。ポーガムは欧州における貧困・社会的排除の研究を代表する一人だが、彼の研究の特徴はそれにとどまらず、エミール・デュルケム以来のフランス社会学の伝統を継承しながら、社会学の古典を再読しつつ実証的な研究にもとづいて現代社会の社会的紐帯のあり方を考察する点にあるだろう。彼の主著の一つといえる『貧困の基本形態——社会的紐帯の社会学』は、二〇一六年に日本語訳として出版されており、幸いにも日本の多くの分野で受け入れられてきた。

ポーガムの研究の対象がたんに「貧困層」のみに向けられているわけではないことは、本書をひもとけば理解できるだろう。本書の主要な関心は、タイトルに端的にあらわされているとおり、富裕層を対象に貧困をどのように考えているのか、つまり本書の表現で言うと、富裕層による「貧困の知覚」である。「知覚」と訳すと直感的にはややこなれない訳のように思えるかもしれないが、この表現はもともと社会心理学の「社会的知覚」研究にもとづいており、欧州では一九七〇年代からユーロバロメーターなどの「貧困観」に関する調査において、貧困の原因帰属に関する質問項目として用いられてきた。貧困の原因帰属とは、本書でも分析結果が一部紹介されているが、貧困の原因を「社会の不公正」「社会的に不可避」「個人の怠慢」「個人的な不運」のいずれに帰するかを問うものである。この貧困知覚の指標は、国際比較調査で用いられ、個人の社会経済的地位や他の意識変数との関連を検討したりなど、計量社会学的な研究でも使用されてきた。

ポーガムらもユーロバロメーター調査にメンバーとして加わった際に、貧困観の国際比較をおこなってきた。その結果は前訳書『貧困の基本形態』でも検討されており、そこからポーガムは、「統合された貧困」「マージナルな貧困」「降格する貧困」という三つのタイプの貧困類型を提案している。こうした研究にもとづいて、ポーガムはエスピン＝アンデルセンの福祉レジーム論を参考に、「アタッチメント・レジーム」の類型を提起するようになった。それが「家族主義」「ヴォランタリスト」「有機主義」「普遍主義」の四つのレジームである。これらのレジームは社会的紐帯のタイプや貧困の原因帰属のあり方とも関連しており、ポーガムの国際比較研究の分析枠組みとなっている。

このレジーム比較は、ポーガムのおもな理論的な関心である「社会的紐帯」のあり方、つまり親族の紐帯、選択的参加の紐帯、有機的参加の紐帯、シチズンシップの紐帯の編み合わせとリショナルなレベルでのその相対的な優先度によってレジームが異なり、それが貧困や社会的排除のあり方にまで影響を及ぼすという考え方をもとに展開されている。ポーガムは最新著『社会的アタッチメント』

（二〇二三年、未邦訳）で、このアタッチメント・レジーム論にもとづいて、日本を含めた国際的な比較社会学を展開している。

本書『貧困へのまなざし――富裕層は貧困層をどのように見ているのか』はこの分析枠組みにもとづいているが、ポーガムのアタッチメント・レジームによれば、本書で対象となっている三つの国のうち、フランスは「有機主義レジーム」、インドとブラジルは「家族主義レジーム」に属している。ちなみに日本も家族主義レジームに属するが、「政治的家族主義」という特徴をもつとされている。これらのレジームが富裕層による貧困知覚、つまり貧困へのまなざしに影響を与えているというのが本書の主張である。

本書は、ポーガムの他に三名の共著者との共同研究の成果でもある。とくにフランス・パリの富裕地区ではブリュノ・クザン、インド・デリーではジュール・ノデ、ブラジル・サンパウロではカミーラ・ジオルジェッチが分担して調査と分析をおこなっている。ブリュノ・クザンは都市社会学が専門で、パリやミラノのジェントリフィケーション地区での調査をおこなってきた。ジュール・ノデはフランスやインドのエリートに関する国際比較研究で博士論文と著書を発表している。カミーラ・ジオルジェッチはブラジルの大都市の衛生問題を研究し、ブラジル・サンパウロ版ＳＩＲＳ（健康、不平等、社会的断絶）調査を実施している。本書での調査方法については本文で解説されているのでここではくわしくは触れないが、各国の主要都市のセグリゲーション（居住分断）の状況を分析したうえで、特徴的な富裕地区をそれぞれの都市から四地点選び、これらの地区に在住する富裕層、エリート層にコンタクトをとって、詳細なインタヴュー調査を実施している。

本書では、富裕層にたいするインタヴューの分析の際には、富裕層が貧困を語るときの「レパートリー」や「レジスター」を抽出して、かれらがいかにして貧困層にたいする道徳的・社会的境界を構築し、自らの地位を擁護し正当化しているのかを検討している。「レパートリー」という概念は、日本の社会学ではあまりなじみのない用語であるが、アメリカではチャールズ・ティリーの社会運動研究やミシェル・ラモンの「文化社会学」、フランスではリュック・ボルタンスキーやロラン・テヴノらの「プラグマティック社会学」など、九〇年代以降の社会学の新しい潮流のなかで用いられるようになっている。本書では、富裕層が貧困を語る際に、利用可能な言語資源であるレパートリーをもとに、場面に応じた言葉遣い（「レジスター」）を使って、かれらが貧困層にたいしていかにして道徳的・社会的境界を構築しながら自らの地位を正当化しているのかが分析されている。

ほかに一般になじみのない用語の一つとしては、「閉鎖」という言葉がある。原語は entre-soi で、「内輪」と訳されることもあるが、富裕層・エリート層、あるいは都市セグリゲーションの研究でよく使われる言葉で、「同類結合 homophily」、つまり似たもの同士の集まりを意味する。社会学ではマックス・ウェーバーに源流をもつ「社会的閉鎖」概念がよく知られており、entre-soi は英語で social closure と訳されることがあるため、本書では一貫して「閉鎖」と訳している。エリート層、富裕層は、露骨に他の階層を「排除」するわけではないにしても、富裕層の居住選択やかれらのあいだの閉鎖的なサークルが、階層格差の空間的な表現である大都市のセグリゲーションへとつながるのである。

本書ではまた、著名な政治学者で人類学者でもあるジェームズ・C・スコットの「隠れたトランスクリプト」という用語が出てくるが、これも耳慣れないものかもしれない。「隠れたトランスクリプト」は、表向きで語られる「公的なトランスクリプト」にたいして、いわば舞台裏の語りである。スコットは隠れたトランスクリプトを従属階級による抵抗の様式として分析するが、本書で扱われるような支配層においては、同じ層の人たちが集まる社交クラブや友人同士、家庭のなかなど、より閉鎖的な空間のなかで語られるものである。ピエール・ブルデューが『世界の悲惨』でインタヴューする側と話す側の社会空間上の位置の類似性を強調したように、本書が対象とする富裕層についても、より話者と近い立場のインタヴュアーを立てて、かれらができるだけ心を開いて話ができる状況をつくるという方法を用いることによって、表では聞くことの難しい「隠れたトランスクリプト」の一端が明らかにされている。

近年、北米や欧州では「エリート研究」にふたたび注目が集まっている。その背景には、トマ・ピケティの『二一世紀の資本』(みすず書房、二〇一四年)が爆発的な売れ行きを見せたように、世界的な格差の増大傾向があるといわれるが、社会学で現在盛んとなっているエリート研究でしばしば参照されるのが、ブルデューに大きな影響を受けたミシェル・パンソンとモニク・パンソン=シャルロの都市富裕層の研究である。かれらは、日本語訳のあるバンド・デシネ『リッチな人々』(花伝社、二〇二〇年)に登場する社会学者夫妻である。ミシェルは二〇二二年に亡くなったものの、フランスでは頻繁にメディアに登場するなど、一般にもよく知られた社会学者でもある。

この夫妻は、長期にわたる富裕層にたいするインタヴュー調査にもとづき、都市セグリゲーションを生み出す要因として富裕層の閉鎖と自己防衛のメカニズムがあると主張している。一般に、社会学者のとくにフィールド調査は貧困層やマイノリティに偏りがちで、エリート層ないし富裕層にたいする調査は困難であると考えられてきたが、パンソン夫妻の調査はそうした社会調査の難しさを克服してエリート研究に新しい道を切りひらいた先駆として位置づけられている。パンソン夫妻には富裕層を調査する際の方法論的な著作もあり、その後フランスでは、オリビエ・ゴドショーの金融トレーダーのネットワーク分析、フレデリック・ルバロンの中央銀行幹部に関する多重対応分析を用いた社会空間の分析など、エリート層にたいする研究の蓄積も増えている。

こうしたエリート研究の活性化はまた、イギリスではジョン・スコットやマイク・サベッジの階級研究、アメリカではシャムス・カーンのエリート学校のフィールドワークなど、数多くの成果を生み出している。ここ数年をみても、社会学の専門雑誌でエリート研究の特集が組まれるようになっており、とくにクザンやノデはこうした国際的な研究をリードする研究者となっている。その点で本書は、これまでのポーガムの貧困の社会学に加えて、パンソン夫妻らの都市セグリゲーションと富裕層の研究、近年のエリート研究の潮流に位置づけられるものであり、理論的・方法論的にも、九〇年代以降のアメリカの文化社会学やフランスのプラグマティック社会学以降の研究をとりいれた野心的な研究プロジェクトの成果であるといえるだろう。ここで紹介した海外の社会学の潮流は、まだ日本の社会学で十分に吸収されているとはいえない。本書は、都市社会学やエリート研究、貧困研究をクロスオーバーする研究ではあるが、それだけではなく、質的研究を志す研究者にとっては近年の社会学の動向をとりいれた経験的研究の成果として一つのお手本ともなるのではないかと思う。一方で、インタヴュー調査による富裕層の赤裸々な本音、つまり「隠れたトランスクリプト」が語られている部分はとくに、社会学を専門としない一般の読者にとっても大きな関心を引くのではないかと思われる。

本書の翻訳は、序章、第一章、第五章、第六章、終章、方法論上の補遺、謝辞を川野が、第二章、第三章、第四章を中條が担当し、相互に訳文の検討をおこなったが、訳語については日常的な語彙は中條、専門的な用語は川野が調整した。

原著の出版は二〇一七年で、三つの国の政治状況はその後変化したものの、本訳書の刊行にあたって加筆・修正等はおこなわなかった。一瞥していただければわかるとおり、本書は三か国の大都市の具体的な地域をフィールドとした調査報告である。理論書であれば抽象的なタームで済むかもしれないが、こうしたタイプの本を訳すためには現地の具体的な知識も必要とする。訳者は二人ともフランス・パリについてはある程度は理解しているつもりであるが、インドやブラジルにかんしていえば、短期間訪問した程度のまったくの素人である。そのため、訳者の気づかない誤読や誤訳が多くあるのではないかと恐れる。

本書はフランス語で書かれたものだが、固有名詞の訳出にあたっては、各国の言語を基準にカタカナとして表記した。その際、現地の人名・地名・固有名詞については、ブラジルは小貫大輔氏（東海大学）、インドは佐藤裕氏（都留文科大学）、フランス語の俗語・口語表現についてはドナ・メント・アントニー氏（東海大学）にチェックをいただいた。三氏の助力のおかげで、少しでも正確な訳出に近づくことができたのではないかと思う。しかし、訳者の力量では及ばない誤訳や誤解があれば、それは訳者の非力によるものである。

なお、原著では本文の最後にインタヴュー対象者の属性や具体的な職業名などのリストが付けられており、かなりのページ数を占めていたが、とくに本文の理解に支障はないと判断したため、割愛した。また、この訳者あとがきについても、フランス語訳した草稿を本書の著者たちに確認してもらった。詳細なコメントをくれたブリュノ・クザン氏に記して感謝したい。
最後に、いつもながら新泉社の安喜健人氏にはたいへんお世話になった。ポーガムの前著とくらべて具体的な固有名詞や地名、文脈の理解が必要な箇所が多く、また複数の著者による執筆のためか文体に揺れもあり、予想以上に翻訳に時間がかかってしまった。丁寧にゲラを読んでチェックしていただいたおかげで、少しでも読みやすいものになったとしたら、安喜氏ほか新泉社編集部のみなさんのおかげである。

二〇二四年一一月

訳者を代表して　川野英二

【訳者】
川野英二（Eiji Kawano）
大阪公立大学文学研究科教授.
編著に『阪神都市圏の研究』（ナカニシヤ出版，2022年），共編著に『岩波講座 社会学　第2巻　都市・地域』（岩波書店，2024年）など.

中條健志（Takeshi Chujo）
東海大学総合教育センター語学教育センター講師.
共編著に『日本とベルギー――交流の歴史と文化』（松籟社，2023年），共著に『現代ベルギー政治――連邦化後の20年』（ミネルヴァ書房，2018年）など.

【著者】

セルジュ・ポーガム（Serge Paugam）
フランス国立社会科学高等研究院教授.
フランス国立科学研究センター，モーリス・アルブヴァックス・センター研究ディレクター.
著書に『貧困の基本形態——社会的紐帯の社会学』（初版 2005 年／川野英二・中條健志訳，新泉社，2016 年），『社会的アタッチメント——人間の連帯の諸形態と基盤』（2023 年）など.

ブリュノ・クザン（Bruno Cousin）
パリ政治学院，欧州研究・比較政治センター准教授.
共著に『社会学者のモラル』（2020 年），『都市から都市へ——都市社会学における国際比較』（2019 年）など.

カミーラ・ジオルジェッチ（Camila Giorgetti）
モーリス・アルブヴァックス・センター研究員.
共著に『図書館の貧困層——ポンピドゥー・センターの調査』（2013 年）など.

ジュール・ノデ（Jules Naudet）
フランス国立科学研究センター，南アジア・ヒマラヤ研究センター研究員.
著書に『エリートのなかに入る——フランスとインドにおける成功の道程』（2012 年），共編著に『オックスフォードハンドブック——近現代南アジアにおけるカースト』（2022 年）など.

貧困へのまなざし
——富裕層は貧困層をどのように見ているのか

2024年12月20日　初版第1刷発行©

著　者＝セルジュ・ポーガム，ブリュノ・クザン，
　　　　カミーラ・ジオルジェッチ，ジュール・ノデ
訳　者＝川野英二，中條健志

発行所＝株式会社 新 泉 社
〒113-0034　東京都文京区湯島1－2－5　聖堂前ビル
TEL 03(5296)9620　FAX 03(5296)9621

印刷・製本　秋原印刷
ISBN 978-4-7877-2407-6　C1036　Printed in Japan